Klaus Schilling

Rationales Denken und Handeln

Klaus Schilling

Rationales Denken und Handeln

Worauf es im Berufsleben ankommt

Wirtschaftsverlag Langen-Müller/Herbig

Albert Langen · Georg Müller Verlag GmbH, München

Schutzumschlag: Christel Aumann, München
Zeichnungen: Sönke Nissen, Hamburg
Gesamtherstellung: Jos. C. Huber KG, Dießen
Printed in Germany
ISBN 3-7844-7056-4

Inhalt

1.0 Die Hauptgedanken in wenigen Sätzen

Das Werten eines Menschen bestimmt sein Verhalten, sein Handeln. Kein Wunder also, daß es in der Körpersprache und in der Wortsprache so viele Ausdrucksweisen und Wendungen gibt für das Fragen nach dem Werten, für die Zustimmung, für die Ablehnung. Erst in unserer Zeit aber ist es gelungen, über grundlegende Gesetzmäßigkeiten menschlichen Wertens gesicherte Erkenntnisse zu gewinnen. Sowohl über die des *unmittelbaren Wertens* bestimmter Lebensvorgänge (Lebensfunktionen): unserer Sinnes-, Bewegungs- und Denktätigkeiten sowie unseres Erlebens von Gefühlen. Als auch über die Gesetzmäßigkeiten des — zahlenmäßig überwiegenden — *mittelbaren Wertens,* das sich vom unmittelbaren her durch Werttonübertragungen aufbaut, so daß wir grundsätzlich alles werten können: Dinge, Merkmale, Beziehungsbegriffe. Wobei solche durch Erfahrungen erworbenen Wertungen im weiteren wie anlagebedingte wirken und Grundlage neuer Werttonübertragungen werden können.
Ein buntes Nebeneinander und Miteinander vielfältiger Wertungen kann unser Leben reicher machen. Ein quälendes Gegeneinander von Wertungen jedoch bringt uns dazu, einen übergeordneten *Richtungs*weiser zu suchen. Kann er an der umfassendsten Entwicklungs*richtung*, der des Weltalls, abgelesen werden? Würden wir aber nicht zu sehr auf Vermutungen angewiesen sein bei einem solchen heute noch zu weit gespannten Versuch des »beziehenden (rationalen) Denkens«, menschliches Werten in umfassendere Zusammenhänge einzugliedern? Bleiben wir auf dem Boden des Erkennbaren! Verlassen wir uns lieber auf die wissenschaftlich gesicherte Antwort, die uns als überschaubares Teilgeschehen »das große Leben« gibt: Aus den Jahrmil-

lionen seiner Entwicklung läßt sich eine Grundrichtung erkennen, nämlich die auf »Steigerung des Reichtums an Lebensvorgängen (Lebensfunktionen) insgesamt«. Auch ein zweiter Denkansatz von der menschlichen Kulturentwicklung her und ein dritter von der Eigenart und den Tatsachen menschlichen Wertens her bestätigen: Der gesuchte Richtungsweiser ist als der »höchstmögliche Lebensreichtum« zu bestimmen.

Läßt sich dieser Richtungsweiser so verdeutlichen, daß er für den einzelnen Menschen in einer bestimmten Lebenslage anwendbar ist? Er ist in der Tat als Maßstab anwendbar. Beschreiben läßt sich dieser Maßstab wiederum als »Richtung auf *das große Leben*«. Denn je mehr sich Werten und Handeln in der an diesem Maßstab gemessenen Richtung verwirklichen, desto zutreffender läßt sich das Leben — in vierfacher Bedeutung — als »groß« bezeichnen: Desto eher ist es erstens groß im Sinne von *»überdurchschnittlich* in der Stärke der Zustimmung« und zweitens im Sinne von *»übergegenständlich«*, das heißt frei von sinnwidriger Einengung auf bestimmte einzelne Dinge und Verhaltensweisen und damit von verkrusteter Festlegung der Mittel und Wege menschlicher Lebensverwirklichung. Im ersten und zweiten Sinne kann man auch sagen: Sinnvolles Werten und Handeln ist auf »das große Was« gerichtet. Zugleich aber ist es außerdem auf »das große Wer« ausgerichtet: Je mehr sich Werten und Handeln an den Maßstab des »höchstmöglichen Lebensreichtums« halten, desto mehr ist die Lebensverwirklichung drittens groß im Sinne eines *»überzeitlichen«* Wertens, das über den Augenblick und über eine bestimmte Zeit hinaus als »Wer« des Wertens zum Beispiel nicht nur den gegenwärtigen Menschen, sondern auch den zukünftigen, aber auch den vergangenen mitberücksichtigt und mit einbezieht. Und desto mehr sind Werten und Handeln viertens — hinsichtlich des »Wer« — auf »das große Leben« ausgerichtet im Sinne eines *»über das Ich hinaus (überpersönlich) ausgeweiteten«* Wertens. Durch Vorfreude, Nach- und Miterleben aber eröffnen sich bei der Ausweitung des »Wer« – in Richtung auf ein größeres Leben –

weitere Wege zu einem Werten, das überdurchschnittlich in der Stärke der Zustimmung ist.
Das »beziehende (rationale) Denken« erschließt uns von diesem Richtungsweiser her die Bedingungszusammenhänge, auf die es ankommt, wenn wir ihn in den einzelnen Anwendungsbereichen, in den einzelnen Lebenslagen anwenden wollen, um sinnvoll zu werten und zu handeln. In aller Deutlichkeit lernen wir die *Hindernisse* sehen, die, solange sie unerkannt und unbewältigt sind, das Leben im Hinblick auf das »Was« und das »Wer« ein »kleines — engstirniges, kurzsichtiges, engherziges — Leben« bleiben lassen. Und wir können aus der uns vom Richtungsweiser her erschlossenen Erkenntnis der Bedingungszusammenhänge nicht zuletzt immer wieder von neuem den *Rat* gewinnen, den wir brauchen, um die Hindernisse sinnvollen Wertens und Handelns zu überwinden und um in der Richtung auf »das große Leben« Schritt für Schritt voranzukommen.

Eine etwas ausführlichere Inhaltswiedergabe dieses Buches, in der die wesentlichen Bedingungszusammenhänge im Bereich des Wertens kurz zusammengefaßt sind, steht im Anhang unter der Überschrift »Der Gedankengang auf wenigen Seiten«.

2.0 Einleitung

Eine merkwürdige Sache ist es schon, wenn man sich die Frage ins Bewußtsein ruft, was es denn mit einem »Richtungsweiser für menschliches Werten und Handeln« oder mit einem obersten »Wert« auf sich habe. Einerseits weckt ein solcher Gedanke Hoffnungen, und man möchte ihn gern weiter verfolgen; vielleicht eröffnet sich ja sogar eine Antwort auf die Sinnfrage überhaupt. Andererseits werden auch gleich wieder Zweifel wach. Wo hat man denn schon einmal eine Antwort gefunden, die wirklich tragfähig war? Wieweit kann man den »großen Worten« noch über den Weg trauen?

Gehört nicht im öffentlichen Bewußtsein bei uns der Begriff »Wert« zu diesen »großen Worten«? Geistern sie nicht durch schöne und ernste Reden – die »Grundwerte«: »Selbstverwirklichung« und »Leistung«, »Erfolg« und »Wohlstand«, »Rechtsstaat« und »Sicherheit«, »Zusammenhalten« (»Solidarität«), »Gemeinsinn« und »Gemeinwohl«? Und wie sie sonst noch alle heißen.

Und auch das noch: Für den einen oder anderen von uns tauchen Schatten der Vergangenheit den Begriff »Wert« ins Zwielicht. Gestiefelte »Hoheitsträger« und »Volksaufklärer« verherrlichten »Werte« in markigen Reden: »Treue« und »Ehre«, »Kameradschaft« und »Volksgemeinschaft«, »Führertum« und »Gefolgschaft«. Wohin »führten« sie uns?

Doch gibt es solche Blumensträuße von »Werten« und anhängende Dornengebinde von »Unwerten« nicht – je nach Gesellschaftsordnung – in den verschiedensten Ausführungen und Zusammenstellungen?

Es mag verständlich sein, daß mancher bei allen »Werten« und

»Unwerten« auf den ersten Blick so seine Zweifel hat. Mag sein, daß »Wert« für manchen noch ein »Nebelwort« ist. Wenn dahinter jedoch ein Begriff steckt, der für unser Leben – auch im Alltag – grundlegende Bedeutung hat, dann darf man mit Recht fragen: Hat die Sprache dafür nicht noch andere Ausdrucksmöglichkeiten? In der Tat: Im Rahmen dieses Bedeutungsfeldes ist unter anderem vom »Wünschen«, »Streben« und »Wollen« die Rede, von »Stellungnahmen« und »Zielsetzungen«, »Antrieben« und »Beweggründen« (von »Motiven« oder von der »Motivation«). Es handelt sich also um nicht weniger als um das, was unser Verhalten und Handeln auf irgendetwas ausrichtet, es in Gang zu halten beziehungsweise zu setzen versucht oder vermag, es auf etwas hin »schiebt« oder irgendwohin »zieht«, und um das, was unsere Stellungnahme auch zu unserem Erleben bestimmt, ihr eine Begriffsgestalt verleiht. Wird das Wort »Wert« von uns vielfach nur noch nicht in diesem weiten Sinne verwendet? Alles, dem wir zustimmen, ist in diesem weiten Sinne ein »Wert«. Umgekehrt ist alles, was wir ablehnen, in diesem weiten Sinne ein »Unwert«. Wir sehen gewissermaßen – da wir mitten drin sind – den »Lebensvorgang Wald« vor lauter Bäumen nicht. Wir sehen den »Lebensvorgang Werten« nicht vor lauter einzelnen Werten – vor lauter gewerteten Dingen, Sachverhalten und Begriffen!

Im Hinblick auf das vielfältige Nebeneinander, Miteinander und Gegeneinander von »Werten« lohnt es sich gewiß, mit Nachdruck und Ausdauer zu fragen und mit aller Sorgfalt zu untersuchen: Gibt es Gesetzmäßigkeiten, die das Entstehen der vielen verschiedenen und so unterschiedlichen Wertungen verständlich machen? Gibt es Maßstäbe, auf die man sich gegebenenfalls angesichts unterschiedlicher Wertungen vernünftigerweise mit anderen Menschen einigen kann? Und gibt es bei der *Vielgestaltigkeit* (dem »Pluralismus«) heutigen Wertens, aber auch gerade bei den vielen *Wertgegensätzen (Wertkonflikten)* – sei es in schwierigen Lebensentscheidungen (Lebenskrisen) in Jugend, Lebensmitte und Alter, sei es im Umgang mit Mitmenschen und »Gegnern« – einen »Richtungsweiser«, der zugleich

den folgenden beiden Anforderungen genügt?: Einerseits durch Bestimmtheit und Festigkeit von Ziel beziehungsweise Richtung den nötigen Halt zu geben. Andererseits durch Biegsamkeit und umfassende Anwendbarkeit den jeweiligen Lebenslagen und Umständen sowie den jeweils betroffenen Menschen gerecht zu werden.
Soweit auf diese Fragen heute eine Antwort möglich zu sein scheint, wird sie in den folgenden Teilen dieses Buches, insbesondere in den Teilen »4.0« und »5.0«, Schritt für Schritt entwickelt.
Dabei zeigt sich immer wieder deutlich, welche Kräfte und Bedingungen statt der »Biegsamkeit« so etwas wie eine »Verbiegbarkeit« des Wertens zustande kommen lassen. Und wie eine dadurch gegebenenfalls bedingte »Verbogenheit« des Wertens uns von unserem Selbstsein (unserer Identität) entfremdet und uns ablenkt vom Weg der Selbstverwirklichung, der Verwirklichung unseres eigenen höchstmöglichen Lebensreichtums. Ganz zu schweigen von den verbogenen Wegweisern, die uns wegführen vom Miteinander; ganz zu schweigen mithin von den Irrwegen eines sinnlosen zwischenmenschlichen (sozialen) Nebeneinander und Gegeneinander.
Wer einen Richtungsweiser sucht, der aus der Verbogenheit des Wertens, aus dem engstirnigen und die Lebensfreude verfehlenden, aus dem kurzsichtigen und engherzigen »kleinen Leben« herausführt, findet in den Teilen »4.0« und »5.0« eine Fülle von Hinweisen, wie die Entfremdung von sich selbst, wie Vereinzelung, Gruppenabkapselung und Selbstgerechtigkeit zu überwinden sind. Ein großes neues Vorhaben, das in Angriff zu nehmen sich lohnt. Ein Weg, auf dem man zu jeder Stunde den ersten Schritt tun kann! Und auf dem man – in der Regel – weiterkommt, wann immer man es will.
Für die Beantwortung sowohl der Frage nach dem Richtungsweiser als auch der Frage nach den Bedingungszusammenhängen des Wertens hat Margarete Eberhardt (1886 – 1958) überlieferte bahnbrechende Denkansätze weiterentwickelt und selbst Entscheidendes geleistet. Ihr Hauptwerk, d. h. die drei Bücher

»Das Erkennen«, »Das Werten« und »Das Handeln«, veröffentlichte sie in den Jahren 1952, 1950 und 1956 in Hamburg. In begrifflicher Übereinstimmung mit den Grundgedanken dieser drei Bücher das »Was« und »Wer« des Wertens zu beschreiben sowie die sich daraus ergebenden Schlußfolgerungen zu entwikkeln, und zwar dies alles in einem weitgehend eigenständigen Gedankengang: Das ist die Aufgabenstellung dieses Buches, ganz besonders der Teile »4.0« und »5.0«.

Der richtungweisende Grundbegriff des »höchstmöglichen Lebensreichtums« ergibt sich folgerichtig – als Setzung (These) – aus dem Weltbegriff des »beziehenden Denkens« (aus dem »relationalen« Weltbegriff). Ja man könnte sogar mit Recht sagen: Dieses Buch will von immer neuen Seiten her eigentlich nur diesen einen im Mittelpunkt stehenden Begriff des »höchstmöglichen Lebensreichtums« erläutern und in der ganzen Fülle seiner Beziehungen entfalten.

Vorausgesetzt ist dabei der von Margarete Eberhardt vertretene Erkenntnisbegriff. In ihrem Buch »Das Erkennen« ist er im einzelnen dargestellt. Er geht von den uns unmittelbar gegebenen *Beziehungen* zwischen Bewußtseinstatsachen aus, etwa zwischen meinen Geschmacksempfindungen beim Essen einer Frucht und dem diese Empfindungen begleitenden Wertton der Zustimmung. Derartige Beziehungen zwischen Bewußtseinsgegebenheiten lassen uns auf entsprechende Beziehungen im außerbewußten Sein zurückschließen, zum Beispiel auf Bedingungszusammenhänge. Seien es solche zwischen Essen und Werten oder solche zwischen Gehirn- und Bewußtseinsvorgängen, seien es solche zwischen Umwelt und Mensch, oder seien es andere. Wie ertragreich es ist, bei der Untersuchung der Wertbildung diesen Weg des »beziehenden Denkens« zu gehen, legt der Abschnitt »4.1« dar. Ebenso gute Dienste leistet jedoch der entsprechende Denkansatz, wie der Abschnitt »4.3« zeigt, bei der Bestimmung des Richtungsweisers und Prüfsteins für all unser Werten. Das »beziehende Denken« – man kann es »Verstand« oder »Vernunft« (beides umfassend: »Ratio«) nennen – spielt auch hier eine Schlüsselrolle. Darum bezeichnen wir sowohl die Art des Herangehens an die Fragen als auch die daraus folgende Haltung als »von Verstand/Vernunft bestimmtes Denken und Werten« (»rationales Denken und Werten«).

Wie ergiebig dieses Unternehmen in der Tat ist, mag jeder beim Mitvollziehen der einzelnen Gedankenschritte selbst überprüfen. Immer wieder erschließen sich uns neue Beziehungserkenntnisse, immer wieder gelangen wir zu einer neuen Bewertung und nicht – wie es sonst leider häufig der Fall ist – bloß zu einer neuen »Bewortung«.

Wo es zu einigen Ausdrücken ausgesprochene Fachwörter gibt, die ja oft genug Fremdwörter sind, werden sie eingeklammert danebengestellt. Wer es liebt oder gewohnt ist, seine Tafelfreuden mit fremdländischen Gerichten zu würzen, mag die Klammern wie Muscheln aufbrechen und ausschlürfen. Jeder andere, der solchen Gepflogenheiten nicht frönt, kann die Wörter in den Klammern getrost ungelesen beiseite lassen.

Wo es um den »höchstmöglichen Lebensreichtum« geht, haben Worte und Begriffe, für sich allein genommen, allerdings nur ein geringes Eigengewicht. Ihre Bedeutung hängt vielmehr davon ab, wieweit sie helfen, Beziehungen wirklichkeitsgetreu zu erkennen. Und davon, wieweit sie als Bestandteile von Wertungen dazu beitragen, daß Menschen den »höchstmöglichen Reichtum an Lebensvorgängen« verwirklichen. Diese Beziehungen auf »das große Leben« mögen andere Bücher begrifflich von anderen Seiten her erschließen. In anderen Sprachen oder bei anderen gesellschaftlichen oder begrifflichen Voraussetzungen mag der Zugang anders aussehen. Die folgenden Ausführungen sind einer von vielen möglichen Versuchen, das Erkennen und Werten des Richtungsweisers und das Beschreiten des Weges in der Richtung auf »das große Leben« nachvollziehbar zu machen.

3.0 Werten – was ist das?

Werten – was ist das? Ist das Werten ein Vorgang menschlichen Tuns? Ist es ein Vorgang menschlichen Erlebens? Wer das Tätigkeitswort »ich werte, du wertest, er oder sie wertet usw.« gebraucht, ergänzt den Satz in der Regel durch die Bezeichnung des Gewerteten, zum Beispiel in den Fragen »Wie wertest du diesen Plan?«, »Wie werten Sie diese Mannschaft?«, »Wie wertet ihr dieses Ereignis?«. Hierbei pflegt das Gewertete Hauptgegenstand unseres Fragens zu sein. Es ist gar nicht so leicht, die Betrachtung vom Gewerteten, etwa dem Ereignis, wegzulenken und auf das Werten selbst zurückzuwenden. Diese nicht alltägliche »Zurückbiegung« (wie der Ausdruck »Reflexion« wohl wörtlich zu übersetzen wäre) der Blickrichtung hat es in sich. Gegenstandserkenntnis wird eben ungewohnt und schwierig für mich, wenn ich selbst zum Erkenntnisgegenstand werde.

Aber auch Selbstbeobachtung und Selbsterkenntnis sind zu einem guten Teil Übungssache. Einen brauchbaren Anknüpfungspunkt für die Untersuchung des Wertens bekomme ich immerhin, wenn ich unter meinen Bewußtseinsgegebenheiten solche beobachte, die ich als Folge oder Ausdruck meines Wertens auffassen kann. Zum Beispiel: Wie ich mir etwas vorstelle, das ich mag. Oder das ich tun will. Oder wie ich augenblicklich etwas empfinde, das mich schrecklich stört. Vergleichend erschließe ich mir von daher dann auch das Verständnis des wahrnehmbaren Verhaltens anderer Menschen, ihres Bewußtseinsgeschehens, ihres Wertens. Gedanken und Vorstellungen, Wahrnehmungen und Empfindungen verbinden sich mit Begriffen und Worten – bei mir und bei anderen. Versuchen wir also den Zugang zum besseren Verständnis des Wertens über die vertraute Brücke von Bewußtsein zu Bewußtsein: über den sprachlichen Ausdruck.

3.1 Das Werten in der Sprache

Wenn wir über das »Werten« sprechen wollen, dann bietet uns unsere Sprache dafür nicht nur das Tätigkeitswort »ich werte« an. Sondern daneben stehen uns unter anderem noch das Wort »die Wertung« und das Wort »der Wert« zur Verfügung. Mit »Wertung« bezeichnen wir das eine Mal den wirklichen Vorgang des Wertens, das andere Mal meinen wir mit »Wertung« dagegen die Bereitschaft eines Menschen, irgend etwas Bestimmtes in bestimmter Weise zu werten. Die Wertung im zweiten Sinne kann »arbeiten«. Oder sie kann »ruhen«, das heißt: unmerklich, doch sozusagen »gebrauchsfertig« vorhanden sein; sie macht den Vorgang des Wertens erst möglich, ist mithin Voraussetzung für jeden Fall eines tatsächlichen Wertens. Wir werden noch genauer zu untersuchen haben, was eine »Wertung« ist. Beim Begriff »Wert« wollen wir es hier noch offenlassen, ob jeder Wert erst durch menschliches Werten zum Wert wird oder ob es Werte gibt, die schon unabhängig von jedem menschlichen Werten Werte sind und bleiben, bei denen es also nur darum geht, sie zu erkennen, zu erfassen, zu schauen oder im Wertgefühl zu erfahren, zu vernehmen.

Manche Leute reden bedeutungsvoll und mit erhobener Stimme von den »Werten des Abendlandes«, ohne sie im einzelnen zu nennen. Als ob wir schon wissen müßten, was damit gemeint sei. Aber ich bin mir nicht sicher, ob das nun alles ganz andere Werte sind als die des Morgenlandes oder Afrikas oder die der Menschen auf den Inseln im Stillen Ozean. Wenn von solchen »Werten« die Rede ist, tun manche Leute so, als ginge es um das Allerheiligste und als hätten wir es einzig den Berufensten zu überlassen, darüber zu sprechen oder gar daran zu rühren.

Von den Werten und vom Werten zu reden – ist das nur etwas für Eingeweihte und Fachgelehrte? Für Philosophen und Weise? Für Geistes-, Seelen- und Gesellschaftswissenschaftler? Für Priester und Gottesgelehrte? Ist es etwas Ungewöhnliches, Seltenes? Etwas für ein besonderes Unterrichtsfach? Etwas für die Sonntagspredigt, für die Festansprache an hohen Feiertagen? Für Grundsatzerklärungen von Volksvertretern und Staatsmännern? Nur etwas für weihevolle Augenblicke? Das Gegenteil ist der Fall. Werten ist das Alleralltäglichste. Das Werten und die Werte gehören zum täglichen Brot unseres Verhaltens, unseres Bewußtseinsgeschehens. Kaum ein Wellenschlag unseres Bewußtseinsstromes, ohne daß wir werten.

Wie geläufig uns die Sache ist, auch wenn wir den Begriff »Werten« nicht immer im Munde führen, zeigt sich sehr schnell und sehr deutlich, wenn man es unternimmt, sprachliche Ausdrücke für das Werten zusammenzutragen. Es ist durchaus eine lohnende Aufgabe, nur einmal die geläufigsten Ausdrücke des Wertens zusammenzustellen[1], denn dabei zeigt sich bald, wie groß die Zahl der Wörter und Wendungen ist, die sich in unserer Sprache eng auf den Vorgang des Wertens beziehen und seine – je nach Mensch und Anlaß – unterschiedlichen Erscheinungsweisen und Abstufungen bezeichnen.

Wie jedes Wort und jeder Begriff stellt auch jeder Ausdruck des Wertens einen Zusammenklang mehrerer Bedeutungsbestandteile dar. Einmal dringt diese Bedeutung, einmal jene stärker nach vorn. Bei jedem der folgenden Ausdrücke aber klingt – wenn auch manchmal nur bei bestimmtem Wortgebrauch, in bestimmten Verbindungen – die wertende Grundbedeutung unüberhörbar durch.

Dafür, daß man mit verschiedenen Wendungen nach dem Werten fragt, seien hier nur einige wenige Beispiele aus der Alltagssprache aufgeführt. Man fragt, *wie es* dem anderen *geht*, um sich zu erkundigen, ob er sein Befinden so oder so wertet, ob es ihm »gut« oder »schlecht« geht. Oder man fragt, *wie es steht*, *wie es läuft, wie die Stimmung ist.* »Wie wird es heute?« Gut? Schlecht? Diese Frage richtet sich meist auf die allen Menschen gemeinsamen Lebensumstände: auf das Wetter. Man fragt beispielsweise auch, wie man jemanden oder etwas *findet,* was man von einem Menschen oder einer Sache *hält,* wie die eigene *Einstellung, Stellungnahme, Meinung* dazu ist.

Wer mit diesen oder anderen Wendungen nach dem Werten fragt, erwartet als Antwort Ausdrücke der Zustimmung oder der Ablehnung. Diese Antwort braucht nicht immer in vollständigen Sätzen zu bestehen, mitunter kommen wir sogar ohne Worte aus. Uns steht eine Vielzahl von Gesten zur Verfügung wie *Lächeln, Kopfnicken* und *Beifallklatschen* oder aber *Kopfschütteln, Abwinken* und *Stirnrunzeln.* Kurze Ausrufe wie »bravo«! oder »pfui!« machen ebenfalls deutlich, wie wir zu etwas stehen.

Ganz nüchtern und sachlich wird Zustimmung beschrieben mit Wendungen wie »ja sagen, bejahen, befürworten, sich dafür aussprechen, zustimmen«, Ablehnung demgegenüber mit »nein sagen, verneinen, widersprechen, sich dagegen aussprechen, dagegen stimmen, ablehnen«.

Viele Ausdrücke der Zustimmung oder Ablehnung gehen sprachlich vom *Wertenden* aus. Der Wertende kann »glücklich sein, es gut haben, sich wohlbefinden, guter Laune sein« oder »leiden, in Not sein, sich elend fühlen, unzufrieden sein«. Auf einen bestimmten Gegenstand bezogen, kann der Wertende »etwas begehren, begrüßen, bewundern, erstreben, sich auf etwas freuen, an etwas hängen, etwas lieben, loben, planen, schätzen, wollen, wünschen« oder aber »etwas abweisen, bedauern, bekämpfen, meiden, scheuen, schmähen, tadeln, verspotten, verurteilen, verwerfen, ihm aus dem Wege gehen, sich weigern, etwas zu tun«.

Im Gegensatz dazu gehen viele andere Ausdrücke der Zustimmung oder Ablehnung sprachlich vom *Gewerteten* aus. Das Gewertete kann jemandem »gut tun«, es kann ihn »glücklich machen, ansprechen, begeistern«, oder es kann jemandem »mißfallen«, es kann ihn »unglücklich machen, empören, zur Verzweiflung bringen«, wobei doch wohl Glücksgefühl und Begeisterung um nichts weniger als Empörung und Verzweiflung sowie alles damit verbundene Werten letztlich mehr eine Sache des *Wertenden* zu sein scheinen. Meistens verleihen wir dem Gewerteten eine unserem Werten entsprechende Eigenschaft. Unserer Zustimmung entsprechen Eigenschaftswörter wie »angenehm, beliebt, empfehlenswert, erfreulich, fabelhaft, gut, großartig, ratsam, tüchtig, verlockend, vollkommen, vorbildlich, vorteilhaft, wertvoll, willkommen«. Unserer Ablehnung dagegen entsprechen Eigenschaftswörter wie »abscheulich, böse, furchtbar, lächerlich, mangelhaft, menschenunwürdig, schäbig, schlecht, schrecklich, sinnlos, übel, unerfreulich, ungenügend, wertlos, zuwider«.

Einige Ausdrücke beziehen das Werten auf das Ordnen und Erkennen. Zustimmung steht hinter den Ausdrücken »in Ordnung«, »das ist das Wahre!«, »das ist richtig!«, »das ist vernünftig«, Ablehnung dagegen hinter »das ist nicht in Ordnung«, »das ist unbegreiflich«, »das ist unvernünftig« und »das kann nicht wahr sein!«.

Eine Reihe von Ausdrücken bezieht ein Werten auf ein anderes Werten. Ich kann etwas »vorziehen« oder »hintanstellen«. Ich kann einem anderen Wertenden »beipflichten, mit seiner Wertung einverstanden sein, etwas unterschreiben«, vielleicht indem ich »nachgebe« oder »mich überwinde«. Ich kann jemand anderem etwas »empfehlen«, ich kann »zuraten« oder jemanden »überreden«, ich kann »bitten, werben, fordern«. Andererseits kann ich ein Vorhaben oder eine Sache »aufgeben«, darauf »verzichten«, mir etwas »aus dem Kopf schlagen«, vielleicht indem ich »mich beuge« oder »keine andere Möglichkeit sehe«. Ich kann jemand anderem »abraten«, ihm »ins Gewissen reden«, ihn »warnen«.

Nur der Vollständigkeit halber sei darauf hingewiesen, daß wir Zustimmung manchmal auch umschreiben, indem wir Ausdrücke der Ablehung verneinen: »das ist nicht schlecht, nicht übel, gar nicht so dumm« und »ich habe keine Bedenken, keine Einwände«. Ablehnung umschreiben wir mitunter, indem wir Ausdrükke der Zustimmung vermindern – wie bei den Worten »geringschätzen« oder »weniger angenehm« – beziehungsweise verneinen: »ich wünsche das nicht«, »ich denke nicht daran«, »das ist nicht mein Geschmack«.

3.2 Die Werte oder das Werten – was zuerst erforschen?

Wenn es so viele Ausdrucksmöglichkeiten für das Werten gibt, muß es sich um etwas handeln, das in unserem Leben eine große Rolle spielt und eine weittragende Bedeutung hat.
Wie die bloße Zusammenstellung der sprachlichen Ausdrücke schon erkennen läßt, geht es hier um etwas, das von zwei Bezugspunkten her seine Bedeutung erhält. Der eine liegt im *Wertenden* – sei es nun ein Wertender oder seien es mehrere Wertende. Der andere Bezugspunkt liegt in dem, *was gewertet wird.* Das Gewertete können Dinge sein oder Sachverhalte oder wiederum Menschen. Es können sichtbare und greifbare Vorgänge oder Einzeldinge sein oder Begriffe, die gar nichts oder nur sehr mittelbar etwas mit der Wahrnehmung zu tun haben.
Einige Beispiele sollen das verdeutlichen. Die Liste der zwei Dutzend hier stellvertretend aufgeführten Dinge und Begriffe ließe sich beliebig verlängern. Wir können uns anhand dieser Beispiele zugleich deutlich bewußt machen, wieviele Dinge und Begriffe im einen Fall zustimmend, im anderen Fall ablehnend gewertet werden beziehungsweise bei dem einen Menschen Zustimmung, bei dem anderen Menschen Ablehnung hervorrufen. Zustimmung und Ablehnung sind bei den folgenden Beispielen mit »Z« und »A« gekennzeichnet.

»Autofahren«
Z: »Gibt das herrliche Gefühl, frei zu sein.«
A: »Teuer, unfallträchtig, entbehrlich.«

»Bier«
Z: »Gehört zum Feierabend, zur Gemütlichkeit und schmeckt!«
A: »Macht dick.«

»fernsehen«

Z: »Man ist im Bilde, lernt etwas dazu, wird angeregt und unterhalten.«

A: »Man glotzt in die Röhre und verlernt, selbst etwas zu unternehmen, selbst zu denken.«

»Fleiß«

Z: »Beharrlich Stein auf Stein setzen: Ohne Fleiß kein Preis!«

A: »Man darf sich nicht ausnutzen lassen! Köpfchen! Aber die Dummen werden nicht alle.«

»Fortschritt«

Z: »Sonst säßen wir heute alle noch auf den Bäumen.«

A: »Man sieht ja, wohin der ›Fortschritt‹ führt.«

»Gerechtigkeit«

Z: »Ohne sie ist keine menschliche Gemeinschaft möglich.«

A: »Oft nur Vorwand für Machtstreben, herzlos, kann tödlich sein.«

»Glück«

Z: »Das Streben nach Glück ist Menschenrecht.«

A: »Glück kann man nicht ›wollen‹ – und wenn das Leben köstlich gewesen ist, ist es Mühe und Arbeit gewesen.«

»eigenes Haus«

Z: »Unser Traum.«

A: »Dafür sich ein Leben lang krummlegen? Niemals!«

»Kartoffelsuppe«

Z: »Schmeckt gut, ist nahrhaft und gesund.«

A: »Kommt mir nicht auf den Tisch, erinnert mich an frühere Notzeiten.«

»Kinder«

Z: »Wofür lebe ich denn sonst?«

A: »Kinder? Verhindern nur meine Selbstverwirklichung.«

»dieses grüne Kleid«

Z: »Steht ihr ausgezeichnet.«

A: »Unmöglich!«

»Menschlichkeit« (»Humanität«)

Z: »Ohne sie bringt sich die Menschheit selber um; denn wir sitzen alle in einem Boot.«

A: »Was soll dieser Menschlichkeitswahn (diese Humanitätsduselei)? Das Leben ist Kampf.«

»orange«

Z: »Meine Lieblingsfarbe.«

A: »Kitschig.«

»Pflicht«

Z: »Dem Ganzen dienen! Ein Schuft, wer sich seiner Pflicht entzieht!«

A: »Soll ich mich etwa verheizen lassen? Kanonenfutter sein?«

»rauchen«

Z: »Beruhigt, entspannt, schmeckt.«

A: »Gefährdet die Gesundheit, verkürzt das Leben, ist ein Zeichen von Schwäche.«

»Rücksichtnahme«

Z: »Grundvoraussetzung für jedes gedeihliche Zusammenleben.«

A: »Die größte Dummheit, wird doch nur ausgenutzt.«

»satt«

Z: »Wir müssen alles tun, damit jeder Mensch sich satt essen kann.«

A: »Die Satten vergessen, daß andere hungern.«

»saubermachen«

Z: »Alles muß blitzen! Das macht doch Spaß.«

A: »Zwangsvorstellung eines Putzteufels.«

»Sonne«

Z: »Der Mensch aus nördlichen Breiten sehnt sich nach südlicher Sonne.«

A: »Der Mensch unter sengender Sonne strebt nach Schatten und Kühle.«

»Spanien«

Z: »Land und Leute so, daß man sich wohlfühlt. Am liebsten würde ich gleich morgen wieder hinfahren.«

A: »Dieser Reinfall mit dem Reiseveranstalter ... nichts für mich ... nie wieder!«

»sparen«

Z: »Gibt Sicherheit, man ist für Notzeiten gewappnet.«

A: »Heute leben! Keine Mark durch Geldentwertung verlieren! Das Geld gehört in die Wirtschaft – darum Verbrauchen!«

»tanzen«

Z: »Ich tanze für mein Leben gern.«

A: »Nein danke, ich bin Nichttänzer.«

»Wahrhaftigkeit«

Z: »Lüge zerstört jedes Vertrauen und macht menschliches Zusammenleben unmöglich.«

A: »Manchmal bringt es mehr Schaden, jemandem mit der nackten Wahrheit ins Gesicht zu springen.«

»Zierfischzucht«

Z: »Mein Steckenpferd, das meine ganze Freizeit ausfüllt.«

A: »Spinnerei.«

Wenn man diese Beispiele untersuchen und ordnen will, legt uns die Sprache nahe zu fragen, ob der Schwerpunkt mehr beim *Wertenden* oder mehr beim *Gewerteten* zu liegen scheint.

Ob eine Frau das grüne oder das blaue Kleid vorzieht, würden wir als »Geschmackssache« bezeichnen. Es ist eben ihr Geschmack, der den Ausschlag gibt. Es kommt eben auf ihr eigenes Werten an. Zwei gleich geschnittene Kleider aus gleichartigem Stoff – mag das eine auch grün, das andere blau sein – sind für einen unbeteiligten Beobachter, der sich nicht entscheiden muß, also etwa für den Kaufmann, der die Kleider ja alle verkaufen und nicht behalten will, gleich wertvoll. Es sei denn, er weiß, daß seine Kundschaft eher die eine der beiden Farben bevorzugt. Vielleicht wird zur Zeit gerade wieder »grün« vorgezogen. Das wird er dann aber schon beim Einkauf der Ware berücksichtigt haben.

Wie steht es aber bei der Frage »*Verbrauchen* oder *Sparen*?« Das ist, wie wir zu sagen pflegen, »Ansichtssache«. Alles hängt von den Bedingungen ab, die für diesen Menschen in diesem Augenblick entscheidend sind. Man nimmt »von Fall zu Fall« für das eine oder für das andere Stellung — »je nach den Umständen« oder genauer: »je nach der eigenen Einschätzung der Lage«. Das würde insgesamt also für unser Urteil sowohl die Ansicht zulassen, daß »Verbrauchen« besser sei, als auch die Ansicht, daß »Sparen« besser sei.

Es gibt aber auch Grundüberzeugungen, bei denen wir nicht mehr zubilligen, daß etwas »Ansichtssache« sei. So ist für uns etwa »Gerechtigkeit«, »Glück« oder »daß überhaupt Menschen leben« etwas, das »an sich gut« ist. Es wird für gut gehalten — unabhängig vom Werten eines einzelnen Menschen oder einer Gruppe, unabhängig auch von den Umständen. Gehen wir dabei zunächst einmal davon aus, daß es eine große Zahl von Menschen gibt, die der Überzeugung sind, »Gerechtigkeit« — um bei diesem Beispiel zu bleiben — sei gut.

So gesehen, haben wir innerhalb der Vielzahl der Werte eine Abstufung: von den Fällen angefangen, in denen es mehr auf das Werten der wertenden Menschen ankommt, bis zu den Fällen, in denen es mehr auf das Gewertete ankommt und weniger auf das menschliche Werten.

In den zuerst genannten Fällen ist die Beziehung zwischen dem Wertfühlen und den Werten offenbar enger. Es liegt »bei mir«, wie ich werte. Es steht in meinem *Belieben*. Innerhalb unserer Gesellschaft ist es mir in solchen Fragen mehr oder weniger *freigestellt*, wie ich werte[2]. In einer Gesellschaft haben aber zumindest die Kinder vielleicht nicht das gleiche Wertfühlen wie die Erwachsenen. Oder der eine findet dies und der andere findet eben jenes gut. Wir stehen dann vor der Frage: Wie entwickelt sich das Wertfühlen? Welches sind die Bedingungen für ein unterschiedliches Wertfühlen?

In den zuletzt genannten Fällen – etwa bei der »Gerechtigkeit« – soll das Gewertete entsprechend wahrgenommen, geschaut, erfaßt werden. In einer Gesellschaft haben zumindest die Kinder aber vielleicht noch nicht die Wert-Auffassung, die ein Erwachsener hat. Die Frage ist dann also: Wie entwickelt sich diese Schau, dieses Erfassen? Oder was sind die Bedingungen dafür, daß der eine diesen Wert schaut und der andere ihn nicht schaut oder einen anderen Wert schaut? Wo wir von »Verantwortung« sprechen, gehen wir irgendwie davon aus, daß vielleicht sogar die Wert-Auffassung »in meinem Belieben« steht, daß es »bei mir liege«, ob ich zu einer bestimmten Wertauffassung komme oder nicht. Zugleich steht mir aber in gewisser Weise doch nicht frei, den Wert der »Gerechtigkeit« etwa gar nicht zu sehen, wenn ich ein »guter« und kein »böser« Mensch sein will.
Unter dem Gesichtspunkt »Wer ist betroffen?« läßt sich sagen: Ob ein Kleid blau oder grün ist, ist Sache der Frau, die es tragen soll – auch wenn selbstverständlich alle, die ihr Kleid sehen werden, in diesem Sinne »Betroffene« sind, aber doch wohl beide Farben etwa gleichermaßen dulden würden. Aber ob sich jemand »gerecht« verhält, wirkt sich unter Umständen auf viele andere sehr viel schwerwiegender aus.
Unter dem Gesichtspunkt der »Verbindlichkeit« läßt sich abstufen: Die Farbe des Kleides ist ziemlich »unverbindlich«. Bei der »Gerechtigkeit« sprechen wir aber von einem »verbindlichen« Wert, von einem »Sollen« (einer »Norm«). Bei den »Sitten« und »Bräuchen« ist die Verbindlichkeit ziemlich streng. Bei den »Selbstverständlichkeiten« unserer Gesellschaft schließlich wird die Verbindlichkeit überhaupt nicht mehr in Frage gestellt.
Das alles ließe sich in eine einigermaßen überschaubare und auswendig zu lernende Ordnung bringen, wenn die Gesellschaft, aus der wir die Beispiele genommen haben, die einzige wäre. »Das, was gut ist«, haben denn auch durch Jahrhunderte die Älteren im Gespräch und im Unterricht an die Jüngeren weitergeben können.

Dann aber lehrte die wachsende Kenntnis der Geschichte: Früher war vieles anders. Und die Wissenschaft von den kulturbedingten Unterschieden menschlichen Denkens, Wertens und Verhaltens (Kulturanthropologie) lehrte: Anderswo war und ist es anders. Kant lehrte: Einige Bedingungen liegen in der menschlichen Fähigkeit zum Bewußtsein, zum Erkennen und Werten selbst, in der Vernunft. Darwin lehrte: Das Leben hat sich entwickelt. Nietzsche lehrte: Die Werte dienen dem Willen zur Macht, sie müssen vom Leben aus beurteilt werden. Alfred Adler wandte diesen Maßstab auf seelische Störung und Gesundung an. Pawlow lehrte: Bedingte Verknüpfungen von Lebensvorgängen entstehen durch ein Lernen auf der Grundlage angeborener, »unbedingter« Verknüpfungen von Lebensvorgängen. Freud lehrte: Es gibt eine Urlust (»Libido«). Die Wissenschaft von den Übereinstimmungen und Unterschieden zwischen menschlichem und tierischem Verhalten (Ethologie) lehrte: Viele Verhaltensmuster sind uns angeboren. Marx lehrte: Wichtige Wertungen sind als »Überbau« abhängig von den Verhältnissen der wirtschaftlichen Ordnung.

Die Sprache wehrt sich zwar in gewisser Weise gegen dieses »je nachdem«. In den Ausdrücken scheint das zustimmende oder ablehnende Werten mit eingeschmolzen zu sein. »Vertrauen« ist als Wort immer zustimmend gewertet, dasselbe Verhalten heißt hingegen »Vertrauensseligkeit«, wenn man meint, es abwertend beurteilen zu müssen.

Was ist nun die Wahrheit über das Werten, die Werte und die Wertungen? Gibt es beim Werten etwas, das »währt«? Was erweist sich als »immer« zustimmend gewertet und was als »immer« ablehnend gewertet?

Kommen wir einer Antwort näher, wenn wir zuerst »die Werte« erforschen? Oder wenn wir zuerst »das Werten« erforschen? Gewiß gibt es verdienstvolle Ansätze, die Untersuchung bei den Werten beginnen zu lassen. Aber was hilft es uns letztlich, wenn der eine von diesen, der andere von jenen Werten ausgeht? Warum nicht den zweiten Weg beschreiten und bei den Vorgängen des Wertens selbst ansetzen?

Der zweite Weg führt zwar durch schwieriges Gelände, außerdem haben sich schon einige mutige Pfadfinder in diesem Gebiet eine Schneise gebahnt und sich heiser geschrien mit ihrem »Mir nach!«. Dennoch: Beginnen wir unsere Untersuchung dieses Gebietes mit aufmerksamem Spurenlesen.

4.0 Das große WAS

Was wird gewertet? (Die Frage nach dem *Wertungsobjekt*). Scheint es nicht nahezuliegen, die Fülle dessen, was überhaupt von Menschen zustimmend oder ablehnend gewertet wird, wegen seiner außerordentlichen Verschiedenartigkeit gewissermaßen gesonderten Wertbereichen zuzuordnen, die miteinander vielleicht nur wenig zu tun haben? Würden danach nicht auf der einen Seite bestimmte gewertete körperliche Vorgänge und Verhaltensweisen oder gegenständliche Mittel dafür, beispielsweise Eßgewohnheiten oder Speisen, in einen völlig anderen Wertbereich fallen als auf der anderen Seite etwa Begriffe wie »Selbstverwirklichung« oder »Gerechtigkeit«? Sind nicht am Ende gar – je nach dem Wertbereich – ganz andere Wissenschaften für die Untersuchung »zuständig«? Oder aber erklärt sich eine solche Vermutung der »Wesensverschiedenheit« zwischen der einen und der anderen Art der Werte vielleicht nicht mehr oder weniger etwa schon daraus, daß manche Verhaltensforscher zu sehr von Tierversuchen ausgehen und darauf ihre Schlußfolgerungen für tierisches und menschliches Werten aufbauen? – wobei sich naturgemäß die Schwierigkeit einstellt, von Ratten etwa eine Stellungnahme beispielsweise zu den Werten der »Selbstverwirklichung« oder der »Gerechtigkeit« zu bekommen.

Oder ist es nicht vielmehr so, daß man den Ausweg aus dieser Schwierigkeit allzu oft und allzu leicht auf die Weise suchen zu müssen und finden zu können meint, daß man ganz einfach und vorschnell die Annahme von zwei Wertbereichen auf die *Setzung von zwei Seinsbereichen* (auf einen »Dualismus«) zurückführt: auf die Trennung des »körperlichen« Seins vom »geistigseelischen« Sein? Oder daß man den Trennungsschnitt etwas anders anlegt und einen Bereich des *in der Zeit ablaufenden Weltgeschehens* (des »realen Seins«) einem zweiten Bereich des *zeitlos gültigen Seins* (des »idealen Seins«) gegenüberstellt, wobei man die Werte gern dem letzteren Bereich zurechnet?

Welche Ordnung der Wertarten man auch immer voraussetzen mag, es bleiben Zweifel und Fragen – entweder danach, wie es denn zu erklären wäre, daß aus der Unzahl »zeitlos gültiger Werte« nun ausgerechnet diese oder jene Werte in den Wertungen dieser oder jener Menschen bewußt und wirksam werden, oder danach, ob sich nicht vielleicht doch allgemeine gesetzmäßige Bedingungszusammenhänge erkennen lassen, aus denen uns die Wertbildung in einer *alle* Wertbereiche umfassenden Weise verständlich wird.

Um für unsere Untersuchung noch keine Vorentscheidung zu fällen, stellen wir erst einmal nur fest, daß in jedem Vorgang des »Wertens«, bei jeder »Wertung« und bei jedem »Wert« so etwas wie ein »gegenständliches Fühlen« vorliegt, also eine Art der Stellungnahme zu irgendetwas, zu irgendeinem »Gegenstand« im weitesten Sinne des Wortes. Wir wollen die Ausdrükke »Werten«, »Wertung« und »Wert« auch nicht ausschließlich einem *voll bewußten* Vorgang des »Abwägens«, »Bewertens«, »Beurteilens« oder gar »Rechtfertigens« zuordnen, da erst sorgfältig untersucht werden muß, welche Rolle *außerbewußt* ablaufende Vorgänge gefühlsmäßigen Stellungnehmens bei den Vorgängen des Wertens spielen. Begleitet aber ein solches außerbewußt ablaufendes Stellungnehmen, dessen Bewußtseinsauswirkungen uns als »Werttöne« gegeben sein können, nicht nahezu all unser Tun und Erleben, ja mehr oder weniger alle unsere Bewußtseinsinhalte? Aus diesem Grund wird es sich kaum vermeiden lassen, die Ausdrücke »Wertung« und »Wert« während unserer Untersuchung auf die unterschiedlichsten »Gegenstände im weitesten Sinne« anzuwenden. Beide Ausdrücke können darum sowohl etwas, das ich zum Beispiel gerade haben oder tun möchte, bezeichnen als auch etwas, bei dem man im allgemeinen Sprachgebrauch – insbesondere wenn wir von

einem »Wert« sprechen — vorauszusetzen scheint, daß eine über mein eigenes Wollen hinausreichende Rechtfertigung dahintersteht.
Mancher meint, wenn er das Wort »Wertvorstellungen« in den Mund nimmt, dann habe er damit allein schon auf etwas Sinnvolles, für alle Verbindliches hingewiesen. Meist ist dabei von Wertvorstellungen die Rede, die man der Jugend vermitteln müsse. Demgegenüber ist grundsätzlich festzuhalten: »Werten« ist ein so durchgängiger Vorgang im menschlichen Leben, daß man sich schon die Mühe machen muß, deutlich zu sagen, welche Wertvorstellungen, d. h. Wertungen bzw. Werte, man denn nun meint. Und man muß sie schon sehr genau bestimmen, wenn erkennbar werden soll, ob es sich um sinnvolle oder sinnwidrige Werte handelt.

Das »Was« meines Wertens kann größer oder kleiner sein: Ich kann es mehr oder weniger »ausweiten«

»Was tue ich morgen?« An einer Frage wie dieser läßt sich deutlich machen, daß das »Was« meines Wertens größer oder kleiner sein kann. Entweder ist mein Wünschen, Streben, Wollen nur auf einen *kleinen* Ausschnitt aller möglichen Gegenstände und Verhaltensweisen eingestellt; das »Was« ist dann meist auch bis in Einzelheiten festgelegt. Oder der Kreis der Gegenstände und Verhaltensweisen ist *größer,* Einzelfestlegung noch kaum gegeben; vielmehr bestimme ich das »Was« meines Wertens eher in allgemeineren Begriffen, in Beziehungsbegriffen, nur erst *der Richtung nach.*
Entweder ist also mein Werten und Handeln eng festgelegt, zum Beispiel: Der morgige Sonntag wird so und nur so ablaufen. Oder es ist noch offen, was ich mir vornehme, was jedoch wiederum entweder auf Einfallslosigkeit, Unentschlossenheit, Abhängigkeit von anderen Menschen beruhen kann oder aber auf dem bewußten Vorsatz, aus dem Sonntag »das Beste zu machen« — je nach meinem Befinden und dem der anderen, je nach

der Wetterlage und den anderen Gegebenheiten des fraglichen Tages. Dieses »je nachdem« war nun schon immer eine besonders starke Zumutung für alles Nachdenken über Werte und Wertungen. Das gleiche gilt für Wendungen wie »von Fall zu Fall«, »das kommt darauf an«, »das bleibt jedem überlassen«, »das ist Sache des einzelnen«. Ist eine lagemäßige und einzelmenschliche »Bezogenheit« (»Relativität« oder »Relationalität«) des Wertens die Verneinung jeder Verbindlichkeit und Allgemeingültigkeit? Gibt es bei Werten vielleicht sogar überhaupt keinen vernünftigen Maßstab, sondern nur Willkür? Endet alle Überlegung über das Werten etwa in der *Lehre, das Werten sei letztlich eine Sache der einzelmenschlichen Entscheidung* (im sogenannten »Dezisionismus«)? Fragen wir zunächst einmal nach den Bedingungen für das Entstehen einer Wertung. Und sehen wir uns, da ein Mensch ja nicht nur eine einzige Wertung hat, an, was bei einem Nebeneinander, Miteinander und Gegeneinander der Wertungen geschieht. Überlegen wir uns sodann, welche Fragestellungen wir weiterhin daraus zu folgern und zu beantworten haben.

4.1 Bedingungszusammenhänge

Die Bedingungszusammenhänge des Wertens sind nicht ohne weiteres überschaubar. Gibt es überhaupt etwas, das ich als Mensch tatsächlich »von vornherein«, von Anfang an »um seiner selbst willen«, also »unmittelbar« werte – ja vielleicht notwendigerweise so werte? Und ist das so Gewertete vielleicht sogar für alle Menschen das gleiche? Kennen wir aber nicht andererseits genügend Berichte, daß Menschen erst durch Erfahrungen oder Überlegungen, also »mittelbar« dazu kommen, etwas zustimmend oder ablehnend zu werten, und zwar der eine dieses, der andere jenes? Wer sich auf die Suche nach dem unmittelbar Gewerteten begibt, ist in Gefahr, sich wie in einem Irrgarten zu

verlaufen. Wer kann schon von sich ohne längeres Nachdenken auf Anhieb sagen, was er — zustimmend oder ablehnend — *unmittelbar* wertet und was er erst *mittelbar* so wertet, wie er es wertet?
Ein wichtiger und zudem einleuchtender Grund für diese Schwierigkeit liegt in folgendem: In dem Lebensalter, in dem man vielleicht das erstemal über die Bedingungszusammenhänge des eigenen Wertens nachdenkt, ist man schon ein gutes Stück über die ersten Lebensjahre, über die Kindheit hinaus. Man hat also den Lebensabschnitt lange hinter sich, in dem sich so überaus viele mittelbare Wertungen gebildet haben. Der Versuch der Besinnung, der die Zusammenhänge klären will, reicht kaum noch bis zu den früheren Wertbildungsvorgängen zurück, und das Wertungsgefüge jedes einzelnen Menschen ist später überwiegend dann einfach »vorhanden«. Außerdem: Da jedes Leben anders verläuft, führt die bloße Selbstbetrachtung und Vergegenwärtigung der Wertungen, wie sie sich im Bewußtsein etwa des Erwachsenen nun einmal zeigen, meist nicht recht weiter bei der Suche nach allgemeinen Gesetzmäßigkeiten. Vielmehr kann eine solche Bestandsaufnahme – auch wenn mehrere Jugendliche oder mehrere Erwachsene ihre Wertungen untereinander vergleichen – eher ein verwirrendes Gesamtbild ergeben.

Nur bestimmte Lebensvorgänge – die des Tuns und des Erlebens – werten wir anlagebedingt unmittelbar

Nutzen wir darum die Erkenntnisse der vielen Wissenschaftler, die von verschiedenen Ansätzen her untersuchten, wie sich menschliches Verhalten entwickelt. Sie haben zuverlässige Grundmauern errichtet, auf denen wir weiterbauen können.
Der wichtigste Grundstein besteht in der Erkenntnis, daß jeder Mensch unmittelbar nur bestimmte Lebensvorgänge (Lebensfunktionen) wertet.
Was sind das für Lebensvorgänge, die wir ursprünglich zustimmend beziehungsweise ursprünglich ablehnend werten? Es sind

die verschiedenen Arten des Tuns und Erlebens. Allgemein gesagt: Es sind alles Lebensvorgänge (Lebensfunktionen), die von entsprechenden kennzeichnenden Bewußtseinsgegebenheiten begleitet werden können[3]. Wir werten also nicht die stets außerbewußt ablaufenden Lebensvorgänge, wie beispielsweise die des Körperstoffwechsels und des Wachsens[4], sondern nur Lebensvorgänge, die sich uns im Bewußtsein mitteilen können.

Daß es sich hierbei nur um bewußtseinsfähige Lebensvorgänge handelt, ist jedoch nicht verwunderlich, weil sich ja auch das Werten in Bewußtseinsgegebenheiten zu äußern vermag. Was für eine Bewußtseinsgegebenheit aber läßt sich als Folge meines Wertens auffassen? Es ist dies der sogenannte »Wertton«. Er zeigt sich immer zusammen mit einer anderen Bewußtseinsgegebenheit in unserem Bewußtsein: etwa verschmolzen mit einer Sinnesempfindung, einem Gedanken, einer Stimmung, einem Gefühl[5]. Es ist nicht leicht, den Wertton für sich allein zu beschreiben. Der Wertton verleiht einer Bewußtseinsgegebenheit eine bestimmte Färbung, die wir diesem Bewußtseinsinhalt als »Eigenschaft« genauso zuschreiben, wie wir einer Wolke, die wir am Himmel wahrnehmen, einen bestimmten Farbton zuschreiben oder dem Zirpen der Grillen, dem wir lauschen, eine bestimmte Klangfarbe[6]. Diese stärkere oder schwächere, anziehende oder abstoßende Färbung – eben dieser »Wertton« – kommt einmal einem Wahrnehmungsinhalt zu, ein anderes Mal einem Gedanken, einer Stimmung ebenso wie einem Gefühl.

Der »Wertton« ist das, was uns zum Beispiel die Geschmackseigenart einer Frucht als angenehme Geschmackseigenart erscheinen läßt. Der Wertton der Zustimmung ist es, der uns das Foto unserer Eltern wertvoll, ein Kinderlachen herzerfrischend, eine gute Tat »gut« erscheinen läßt; dadurch daß es mit einem Wertton der Zustimmung verschmolzen ist, wird uns etwas Verlockendes als »verlockend«, etwas Wohltuendes als »wohltuend«, etwas Wünschenswertes als »wünschenswert« bewußt, wobei stets der Wertton zu den übrigen Merkmalen des Gegenstandes oder Verhaltens hinzukommt und mit ihnen zu einer Gesamtwahrnehmung oder einem Gesamtbegriff verschmilzt.

Wie für den Wertton der Zustimmung gilt dies alles in gleicher Weise selbstverständlich auch für den Wertton der Ablehnung.
So viel zu den gewerteten Lebensvorgängen im allgemeinen. Doch nun zu der Frage: Welche Lebensvorgänge sind es denn im einzelnen, die wir unmittelbar werten? Man kann sie einteilen in die Vorgänge des »Tuns« und in die Vorgänge – vielleicht besser: die Zustände – des »Erlebens[7]. Das Wort »Lebensvorgänge« meint hier allerdings nicht im weitesten Sinne unterschiedslos alle Vorgänge während eines Lebens, das heißt keineswegs jedes Geschehen, jedes Ereignis, das während der Lebenszeit beispielsweise eines Menschen abläuft und von dessen Auswirkungen er vielleicht überhaupt nicht, vielleicht geringer oder stärker betroffen ist. Vielmehr sind »Lebensvorgänge« hier im engeren Sinne zu verstehen, das heißt als Vorgänge, die sich als gesetzmäßig zu seinem Leben gehörig in einem Lebewesen abspielen oder in denen sich sein Leben äußert, und zwar unmittelbar äußert wie zum Beispiel im »Bauen« selbst, nicht aber erst mittelbar wie im »gebauten Haus«.

Unmittelbar gewertetes Tun[8]*:*
1. die Sinnesvorgänge,
2. die Bewegungsvorgänge,
3. die Denkvorgänge im weiteren Sinne

Die unmittelbar gewerteten Vorgänge des »Tuns« sind die der Sinnesempfindungen, des Sichbewegens und des Denkens im weiteren Sinne. Sie können bei jedem zielgerichteten Tun des Menschen absichtlich eingesetzt werden[9]. Sie sind von bestimmten, für diese Vorgänge jeweils kennzeichnenden Bewußtseinsgegebenheiten begleitet, mit denen dann der – zustimmende oder ablehnende – Wertton verschmilzt.
Von besonderer Bedeutung ist dabei auch: Die Wissenschaft vom Bau und von den Leistungen des menschlichen Nervennetzes einschließlich des Gehirns liefert uns Einsichten, die sich gut mit

dem zusammenfügen, was über die unmittelbar gewerteten Bewußtseinsgegebenheiten und die Lebensvorgänge, die gleichzeitig ablaufen, festzustellen ist.

1. *Die Sinnesvorgänge*

Die Sinnesvorgänge: Zu diesen Vorgängen gehören die Nervenerregungen, die sich von den Einfallstoren der Sinnesempfindungen – Augen, Ohren, Nase, Zunge und den Empfindungsstellen für Wärme, Kälte, Berührung, Druck, Schmerz, für Vorgänge im Inneren des Körpers und für die Lage unseres Körpers im Raum – zum Gehirn fortpflanzen. Die Weiterleitung geschieht über die Bahnen, die Erregungen an das Gehirn herantragen (afferente Bahnen).
Die zugehörigen Bewußtseinsgegebenheiten sind die des Sehens, Hörens, Riechens, Schmeckens, der Wärme-, Kälte-, Berührungs-, Druck- und Schmerzempfindungen, des Empfindens für innere Körpervorgänge und für Gleichgewichtszustände und -veränderungen.

2. *Die Bewegungsvorgänge*

Das Sichbewegen: Zu diesen Vorgängen gehören die Nervenerregungen, die vom Gehirn zu den Muskeln gehen und sie zur Tätigkeit veranlassen. Die Weiterleitung geschieht über die Bahnen, die die Befehle des Gehirns zu den Muskeln hinaustragen (efferente Bahnen).
Alle diese nervlichen Vorgänge arbeiten jedoch in enger Rückkoppelung zusammen mit den Bewegungs- und Kraftempfindungen, dem Kraft- oder Muskelsinn; dieser eigenartige Sinn, bei dem es noch manches zu erforschen gibt, meldet die Muskelbewegungen zurück ans Gehirn. Diese Sinneseindrücke sind außerordentlich schwer zu beschreiben und hängen in ihrem Bewußtwerden sehr davon ab, ob man auf sie eingestellt ist oder

nicht; tausenderlei Einzelbewegungen von Muskeln bemerken wir im Alltagsleben überhaupt nicht[10].

Die zu den Lebensvorgängen der Bewegung gehörenden Bewußtseinsgegebenheiten sind in der Regel weniger »aufdringlich« als etwa Sinnesempfindungen, die uns »ins Auge fallen«. Die Ablaufsgestalt der Bewegung wird vom Ziel her bestimmt: Wir wollen etwa über einen Graben von einem Meter Breite springen. Eine Bewegung wie diese entfaltet sich aus einem »Bewegungsentwurf«. Ein solcher Entwurf ist als Keim gegeben, bevor die Bewegung einsetzt, und wird im Laufe der Bewegung entrollt, entwickelt und seinen Einzelheiten nach so oder so gestaltet. Die »Vorwegnahme« der Bewegungsgestalt, des Verlaufs und des Erfolges, zum Beispiel vor dem »Sprung«, muß aber keineswegs bewußt vollzogen sein, muß nicht vorstellungsmäßig vergegenwärtigt werden. Dennoch liegt eine »Vorwegnahme« der Bewegung zugrunde. Uns allen ist es vertraut, dieses »Vorausgegebensein« der Bewegung. Als Menschen verfügen wir also nicht nur über die Leistungen der vorstellenden Einbildungskraft, sondern ihr zur Seite stehen die Leistungen eines ähnlichen Vermögens für die Bewegung. Dieses Vermögen baut auf einer Grundausstattung von Urformen der Bewegung auf, die vor aller Erfahrung bereitliegen; die Erfahrung kann die Vielfalt der Bewegungsformen erweitern und auch neue Bewegungsformen schaffen[11].

Wenn auch menschliche Bewegung verbunden ist mit der Fähigkeit, »sich selbst vorweg zu sein«, so ist doch das »Vorausgegebensein« der Bewegung das eine Mal mehr, das andere Mal weniger bewußt[12] – darin ist es den Muskelempfindungen durchaus ähnlich. Eine Nähnadel einzufädeln verlangt Aufmerksamkeit. Ganz bewußt müssen wir auch Bewegungen zweckmäßig »Schritt für Schritt« aufbauen, wenn es um das Erlernen körperlicher Fertigkeiten geht, die uns nicht angeboren sind, wie Radfahren, Klavierspielen, Maschinenschreiben. Eine Bewegung kann aber von der Stufe der Willenshandlung absinken zur kaum noch bewußt ablaufenden Alltäglichkeit oder Gewohnheitssache. Der geübte Radfahrer wird kaum noch an eine Armbewegung denken, vielleicht noch in etwa an eine Drehung der Lenkstange oder gerade noch daran, daß er diesem oder jenem Gegenstand ausweichen will. Aber auch dieser Gedanke wird unter Umständen auf eine niedere Bewußtseinsstufe absinken. Dieses »Kaum-noch-bewußt-Sein« ist uns allerdings auch von den Sinneswahrnehmungen her bekannt; denn auch dort wird etwas manchmal »nur ganz am Rande« noch wahrgenommen. Worauf es bei den Bewegungen ankommt, ist jedoch, daß sie absichtlich eingesetzt werden können. Außer in den Fällen, in denen das Nervennetz eine Bewegung ohne das Bewußtsein »selbsttätig« erledigt – Beispiel: das Emporschnellen des Unterschenkels beim Beklopfen der Sehne unterhalb der Kniescheibe (der Patellarreflex) – kann Muskelbeugung und -streckung auch absichtlich erfolgen, also mit bewußtem Vorsatz. So können wir, je nachdem welche Muskeln beteiligt sind und wie sie zusammenspielen, mit dem Kopf nicken, den Kopf schütteln, den Kopf wenden, den Arm heben, greifen, mit dem Finger auf einen Knopf drücken, uns setzen, uns hinlegen, aufstehen, gehen, laufen, springen, schwimmen, tanzen oder einen anderen Menschen mehr oder weniger sanft berühren, ihn streicheln, umarmen, liebkosen. Und wir können – sprechen.

3. Die Denkvorgänge im weiteren Sinne

Das Denken im weiteren Sinne: Zu diesen Vorgängen gehören Nervenerregungen im Bereich des Großhirns (zentrale Erregungen).

Als damit verbundene Bewußtseinsgegebenheiten kennen wir zum Beispiel die des Nachdenkens, Aufgabenlösens, einsichtigen Beurteilens, Prüfens, Begründens, Schließens, Fragens, Überlegens, Vermutens, des Zusammenbringens und Vereinens mittels der Einbildungskraft (Phantasie)[13].

Unmittelbar gewertetes Erleben[14]

Die Vorgänge des Erlebens: Zu diesen Vorgängen gehören die unwillkürlichen Nervenerregungen in einem langsamer leitenden besonderen Nervennetz, das von dem bereits besprochenen Nervennetz – besonders von der Hirnrinde – weitgehend unabhängig ist und selbständig (autonom) arbeitet[15]. Dieses auch viele lebenswichtige Vorgänge steuernde Nervennetz (vegetative Nervensystem) besteht aus zwei Gruppen von Nervenzellen und -leitungen, die vielfach entgegengesetzte Wirkungen hervorrufen. Die der einen Gruppe ziehen beispielsweise die Blutgefäße in der Haut zusammen, so daß wir erbleichen, die der anderen Gruppe erweitern sie, so daß wir erröten. Viele dieser Nervenvorgänge bleiben stets unterhalb der Bewußtseinsschwelle. Wir merken auch nichts von den Zerfalls- und Aufbauvorgängen des Blutes, von den Absonderungen der Drüsen der Magenschleimhaut, von den Bewegungen der Gewebeflüssigkeiten[16]. Andere Vorgänge in diesem besonderen, zweigeteilten Nervennetz, dessen Faserverzweigungen übrigens einen von Mensch zu Mensch sehr unterschiedlichen Feinaufbau aufweisen, sind in bestimmter Weise mit den Bewußtseinszuständen des Erlebens verbunden.

Die mit diesen Nervenvorgängen verbundenen – außerdem allerdings oft auch von unserem Tun, von unserem Werten beeinflußten – Bewußtseinsgegebenheiten nennen wir Gefühle oder Stimmungen. Sie sind so vielfältig und verschiedenartig, weisen so viele Abtönungen, Übergänge und Stärkeunterschiede auf, sind so unterschiedlich gemischt, daß niemand alle ihre Arten und Feinheiten zu beschreiben vermag[17].

Dazu zählen solche eng mit Sinnesempfindungen verbundenen Bewußtseinsgegebenheiten wie zum Beispiel das wohlig sommerliche Erleben von Sonne, Luft und Landschaft.

Dazu zählen aber auch die vielen triebbedingten Gefühle, angefangen von der Lust etwa, sich nach langem Stillhalten endlich wieder frei bewegen zu können, bis hin zur Angst eines kleinen Kindes, die Mutter zu verlieren.

Ferner zählen dazu Selbstvertrauen oder Minderwertigkeitsgefühl, Zufriedenheit oder Unzufriedenheit, Langeweile oder andere Stimmungen und Weisen des Zumuteseins.
Auf bestimmten Stellungnahmen beruhen Gefühle wie Scham oder Genugtuung, Mitleid oder Mitfreude, Liebe oder Verehrung oder Haß und Verachtung, auch das Gefühl für »gerecht« und »ungerecht«, wobei sich letzteres bis zur Entrüstung, zur Empörung, zum Zorn steigern kann.
Wir kennen im menschlichen Miteinander das »Angezogenwerden« und »Leidenmögen« (die Sympathie) ebenso wie das »Abgestoßenwerden« und »Nichtausstehenkönnen« (die Antipathie) — beides oft ohne sagen zu können warum und manchmal gegen das Urteil des Verstandes.
Zu den wichtigsten Gefühlen, die im Leben jedes Menschen vorkommen und im Alltag die größte Rolle spielen, gehören auch Freude und Trauer, Sorge, Kummer. Ein Zustand wie dieser kann sich bis zur Verzweiflung steigern.
Bei einer Steigerung des Gefühls spricht die Alltagssprache in bestimmten Fällen auch treffend von »Erregung« (»Affekt«)[18], nämlich dann, wenn mein Gefühl zu solcher Stärke anwächst, daß es mir zusammen mit seinen körperlichen Begleitumständen bewußt wird — selbst wenn ich mich so weit beherrsche, daß nach außen nichts erkennbar wird. Jeder Mensch weiß, daß sich die Aufregung bei Angst bis zum »Schlottern«, bei Wut bis zum »Beben« oder zum ohnmächtigen Weinen steigern kann. Das Weinen leitet jedoch nicht nur hierbei und in der Trauer, in der Verzweiflung die Erregung ab, sondern auch etwa im Zustand der Rührung und sogar, wenn man von Freude, von Glück überwältigt wird.
Insgesamt unterstehen die Zustände des Erlebens nicht dem willkürlichen Einsatz, sondern zeigen an, wie wir von inneren oder äußeren Umständen betroffen werden. Die Vorgänge des Fühlens spielen eine grundlegende Rolle in ihrer Einwirkung auf unsere Antriebe, unser Tun. Strebungen und Gefühle sind in eigenartiger Weise ständig miteinander verknüpft — ihr Hand-in-Hand-Gehen trifft ausgezeichnet der Satz, die Triebe und

Strebungen seien umkleidet von Gefühlsregungen, die Gefühlsregungen durchwirkt von Trieben und Strebungen[19].

Die Unmittelbarkeit des unmittelbaren Wertens erschließen wir aus den Beziehungen zwischen sorgfältig beobachteten Bewußtseinstatsachen

Nachdem wir uns vergegenwärtigt haben, daß wir von unseren Anlagen her mit einem reichen Bestand nervlicher Voraussetzungen zu Sinnes-, Bewegungs- und Denkvorgängen sowie Gefühlszuständen ausgestattet sind, können wir wirklichkeitsnäher weiterfragen nach der Unmittelbarkeit des unmittelbaren Wertens.

Um es noch einmal klar herauszustellen: Gemeint ist hier nicht das, was wir durch die Lebenserfahrung in unserem Lebenskreis gutzuheißen beziehungsweise abzulehnen gelernt haben und gewohnt sind. Sondern es geht uns hier um das, was unabhängig von aller Erfahrung — und somit »unmittelbar« — zustimmend oder ablehnend gewertet wird.

Keine Frage, daß die Untersuchung des unmittelbar Gewerteten leichter wäre, wenn man einen Menschen wirklich »vor aller Erfahrung« beobachten oder befragen könnte. Aber beginnt die Erfahrung nicht spätestens mit dem ersten Lebenstag? Diese Schwierigkeit hat die Suche nach dem unmittelbar Gewerteten immer wieder in die Irre geführt. Darum auch ist die zweifelsfreie, gesicherte Erkenntnis noch verhältnismäßig jung, daß ein unmittelbares Werten an den Ablauf der aufgeführten anlagemäßigen Lebensvorgänge gebunden ist. Diese Erkenntnis besagt: Alles unmittelbare Werten des Menschen erweist sich als untrennbar mit dem Vollzug von Lebensvorgängen — einfachen und zusammengesetzten — verknüpft, die ihrerseits gesetzmäßig von ganz bestimmten Bewußtseinsgegebenheiten begleitet sind: von Wahrnehmungen, Bewegungsvorwegnahmen und -empfindungen, Vorstellungen, unanschaulichen Denkgebilden oder Gefühlen.

Ein unmittelbarer Wertton der Zustimmung oder Ablehnung kommt bei mir also den Bewußtseinsinhalten zu, die zum Beispiel meine Geschmacksempfindung begleiten oder mein Singen, Hobeln, Nähen, Fußballspielen, Zuschauen, Zuhören oder auch mein Kopfrechnen, Plänemachen, Rätselraten[20]. Wird ein solcher Vorgang unterbrochen, so verschwindet gleichzeitig mit den betreffenden Bewußtseinsinhalten auch der Wertton, der beim Ablauf des Vorgangs nachweisbar war. Beginnt der Vorgang von neuem mitsamt den für ihn kennzeichnenden Bewußtseinsinhalten, so tritt auch der Wertton von neuem auf. Wir können daraus nur schließen: Der in Frage kommende Einzelvorgang oder zusammengesetzte Gesamtvorgang wird um seiner selbst willen gewertet. Das heißt: Der Lebensvorgang wird von dem Menschen, der diese Tätigkeit ausübt oder dieses Gefühl erlebt, *unmittelbar* gewertet[21].

Zusammengesetzte Vorgänge unmittelbar stärker zustimmend gewertet als einfache Vorgänge

In der Regel werten wir ein umfassenderes oder anspruchsvolleres Zusammenspiel mehrerer Lebensvorgänge, deren Ineinandergreifen gut aufeinander abgestimmt ist, stärker zustimmend, als wenn nur ein einfacher Lebensvorgang abläuft. Man braucht nur zu vergleichen: eine einfache »spielerische Fußbewegung beim Sitzen« und das »Erklimmen eines felsigen Berggipfels«, das von uns das feinste Tasten mit Füßen und Händen abverlangt. Welcher Unterschied auch zwischen dem einfachen Vorgang, einen inhaltlich alltäglichen Satz zu lesen und denkend zu erfassen, und dem reicheren Zusammenwirken und Aufeinanderfolgen mehrerer Einzelvorgänge, wenn wir uns gründlich in Gedankenfolgen hineindenken, die unsere Aufmerksamkeit voll in Anspruch nehmen[22].
Für das unmittelbare Werten und seine Stärke sind also zunächst einmal diese beiden Voraussetzungen und Bedingungszusammenhänge erkennbar: erstens der Ablauf von Lebensvor-

gängen des Tuns oder Erlebens, zweitens das Ausmaß, in dem ein solcher Vorgang für sich allein als Einzelvorgang oder »im Verbund«, in einem reichen, umfassenden Miteinander und Nacheinander abläuft.

Weitere acht wichtige Bedingungszusammenhänge für das unmittelbare Werten[23]

Wenn nur die beiden bisher genannten Bedingungszusammenhänge dafür entscheidend wären, daß etwas unmittelbar zustimmend gewertet wird, dann könnten wir allein in dieser Richtung weiterforschen und vielleicht sogar fragen: Müßte nicht grundsätzlich — wenigstens in gröberer Unterteilung — eine vollständige Bestandsaufnahme möglich sein von allem, was Menschen unmittelbar zustimmend werten, von allen »unmittelbaren Werten«?
Leichter gedacht als getan! Ganz abgesehen einmal von der unübersehbaren Zahl der Möglichkeiten, wie sich Sinnes-, Bewegungs-, Denkvorgänge und solche des Erlebens alle miteinander verbinden können. Hinzu kommen nämlich mindestens noch die folgenden acht Bedingungszusammenhänge. Wir können uns jede dieser weiteren Bedingungen im einzelnen jeweils recht gut veranschaulichen, wenn wir uns vorstellen, wir würden in diesem Augenblick zwei Menschen miteinander vergleichen: Bei dem einen ist die betreffende Bedingung jeweils gegeben, bei dem anderen fehlt sie.

1. Anlagen, Begabung[24]

Wenn bei unserer Gegenüberstellung der eine Mensch zum Beispiel eine starke Musikbegabung hat, der andere dagegen nicht, dann wird nur der erste es dahin bringen können, Klavier, Geige oder was auch immer zu beherrschen, meisterhaft zu spielen und dieses gekonnte Spielen unmittelbar zustimmend zu wer-

ten. Der andere wird es jedoch sein Leben lang nicht können. Als ein anderes Beispiel könnte man ebensogut die besonders starke Veranlagung zum unanschaulichen Denken heranziehen oder die zum werkgerechten Gestalten, die etwa den »geborenen Maschinenschlosser« auszeichnet, oder auch die zum Betreuen und Pflegen anderer Menschen, die wir etwa bei der »geborenen Krankenschwester« finden.
Allen Menschen gemeinsam ist immerhin eine insgesamt reiche Ausstattung mit Anlagen für die Lebensvorgänge des Tuns und Erlebens, wobei sich in einem Menschen und auch von Mensch zu Mensch die einzelnen Anlagen in ihrer Stärke unterscheiden. In Ausnahmefällen kommt es vor, daß bestimmte Anlagen einfach fehlen.

2. *Entwicklungsstufe*[25]

Stellen wir nun zwei Menschen, die für Musik – oder unanschauliches Denken oder werkgerechtes Gestalten oder pflegerisches Betreuen oder auch für eine bestimmte Sportart – anlagemäßig gleich begabt sind, gegenüber. Der eine sei zwanzig, der andere erst zwei Jahre alt. Dem, was der Zwanzigjährige unmittelbar zustimmend wertet, wird der Zweijährige überhaupt noch nichts abgewinnen können.
Mit bloßem Auge sozusagen wird uns jetzt sofort eine weitere Bedingung für unmittelbar zustimmendes Werten sichtbar: die Entwicklungsstufe. Es kommt also darauf an, ob die betreffende Erbanlage altersmäßig herangereift und wie weit dieser Entwicklungsvorgang fortgeschritten ist.

3. *Ausbildung*[26]

Bei zwei gleich begabten Menschen, so wollen wir nun voraussetzen, seien die Erbanlagen unseres Beispiels gleichermaßen herangereift. Vielleicht sind beide gleich alt, sagen wir: zwanzig Jahre. Der eine aber ist sorgfältig ausgebildet worden, der andere nicht. Der Unterschied im Werten wird sich schnell zeigen. Das eigene stümperhafte Klimpern oder Herumfideln etwa wird als unbefriedigend, vielleicht sogar als quälend empfunden. Das läßt eine weitere Bedingung deutlich werden: Entscheidend für das unmittelbar zustimmende Werten ist eben auch, ob und wie gut bei dem betreffenden Menschen seine Anlagen zum Tun und Erleben im Laufe des Lebens ausgebildet wurden.

4. Übung

Gehen wir davon aus, daß sich zwei gleich begabte, gleichaltrige Menschen gegenüberstehen, die beide sorgfältig ausgebildet worden sind. Der eine von ihnen hat seine Fertigkeit laufend geübt, der andere nicht. Dem Ungeübten wird das Spielen oder Zusammenspielen unter Umständen sehr zu schaffen machen, der Gesamtvorgang wird ihm in diesem Augenblick unmittelbar keine Freude bereiten.
Für das unmittelbare Werten ist es also nicht ohne Einfluß, ob und wie ausgiebig die betreffenden Lebensvorgänge bis dahin geübt wurden.

5. Gesundheit[27]

Sind alle beschriebenen Voraussetzungen gleich und haben beide ihr Musikstück bestens geübt, so ist der eine heute gesund, der andere vielleicht heute gerade krank, so daß er nicht spielen mag.
Für das unmittelbare Werten ist also auch der Gesundheitszustand von Belang.

6. Frische[28]

Selbst wenn beide gesund sind, ist der eine möglicherweise frisch und zum Spielen bereit, der andere müde und abgespannt. Der

zweite möchte dann nicht spielen, sondern viel lieber schlafen.
Wir sehen also, daß beim unmittelbaren Werten auch der Zustand der Frische oder Abgeschlagenheit ins Gewicht fällt.

7. Störungsfreies Zusammenspiel der Lebensvorgänge[29]

Nehmen wir an, daß alle bereits erwähnten Bedingungen gleichermaßen erfüllt sind: Begabung, Entwicklungs-, Ausbildungs- und Übungsstand, Gesundheit und Frische. Trotzdem ist der eine mit Begeisterung bei der Sache, der andere nicht. Der zweite hat vielleicht an diesem Tag gerade eine schlechte Nachricht erhalten, ihn quält die Sorge um einen nahen Angehörigen, oder er muß innerlich erst noch mit einem Mißerfolg auf einem ganz anderen Gebiet fertig werden. Seine Freude an der Musikausübung ist ihm verdorben, zumindest getrübt.
Der Bedingungszusammenhang, der hier greifbar wird, besteht offenbar darin, daß ein der Anlage und dem Entwicklungsstand entsprechender, ausgebildeter und geübter, von der Gesundheit und Frische her durchaus genehmer Lebensvorgang nur in dem Maße unmittelbar zustimmend gewertet wird, in dem er auf die Gesamtheit der augenblicklichen Lebensvorgänge abgestimmt, ihr angepaßt ist.

8. Keine Über-, keine Unterforderung![30]

Stellen wir schließlich noch zwei Menschen gegenüber, bei denen sich das augenblickliche Tun und Erleben gleich gut in die Gesamtheit ihrer augenblicklichen Lebensvorgänge einfügt. Beide sind mit der gleichen Begeisterung bei der Sache. Dem einen bereitet das Spielen Vergnügen, der andere empfindet sein eigenes Spielen, so einwandfrei und vollkommen es auch ist, dennoch selbst als reizlos und langweilig. Sein Können ist nicht gefordert, er kann es nicht entfalten. Das Stück, das zu spielen man ihn bat, ist viel zu leicht für ihn. Er fühlt sich ganz einfach unterfordert.

Wie für die Unterforderung unserer Anlagen und Fähigkeiten zu bestimmten Lebensvorgängen gilt dies in gleicher Weise auch für die Überforderung. Der Bedingungszusammenhang, der damit erkennbar wird, ist dieser: Wenn auch sonst alle Voraussetzungen für ein solches Werten gegeben sein mögen, werten wir ein Tun oder Erleben nur in dem Bereich zwischen Überforderung und Unterforderung unmittelbar zustimmend.
So viel über die Bedingungen, unter denen Lebensvorgänge des Tuns und Erlebens zustimmend gewertet werden. Gewiß hängt meine Zustimmung auch von der Beschaffenheit meiner Werkzeuge und Mittel sowie von den äußeren Umständen ab, aber hier galt es erst einmal nur, die Lebensvorgänge und ihre Voraussetzungen in mir zu untersuchen. Außer diesen Lebensvorgängen werten wir aber auch noch alles mögliche andere — seien es nun Mittel und Werkzeuge oder was sonst auch immer. Die Lebensvorgänge waren sogar unter den Beispielen für Gewertetes, die wir oben im Abschnitt »3.2« nannten, bei weitem in der Minderzahl. Ein ähnliches Mengenverhältnis könnte jeder bei sich feststellen, der sich die Mühe machen würde, sein alltägliches Bewußtseinsgeschehen eine Zeitlang zu beobachten, um seine Wertungen aufzuschreiben und entsprechend einzuordnen.

Der Bedingungszusammenhang, der vom unmittelbaren Werten her durch Werttonübertragung mittelbares Werten aufbaut

Gibt es eine Brücke, eine Verbindung zwischen den unmittelbaren Wertungen, die sich geradewegs auf die Lebensvorgänge des Tuns und Erlebens beziehen, und den vielen tausend anderen Wertungen und »Werten«? Es gibt diese Verbindung, diese Brücke. Es handelt sich um den Bedingungszusammenhang, den wir nach seinem Herzstück am treffendsten mit dem Wort »Werttonübertragung« bezeichnen können. Es ist der Bedingungszusammenhang, der bewirkt, daß es uns als Menschen grundsätzlich möglich ist, alles und jedes zu werten. Was auch immer nur »meinbar« ist, wird damit auch »wertbar«.

Durch eine Werttonübertragung hat unmittelbares Werten im Erfahrungszusammenhang, im Bewußtseinszusammenhang ein »mittelbares Werten« zur Folge, das sich auf alles richten kann, was überhaupt Bewußtseinsinhalt zu werden vermag. Wie kommt es nun zu einem »mittelbaren Werten«? Da es hierbei um grundlegende Vorgänge geht, die für das menschliche Werten von größter Bedeutung sind, sei versucht, die Zusammenhänge Schritt für Schritt sorgfältig auszuleuchten. Darum lohnt sich auch jede Mühe, sich diese Zusammenhänge in allen Einzelheiten zu vergegenwärtigen.

»Ein Kind ißt eine Frucht«: Aufgliederung eines Beispiels für Werttonübertragung und Wertbildung durch Erfahrung[31]

Unser Beispiel: Ein Kind ißt zum erstenmal eine äußerlich unscheinbare und ihm daher zunächst gleichgültige Frucht. Das Kind wertet die Frucht, bevor es sie ißt, weder zustimmend noch ablehnend. Das dürfen wir aus dem Verhalten schließen, das wir beobachten können. Die Frucht – genauer: das Anschauungsbild der Frucht, die Frucht als Wahrnehmungsgegenstand und auch der Begriff der Frucht – ist für das Kind zunächst also weder anziehend (positivwertig) noch abstoßend (negativwertig). Sie ist für das Kind erst einmal »wertfrei« (»wertneutral«).

Wir beobachten das Verhalten des Kindes weiter und dürfen schließen: Die Frucht schmeckt dem Kind ausgezeichnet. Mit anderen Worten: Das Verzehren der Frucht ruft im Bewußtsein des Kindes Sinneseindrücke hervor, die ihm sehr angenehm sind. Bei diesen Sinneseindrücken handelt es sich insbesondere um Geschmacksempfindungen. Vor allem ist die Geschmackseigenart der Frucht der Grund dafür, daß die Sinneseindrücke einen starken Wertton des Zustimmens besitzen.

Während das Kind also das Anschauen der Frucht zunächst weder zustimmend noch ablehnend wertete, wertet es das Verzehren der Frucht eindeutig zustimmend. Das Verzehren der Frucht ist für das Kind durch einen eindeutigen Wertton der Zustimmung gekennzeichnet. Dieser Wertton der Zustimmung tritt als Bewußtseinsgegebenheit schon beim erstmaligen Verzehren und Schmecken der Frucht auf. Er stellt sich ein, obwohl die unscheinbare Frucht bis dahin dem Kind gleichgültig gewesen ist. Wir folgern daraus, daß das Kind das Verzehren der Frucht *unmittelbar* zustimmend (positiv) wertet. Das heißt: Das Kind wertet das Verzehren der Frucht aufgrund einer im Kind schon vorhandenen Anlage zustimmend.

Wir schließen daraus weiter, daß das Verzehren der Frucht für das Kind unmittelbar einen *Wert* darstellt. Es stellt einen Wert dar, der schon beim erstmaligen Verzehren der Frucht »verwirklicht wird«, »sichtbar wird«, »auftritt«, »sich zeigt«, »gegeben ist«, »bewußt wird« — oder wie immer man es ausdrükken will. Diese Verwirklichung des Wertes ist unabhängig von jeder sonstigen Stellungnahme des Kindes zur Frucht. Der Ausdruck »Wert« meint hierbei im engeren Sinne etwas, das *zustimmend* gewertet, das *bejaht* wird. Das sei deswegen betont, weil unter »Wert« als Oberbegriff im Sprachgebrauch manchmal alles Gewertete überhaupt zusammengefaßt wird, sowohl das zustimmend, wie das ablehnend Gewertete.

Am nächsten Tage, so können wir in unserem Beispiel weiter beobachten, erinnert sich das Kind an das Verzehren der Frucht. Es spricht dabei auch in der Erinnerung dem gestrigen Verzehren der Frucht noch in gleicher Weise Wert zu, bejaht es also nach wie vor.

Doch dabei zeigt sich noch mehr. Wir stellen fest: Schon der Anblick einer derartigen Frucht — das heißt ihr Anschauungsbild —, schon jede Vorstellung, ja bereits der bloße Gedanke an die Frucht zeigt für das Kind einen Wertton der Zustimmung. Darüber hinaus besitzt jede weitere derartige Frucht auch als wirkliches und sichtbares Gebilde der Wahrnehmungswelt für das Kind einen Wert, wird also bejaht.

Wir folgern daraus: Das Kind hat beim Verzehren der Frucht bestimmte unmittelbare Erfahrungen gemacht und ist nun im Anschluß an diese Erfahrungen in der Lage und bereit, die Frucht anders zu beurteilen als vorher. Das Kind hat eine neue

Bereitschaft zum Werten gebildet, nämlich die zustimmende *»Wertung«* der Frucht.

Diese Wertung bezieht sich auf die Frucht als solche, ganz abgesehen vom Verzehren der Frucht durch das Kind, ganz gleich also, ob es gerade eine solche Frucht verzehrt oder nicht. Diese Wertung unterscheidet sich deutlich von einer ursprünglichen Veranlagung zum Werten bestimmter Lebensvorgänge, von einer ererbten Fähigkeit, ein Tun oder Erleben unmittelbar zu werten. Die Frucht ist ein Gegenstand, eine Sache, aber sie selbst ist kein Tun oder Erleben.

Bei der Wertung der Frucht handelt es sich um eine bestimmte von dem Kind erst erworbene Fähigkeit zum Werten. Diese Fähigkeit zum Werten ist aufgrund eigener Erfahrung neu entstanden. Es ist eine erst erworbene »Wertbereitschaft« (»Wertdisposition«), genauer: eine erst erworbene »Bereitschaft, etwas Bestimmtes zu werten«.

Eine solche Wertung befähigt das Kind zu einer neuen Art des Wertens. Diese zweite Art des Wertens bezeichnen wir als ein *»mittelbares«* Werten. Wir können es von der ersten Art des Wertens, dem »unmittelbaren Werten«, klar unterscheiden. Alles »unmittelbare Werten« geht auf eine ursprüngliche Veranlagung zurück. Demgegenüber entsteht das zweite, das »mittelbare« Werten durch Erfahrungen. Aus diesen Erfahrungen heraus bilden sich erworbene »mittelbare« Wertungen. Dementsprechend nennen wir die Anziehungskraft der Frucht, den – auf der Zustimmung beruhenden – Wert, den die Frucht nun für das Kind besitzt, nicht einen »unmittelbaren«, sondern einen *»mittelbaren« Wert.*

Die erst erworbene Wertung der Frucht hat zur Folge, daß sich das Kind weiterhin jeder derartigen Frucht gegenüber anders verhält als zuvor. Das können wir beobachten. Sieht das Kind zum Beispiel die unscheinbare Frucht im Schaufenster liegen, so wünscht es, sie zu besitzen, bekommt es sie geschenkt, so freut es sich und so weiter.

Die zustimmende Wertung der Frucht kann sich, wie gesagt, sogar so auswirken, daß allein der Anblick – das heißt das Anschauungsbild — der unansehnlichen Frucht im Bewußtsein des Kindes schon den Wertton der Zustimmung zeigt. Bemerkenswert wird hier, das heißt beim Vorgang des Anschauens, der deutliche Unterschied zwischen dem »mittelbaren« Werten und dem »unmittelbaren« Werten. »Unmittelbar«, das heißt aufgrund ursprünglicher Veranlagung, wird das »Anschauen der Frucht« als Lebensvorgang, als Sinnesvorgang, als Tun nach wie vor weder zustimmend noch ablehnend gewertet; es bleibt wertfrei. »Mittelbar« dagegen, das heißt aufgrund der Erfahrungen des vergangenen Tages, besitzt das »Anschauungsbild der Frucht« für das Kind einen starken Wertton der Zustimmung, eine starke Anziehungskraft.

Der beim Anblick der Frucht auftretende Wertton geht also nicht unmittelbar auf eine ursprüngliche Veranlagung des Kindes, sondern erst mittelbar auf Lebensvorgänge zurück, nämlich auf die Erfahrungen beim Verzehren und Schmecken. Erst im Anschluß an das unmittelbar gewertete Verzehren der Frucht hat sich im Kinde die Wertung der Frucht gebildet. Diese neu erworbene Wertung befähigt das Kind, nicht nur die Frucht selbst, sondern auch schon den bloßen Anblick — das Anschauungsbild — der Frucht mittelbar zustimmend zu werten.

Die mittelbare Wertung ist demnach beim Anschauungsbild der Frucht, grob gesagt, so entstanden, daß der Wertton der Zustimmung von den Geschmacksempfindungen auf das Anschauungsbild übergegangen ist.

Man kann hierbei von einer *»Werttonbewegung«* sprechen und von einer *»Werttonübertragung«*. Selbstverständlich gilt dies entsprechend für ein ablehnendes Werten sowie auch für die gegenseitige Beeinflussung von zustimmendem und ablehnendem Werten[32].

Beim mittelbaren Werten lassen sich gedanklich vier Teilzusammenhänge als Schritte der Wertbildung unterscheiden

Da ein großer, ja der größte Teil unserer Wertungen auf diese Weise entsteht, ist es wichtig, diesen Zusammenhang ganz genau zu untersuchen. Gedanklich lassen sich dabei vier Schritte unterscheiden.

Der erste Schritt:

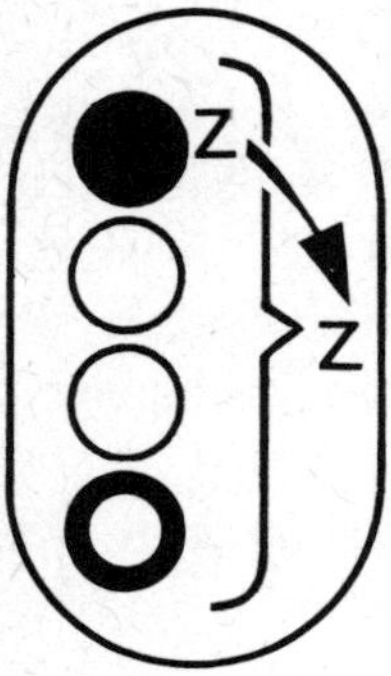

Ein Wertton der Zustimmung oder Ablehnung begleitet einen bewußtseinsfähigen Lebensvorgang, zum Beispiel das Schmecken – oder genauer: dessen Bewußtseinsauswirkung, in diesem Fall die Geschmacksempfindung, etwa »süß«. Und dieser Wertton greift, wenn er stark genug ist, sofort auf die gesamte »ganzheitliche, vielgliedrige Bewußtseinseinheit« (den »Bewußtseinskomplex«) über. Er »färbt« und kennzeichnet damit auch diese ganze Bewußtseinseinheit, zum Beispiel die des »Verzehrens der Frucht«. Z = Zustimmung.

In den vereinfachenden zeichnerischen Darstellungen bedeuten

eine Bewußtseinsgegebenheit innerhalb der gesamten ganzheitlichen, vielgliedrigen Bewußtseinseinheit

eine betonte, auffällige Bewußtseinsgegebenheit

eine Bewußtseinsgegebenheit, die zu einem anlagebedingt gewerteten Lebensvorgang gehört

Die Klammer zeigt an, daß uns, wenn wir irgendeinen Augenblick unseres wachen Lebens herausgreifen, keineswegs eine Vielheit unverbundener Einzelempfindungen und anderer Einzelgegebenheiten bewußt ist, sondern daß alle diese Bewußtseinsgegebenheiten jeweils zusammen eine »Gestalt« bilden, das heißt eine *ganzheitliche, vielgliedrige Bewußtseinseinheit.* Diese ist dann bemerkenswerterweise in der Regel auch durch einen augenblicklichen Gesamtwertton gekennzeichnet.

Der zweite Schritt:

Der Wertton, von dem auf diese Weise eine Bewußtseinseinheit (ein Bewußtseinskomplex), wie das Verzehren der Frucht, insgesamt gekennzeichnet wird, heftet sich an betonte Glieder derselben, zum Beispiel an das Anschauungsbild der Frucht. Obwohl das Anschauungsbild erst wertfrei war, spielt es nichtsdestoweniger ganz von selbst – wie alles Sichtbare, Augenfällige – eine hervorstechende Rolle als betontes Glied der Bewußtseinseinheit.

Der dritte Schritt:

Der Wertton bleibt haften an diesen betonten Gliedern von Bewußtseinseinheiten beziehungsweise diesen »Gegenständen« im weitesten Sinne, vielleicht sagt man besser: an diesen »Bewußtseinsgegenständen«, wie zum Beispiel dem »Anschauungsbild der Frucht«. Und zwar bleibt der Wertton auch dann haften, wenn diese Bewußtseinsgegenstände nicht mehr Glied der ursprünglich wertgebenden Bewußtseinseinheit sind, zum Beispiel nicht mehr Glied des »Verzehrens der Frucht«. Sogar in der Zeit, in der sie im Bewußtsein gar nicht vorkommen und sozusagen »ruhen«. Sobald der Gegenstand erneut im Bewußtsein gegeben ist, wird er dem betreffendem Menschen wieder zusammen mit dem daran haftenden Wertton bewußt. Mit anderen Worten: Der betreffende Mensch hat damit eine neue Wertung gewonnen, zum

Beispiel die Wertung des »Anschauungsbildes der Frucht«, das von jetzt an schon »für sich allein genommen« einen starken Wertton der Zustimmung aufweist.

Der vierte Schritt:

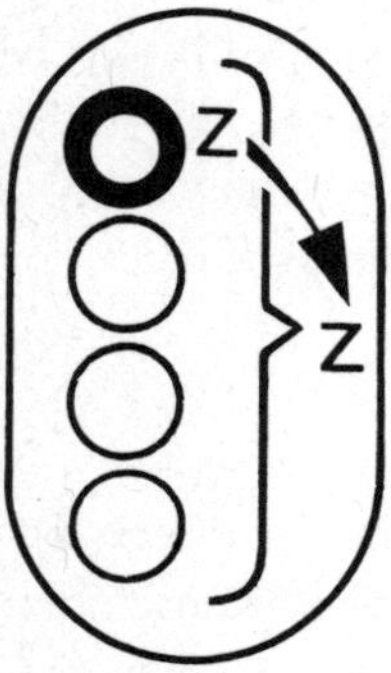

Eine solche erst erworbene mittelbare Wertung wirkt sich bei weiteren Vorgängen des Wertens und auch bei weiteren Werttonbewegungen genauso aus wie eine unmittelbare Wertung. Auch jede erworbene Wertung kann, wenn sie stark genug ist, ihrerseits zu einer wichtigen Bedingung werden und neue Vorgänge der Werttonübertragung zur Folge haben. Dann wird zum Beispiel der bloße Anblick derartiger Früchte in einer Obstschale von einem Wertton der Zustimmung begleitet.

Beim mittelbaren Werten wirken Großhirnvorgänge entscheidend mit

Daß das »Anschauungsbild einer Frucht«, um in unserem Beispiel zu bleiben, am nächsten Tag wiedererkannt wird, ist eine Leistung des Gedächtnisses. Wahrgenommenes wiederzuerkennen, Vorstellungen sich ins Bewußtsein zu rufen, sich irgendeinen Gedanken oder das Wissen um einen Begriff wieder bewußt werden zu lassen: Zu all diesen Leistungen brauchen wir unsere Hirnrinde, das Großhirn. Es sind Leistungen, die über die augenblickliche Wahrnehmung oder über den augenblicklichen Vorsatz zu einer Bewegung hinausgehen. Das Großhirn vermag Erfahrungen zu verarbeiten, ist in der Lage zu speichern, was in den Bewußtseinsabläufen hervorsticht und von Bedeutung ist, so daß dies später wieder vergegenwärtigt werden kann. Und was dabei im Bewußtseinsablauf in Verbindung (Assoziation) mit einem Wertton erfahren wird, das verschmilzt, wenn es sich genügend einprägt und der Wertton stark genug ist, mit dem Wertton zu einer neuen Wertung: Eine neue Bereitschaft, etwas Bestimmtes zu werten, bildet sich.

Was aber ist geeignet, Gegenstand und Inhalt einer solchen neuen mittelbaren Wertung zu werden? Diese Frage können wir nur beantworten, wenn wir berücksichtigen, wie das menschliche Großhirn arbeitet.

Wenn ein Erwachsener alles, was ihm bewußt wird und worauf er seine Aufmerksamkeit richtet, seinen Vorstellungen, Begriffen, Wertungen zuordnet und mit ihnen verknüpft, dann sind diese Vorstellungen, Begriffe und Wertungen überwiegend fertig ausgebildet schon vorhanden. Wer aber erst noch dabei ist, die Welt kennenzulernen, sich erst die Welt erobert oder neue Gebiete, neue Zusammenhänge erschließt, tut dies nach den Gesetzmäßigkeiten und Möglichkeiten, die seinem Erkennen und Welterfassen zugrundeliegen und zur Verfügung stehen. Wie für alle anlagebedingten Fähigkeiten gilt auch für die Fähigkeiten zu Denkvorgängen, daß sie heranreifen und sich entwickeln müssen, daß Ausbildung und Übung mitbestimmend sind dafür, was sie leisten, und dafür, wie gern diese Tätigkeiten ausgeübt werden.

Nach den wissenschaftlichen Erkenntnissen über die Entwicklung der Denkleistungen kann man sagen: Je stärker in den Denkleistungen frühe Entwicklungsstufen vorherrschend bleiben, desto deutlicher werden die Begriffe und Wertungen von den Grundzügen des Wahrnehmens geprägt sein.

In unserem Beispiel bleibt beim »Anschauungsbild der Frucht« die Auffassung des bewußt gewordenen Ausschnittes der Wirklichkeit eng an die Wahrnehmung gebunden. Was sind die Grundzüge, die das Wahrnehmen kennzeichnen? Von Bedeutung ist vor allem: Für unser Wahrnehmen hebt sich die »Gestalt« der Frucht vom Hintergrund des sonst noch Wahrgenommenen genauso scharf ab, wie sich die Gestalt einer Insel aus dem Meer herauslöst. Für das stark wahrnehmungsgebundene Weltbild des täglichen Lebens[33] stellt sich weithin die Wirklichkeit auf diese Weise dar: als ein Neben- und Nacheinander von Einzeldingen, Einzellebewesen und Einzelvorgängen in Raum und Zeit. Die Eigenart unserer Sinneswahrnehmung entscheidet dabei in erster Linie darüber, was als besondere Einheit verdinglicht beziehungsweise was als besonderer Vorgang zusammengefaßt wird.

»Der Baum drüben im Garten« erscheint uns, da Stamm, Äste und Blätter eine leicht wahrnehmbare Gesamtgestalt abgeben, als eigenständiges Ding, als eigenständiges Lebewesen, zumindest abgegrenzt und unabhängig von der ihn umgebenden Luft; denn wir können eben vordergründig nicht wahrnehmen, daß der Baum ohne die ihn umgebende Luft nicht leben kann. Was unsere Sinnesvorgänge bewußt werden lassen, was sie aufgrund der Bauweise unserer Sinneswerkzeuge leicht erfassen und abbilden, das entspricht keineswegs immer den wichtigsten, maßgebenden oder auch für den Menschen bedeutungsvollsten Beziehungen. Das Verfälschende liegt allerdings nicht in der bildmäßigen Art der Darstellung, sondern in der scharfen Abgrenzung der Einzelgebilde voneinander, woraus sich letztlich ein Weltbild des beziehungslosen Nebeneinanders von Bruchstücken – Einzelgebilden und Einzelvorgängen – ergibt[34]. Statt sich mit den wahrnehmend erfaßbaren Beziehungen zu begnügen, forscht das beziehende Denken nach weiteren Beziehungs- und insbesondere Bedingungszusammenhängen. In der Menschheitsgeschichte waren viele Erfahrungen und viele Leistungen des beziehenden Denkens nötig, damit sich Menschen über die »Grenzen« der wahrnehmend erfaßten Einzelgebilde und Einzelvorgänge hinweg wichtige Beziehungen klar machen konnten.

Das gilt besonders für die Beziehungen, die wir als *Bedingungszusammenhänge* begreifen. Im »Weltbild der Wahrnehmungswelt« wird der einheitliche Geschehenszusammenhang alles Seins noch überwiegend nur in Bruchstücken nachgebildet; oft werden unwichtige Zusammenhänge hervorgehoben und zusammengefaßt. Solange sich das »beziehende Denken« noch nicht

durchgesetzt hat und noch nicht die maßgebende Rolle spielt, werden Einzelvorgänge vielfach noch nach dem Muster verknüpft: »Eine Ursache U erzeugt eine Wirkung W«.
Anders als beim Welt*bild* der Wahrnehmungswelt ist es beim Welt*begriff* des »beziehenden Denkens«[35]. Für diesen Weltbegriff gliedert sich das gesamte Beziehungsgewebe des Weltgeschehens nach Teil-Netzen, nach Gruppen von Beziehungen und größeren Beziehungszusammenhängen. Diese Beziehungen des außerbewußten Wirklichen erschließen wir aus bestimmten Bewußtseinsgegebenheiten und deren Beziehungen zueinander.
Darunter gibt es einerseits »engere« Beziehungen: Die Bewußtseinsgegebenheiten sind dann enger miteinander verflochten, und wir schreiben die zugrundeliegenden Beziehungen – im außerbewußten Sein – bestimmten »Dingen« zu. Wenn zum Beispiel Bewußtseinsinhalte wie »rot«, »fast herzförmig«, »glatt«, »weich« und bestimmte andere mehr zusammen gegeben sind und zusammenbleiben, sooft sich das Drumherum ändert beziehungsweise wir sie zum wiederholten Male wahrnehmen, dann nennen wir das Zugrundeliegende ein »Ding«, und zwar in diesem Fall eine »Kirsche«.
Andererseits kommen aber auch weniger enge Beziehungen vor: Die Bewußtseinsgegebenheiten sind dabei lockerer, weitläufiger miteinander verbunden, und wir sprechen dann beispielsweise von einem »Wenn-dann«, einem Bedingungszusammenhang zwischen bestimmten »Teilursachen« oder »Mitursachen« und ihrer »Wirkung«. Wir sagen etwa: *Wenn* ein Kirschbaum blüht und die Blüte befruchtet wird u. a. m., *dann* trägt er Kirschen. Das Neue am Weltbegriff des beziehenden Denkens ist: Das Weltgeschehen insgesamt gliedert sich nach Beziehungsnetzen (Beziehungskomplexen), die *bedingen* und selbst *bedingt sind.* Jedes Einzelgeschehen – auch das Wachsen des Baumes drüben im Garten – ist »Kreuzungsgebiet« vieler Geschehensabläufe; es ist eingegliedert in den einheitlichen großen Bedingungszusammenhang, in den gesetzmäßigen Geschehenszusammenhang alles Seins.

Die Art der mittelbaren Wertbildung ist abhängig von der Art des Wirklichkeitsdenkens[36]

Es macht einen wesentlichen Unterschied, von welcher Entwicklungsstufe des Welterfassens die Bildung mittelbarer Wertungen geprägt ist. Wir brauchen nur danach zu fragen, wie weit noch das Weltbild der Wahrnehmungswelt oder wie weit schon der Weltbegriff des »beziehenden Denkens« beim Werten mitwirkt.

Ist die mittelbare Wertbildung noch angewiesen auf Vorstellungen und Begriffe, die sich auf einer frühen Entwicklungsstufe des Welterfassens und Denkens eng an die Wahrnehmung anschließen? Ein Musterbeispiel dafür: Ein Kind, das seinen Durst einmal an reifen roten Johannisbeeren löschte, bildet die mittelbare zustimmende Wertung »rote Beeren überhaupt«[37].

Oder kann sich die mittelbare Wertung auf einer höher entwickelten Stufe der Denkleistung schon auf Beziehungsbegriffe gründen? Ein Musterbeispiel dafür: die zustimmende mittelbare Wertung des »Zweckmäßigen«, mit der ja ganz allgemein auf allen Gebieten die unanschauliche Beziehung des »dem Zwecke Gemäßseins« gewertet wird[38].

Die mittelbaren Wertungen sind mitbedingt durch das Auffassungsgefüge

Darüber hinaus ist entscheidend, auf welchen Teilgebieten seiner Weltauffassung und wie weit insgesamt die Begriffe eines Menschen — sein »Auffassungsgefüge« — noch der Stufe eines stark wahrnehmungsgebundenen Welterfassens verhaftet sind. Das prägt auch seine mittelbaren Wertungen. Werden in bestimmten Erkenntnisbereichen vordergründig hervorstechende, aber unwichtige Zusammenhänge hervorgehoben und zusammengefaßt, dann schlagen sich die darauf beruhenden Unrichtigkeiten des Weltbildes auch in den Wertungen nieder.

Im Auffassungsgefüge eines jeden Menschen gibt es in der Regel ein Nebeneinander von Begriffen, die von verschiedenen Entwicklungsstufen des Denkens geprägt sind. In dem Fachgebiet, das er gelernt und in dem er ein umfangreiches Wissen erworben hat, stehen einem Menschen eher Beziehungsbegriffe zur Verfügung, die unanschauliche Zusammenhänge erfassen. Auf anderen Gebieten, auf denen der betreffende Mensch als Laie urteilt, ist es wahrscheinlicher, daß er sich an Begriffe hält, die vom Oberflächlich-Wahrnehmbaren ausgehen. Stellen wir uns etwa einen Lebensmittelkaufmann, einen Künstler und einen Geisteswissenschaftler vor, die über ihren Besuch in den riesigen Anlagen einer Leitstelle für ein Vorhaben der Weltraumfahrt berichten wollen. Oder umgekehrt einen Weltraumfahrer, der sich über die Sachgebiete seiner drei Besucher äußern will.

Wenn es aber ein Nebeneinander von Begriffen auf verschiedenen Entwicklungsstufen des Denkens gibt, dann ist die Folge auch ein entsprechendes Nebeneinander von Wertungen auf verschiedenen Entwicklungsstufen. In dem Abschnitt »4.2« über das Wertungsgefüge wird darauf noch einmal einzugehen sein.

Einsatz und Richtung menschlichen Handelns hängen ab vom Denken und Werten[39]

Nun könnte einer zweifeln, ob es ausreicht, vom »Werten« — im Zusammenwirken mit dem »Denken« — auszugehen, um verständlich zu machen, ob und wann menschliches Handeln einsetzt und in welche Richtung es zielt. Es gibt Überlieferungen, auf die sich solche Zweifel stützen können. Nach bestimmten Auffassungen vom menschlichen Handeln haben wir eine wichtige Bedingung unberücksichtigt gelassen: das *»Wollen«*.

Was hat es mit dem »Wollen«, dem menschlichen »Willen«, auf sich? Ist es ein klar abgrenzbarer Lebensvorgang, der neben dem Denken und Werten gesondert untersucht und berücksichtigt werden müßte, wenn es um die Bedingungen menschlichen Handelns geht? Oder ist das »Wollen« lediglich eine bestimmte Stufe des menschlichen Wertens?

Das alltägliche »Ich will« ist häufig ganz *unbetont* und gleichbedeutend mit »Ich habe die Absicht, so und so zu handeln«. Wenn etwa ein Schüler beiläufig zu einem Mitschüler sagt: »Auf dem Nachhauseweg will ich mir ein Schreibheft kaufen«, so hätte er ebenso beiläufig sagen können: »Auf dem Nachhauseweg werde ich mir ein Schreibheft kaufen«. Ein solches »Wollen« ist nur eine abkürzende Bezeichnung für die *»wertende Stellungnahme«*, die letzthin bestimmt, ob das Handeln einsetzt und in welche Richtung es zielt.

Allerdings gibt es auch Fälle eines mehr oder weniger *betonten* Wollens: bei einem Kind etwa, das noch spielen will, statt pünktlich schlafen zu gehen, oder bei einem Chemiker, der einen übernommenen wichtigen Auftrag rechtzeitig zu Ende bringen will. Untersuchen wir, was im Beispiel des Chemikers diesem bewußt ist: Erstens ein zustimmend gewertetes Ziel, zweitens ein Wissen um die Mittel und Wege zur Verwirklichung des Zieles und drittens die Zustimmung zum gesamten Handlungszusammenhang. Nur wenn trotz der ablehnenden Wertung einzelner Mittel die Vorstellung des ins Auge gefaßten gesamten Handlungszusammenhanges noch einen Wertton der Zustimmung zeigt, sprechen wir von einem »Wollen«. Es gibt also keinen Grund, besondere »Willenskräfte« als neuartige Bedingungen heranzuziehen. Die schon berücksichtigten Bedingungen »Denken« und »Werten« reichen zum Verständnis aus.

Auch ein deutliches »Bewußtsein von Tätigkeit«, die Überzeugung von einem »Ich will« oder das Auftreten von »Bewegungs- oder Spannungsempfindungen« sind keine berechtigten Einwände. Nur wenn das Wollen gänzlich unbetont ist, läuft ja die Handlung mühelos und wie selbstverständlich ab. Anders ist es in den meisten Fällen eines stark betonten Wollens. Die entgegenstehenden Schwierigkeiten werden immer wieder bewußt. Das zustimmend gewertete Ziel muß immer wieder ins Bewußtsein gerufen werden. Starke Oberwertungen müssen als Hilfswertungen hinzugezogen werden, damit ihr Wertton der Zustimmung mit dazu beiträgt, die Ablehnung zu überdecken, mit der wir bestimmte Mittel werten. Alles in allem ein fast unaufhörlicher, bewegter Widerstreit entgegengesetzt gewerteter Vorstellungen — kein Wunder also, daß die »wertende Stellungnahme«, daß unser »Wollen« von einem Bewußtsein ständigen Tätigseins und gegebenenfalls von Spannungsempfindungen begleitet wird. Dadurch, daß das Ziel und die darauf bezogene Zustimmung immer wieder bewußt werden, wird auch die Zielgerichtetheit dieses Vorgangs auf etwas, das zu erreichen sich lohnt, immer stärker bewußt, und das hat bei dem Handelnden die Bewußtseinslage des »Ich will wirklich« zur Folge.

Jedes »*Wollen*« schließt das Wissen um Mittel und Wege und das Werten dieser Mittel und Wege ein und stimmt dem gesamten Handlungszusammenhang zu. Ein »*Streben*« dagegen sieht zwar schon eine — sei es auch noch so geringe — Möglichkeit, ein Ziel unter eigener Mitwirkung auch tatsächlich zu erreichen; dem »Strebenden« ist jedoch bewußt, daß er die Zielverwirklichung in der augenblicklichen Lage nicht »wollen« kann, weil ihm noch bestimmte vertretbare Mittel, die hierfür notwendig sind, fehlen. Ein bloßes »*Wünschen*« schließlich bejaht zwar die Verwirklichung eines zustimmend gewerteten Zieles, aber nicht die Mittel, die unumgänglich sind, um das Ziel zu erreichen; beim »Wünschen« werden die Mittel entweder überhaupt nicht berücksichtigt oder so stark ablehnend gewertet, daß ihr Wertton der Ablehnung den Wertton der Zustimmung zum Ziel überdeckt.

Menschen, die man als »willensstark« bezeichnet, verfügen über eine starke Oberwertung »Zu-Ende-Bringen der geplanten und dem Ziel nach wertend bejahten Handlung«. Diese Oberwertung — diese »Willensstärke« — ist eine Kraftquelle des Wertens, die für die Erreichung jedes beliebigen Zieles eingesetzt werden kann, und zwar selbst dann, wenn sich die Schwierigkeiten so häufen, daß die Zustimmung zum Ziel nicht mehr ausreicht, um die ablehnende Wertung der unumgänglichen Mittel zu überdecken.

»Wollen« ist also gleichbedeutend mit »wertender Stellungnahme« zum gesamten Handlungszusammenhang. Unter dem »Handeln« des Menschen verstehen wir jedes *absichtlich auf ein gewertetes Ziel gerichtete Tun.* Das Werten bestimmt letzthin die Richtung des menschlichen Handelns. Handeln wir wohlüberlegt und einsichtig, dann kommt allerdings dem Denken eine kaum geringere Bedeutung zu für die absichtliche Ausrichtung und damit für die Selbststeuerung des Handelns. Denn durch das Denken kann der Mensch — unter Zuhilfenahme von Einsicht und Wissen — in der Regel die Anzahl der Möglichkeiten zu handeln stark vermehren, die ihm in einer bestimmten Lebenslage überhaupt bewußt werden. Das Denken läßt ihn neue Beweggründe und Ziele des Handelns erkennen. Das Denken zeigt ihm neue Mittel und Wege. Das Denken erschließt dem Menschen somit ganz neue Möglichkeiten der wertenden Stellungnahme.

Drei Gruppen von Bedingungen für menschliches Werten:
1. einzelmenschliche,
2. mitmenschliche,
3. außermenschliche Bedingungen

Versuchen wir nun, in einem kurzen Überblick alle Bedingungen für das unmittelbare und mittelbare Werten nach Gruppen zusammenzufassen. Bei der tragenden Rolle, die das Werten spielt, sind diese Bedingungen zugleich auch die des Wollens, des menschlichen Handelns, ja weitgehend die des menschlichen Verhaltens überhaupt. Gedanklich läßt sich dieser vielgliedrige Bedingungszusammenhang nach drei Gruppen von Bedingungen ordnen:

- die Bedingungen im einzelnen Menschen,

- die Bedingungen in den Mitmenschen, in der Gesellschaft,

- die außermenschlichen Bedingungen: der Rahmen von Bedingungen für menschliches Leben, Werten und Handeln, den die uns umgebende Natur darstellt.

Einzelmenschliche Bedingungen

Die Bedingungen für das unmittelbare Werten eines Menschen haben wir der Reihe nach bereits beschrieben: die Fähigkeiten zu Sinnes-, Bewegungs- und Denkvorgängen sowie zu Vorgängen des Erlebens, jeweils in mehr oder weniger reichem Zusammenwirken solcher Lebensvorgänge miteinander, wobei das unmittelbare Werten abhängt von Anlagen und Begabung, Entwicklungsstufe, Ausbildung, Übung, Gesundheit, Frische, störungsfreiem Zusammenspiel und der Schwierigkeitsstufe zwischen Über- und Unterforderung.
Als entscheidende Bedingungen für das mittelbare Werten kommen Einsicht und Wissen, die Denkleistungen und ihre Entwicklungsstufe hinzu sowie das dadurch geprägte »Auffassungsgefüge« des einzelnen Menschen. Das mittelbare Werten wird beeinflußt von den eigenen Erfahrungen und Erlebnissen — aber dabei wirken schon die mitmenschlichen und außermenschlichen Bedingungen mit.

Mitmenschliche Bedingungen

Die einzelmenschlichen Bedingungen sind eingegliedert in umfassendere mitmenschliche Bedingungszusammenhänge. Das unmittelbare und mittelbare Werten des Einzelmenschen wird mitbestimmt durch Zahl und Art der Mitmenschen in der Lebensgemeinschaft, der Gruppe oder dem Volke und in den Beziehungsgruppen, mit denen es die Gemeinschaft zu tun hat, in der man lebt. Zur gesellschaftlichen Umwelt als dem Bedingungsrahmen einzelmenschlichen Wertens gehören, die gesellschaftlichen Wertungen (»sozialen Wertungen«)[40], das Verhalten der Mitmenschen, die Art ihrer Einflußnahme. Ferner zählen dazu die gesellschaftlichen Einrichtungen und die »gesellschaftlichen Verhältnisse«. Solche Einrichtungen sind auch die Sprache und die Begriffswelt, die den Gedankenaustausch und die Verständigung miteinander prägen, und die »Kultur« überhaupt. Wichti-

ge Vorbedingung ist insgesamt eben auch die gesellschaftliche »Mittelausstattung aufgrund von Vorleistungen« (die gesellschaftliche »Kapitalausstattung«): die Ergebnisse des Erkennens und Wertens, der Entscheidungen, der Erfolge und Niederlagen, des Glücks und Unglücks der Menschen, die vor uns lebten.
Die »Kulturhöhe der Zeit« ist eine wichtige, nicht überschreitbare Grenze für eine Steigerung des Reichtums an Tun und Erleben.

Außermenschliche Bedingungen

Die einzelmenschlichen wie die gesellschaftlichen Gegebenheiten und Vorgänge sind ihrerseits eingegliedert — als bedingend, aber in starkem Maße auch als selbst bedingt — in den Rahmen der Lebensbedingungen, den die uns umgebende Natur darstellt. Das unmittelbare und das mittelbare Werten hängen letztlich mit entscheidend ab von Luft, Wasser, Klima und Nahrungsgrundlagen. Ferner von den Naturkräften und anderen Möglichkeiten, Naturgegebenheiten zu nutzen, insbesondere auch von den Rohstoffen, überhaupt von den Bodenschätzen, die menschlicher Nutzung zugänglich sind. Die Art der Landschaft ist Bedingungsrahmen für das Werten und Handeln ebenso wie der als Land beziehungsweise als Grund und Boden verfügbare Raum zum Leben und beispielsweise auch die als Nahrungsquellen und »Verbindungswege« nutzbaren Flüsse und Meere. Hinzu kommen günstige, hemmende oder zerstörende plötzliche Naturereignisse und langfristige Umweltveränderungen zum Guten oder zum Schlechten.

Das Werten und Handeln jedes einzelnen Menschen und jeder menschlichen Lebensgemeinschaft hängen also nicht zuletzt auch ab von der Gesamtheit der außermenschlichen Lebensgrundlagen, -umstände, -möglichkeiten und »Lebensmittel im weitesten Sinne«, kurz: von den außermenschlichen Bedingungen, die für uns Leben und Lebensreichtum möglich machen.

4.2 Wertungsgefüge

Die beschriebenen Bedingungszusammenhänge haben zur Folge: In jedem einzelnen Menschen, der über die erste Zeit der Kindheit hinaus ist, hat sich eine Fülle verschiedener Wertungen gebildet und laufen entsprechend zahlreiche Vorgänge des Wertens ab — in einem vielfältigen und wechselnden Nebeneinander, Miteinander und Gegeneinander. Das »Wertungsgefüge« eines jeden Menschen umfaßt sowohl Wertungen, die sich anlagebedingt sowie aufgrund eigener Erfahrungen gebildet haben, als auch eine noch größere Zahl von Wertungen, die er von anderen Menschen übernommen hat. Dabei ist stets zu berücksichtigen, daß sich alle mittelbaren — das heißt durch Erfahrung oder Übernahme erst erworbenen — Wertungen genauso auswirken wie anlagebedingte, unmittelbare Wertungen.

Das Nebeneinander, Miteinander, Gegeneinander von Wertungen — Oberwerte sind gewertete Oberbegriffe

Die Wertungen können unverbunden nebeneinander im Bewußtsein wirksam werden, etwa wenn verschiedene Anforderungen des üblichen Tagesablaufs unterschiedliche Lebensvorgänge nebeneinander und nacheinander ablaufen lassen oder Verschiedenem als Mittel Bedeutung verleihen.
Dagegen finden wir ein engeres Miteinander mehrerer Wertungen beispielsweise bei vielgliedrigen (komplexen) Handlungsabläufen wie bei der Vorbereitung auf eine Prüfung oder bei der Lösung einer beruflichen Aufgabe, beim Bau eines Hauses oder beim Aufräumen der Freizeit-Werkstatt. Darüber hinaus ergibt sich ein Miteinander von Wertungen, sobald wir Hilfswertungen hinzuziehen, um ein schwierigeres Vorhaben zu bewältigen: »Maßgenaues Arbeiten« kann für den Heimwerker etwa ein starker Oberwert sein, der ihm hilft, langwierige und mühsame Teilarbeiten schließlich zu einem guten Ende zu bringen.

»Oberwerte« sind gewertete Oberbegriffe; man spricht auch von »Richtlinien«, »Grundsätzen«, »Grundwerten«. Das Miteinander, das Oberwertungen und darunter fallende Einzelwertungen verbindet, ist das der begrifflichen Über- und Unterordnung.
Ein Gegeneinander von Wertungen aber tritt dann auf, wenn in einer bestimmten Lebenslage zwei Wertvorstellungen bewußt werden, deren Verwirklichungen sich gegenseitig ausschließen, und wenn dabei beide Wertungen etwa gleich stark sind.

Augenblicks-Bestandsaufnahme eines Wertungsgefüges — Verschiedene Arten von Wertungen

Ein »Wertungsgefüge« ist nichts Stillstehendes. Es ändert sich durch alle Stufen der Kindheit und des Jugendalters, aber auch noch in der Zeit des Erwachsenseins bis ins Alter. Um sich den Aufbau des Wertungsgefüges besser zu verdeutlichen, kann man sich in Gedanken vorstellen, die Zeit stünde still und man könnte den augenblicklichen Bestand an »ruhenden« Wertungen sozusagen im »Querschnitt« einmal aufnehmen und beschreiben. Man würde dann Wertungen sehr verschiedener Art finden. Nach dem Umfang dessen, was mit einer Wertung jeweils gewertet wird, das heißt wieviele »Gegenstände« unter einen gewerteten Begriff fallen, und nach der Bezogenheit auf Lebensvorgänge ergäbe sich dabei die folgende Einteilung nach Gruppen verschiedenartiger Wertungen:

1. Art: Einzelwertung eines Lebensvorgangs

Es gibt unter den Wertungen solche, die geradewegs auf Lebensvorgänge bezogen sind. Das »Verzehren einer Frucht« ist als Beispiel ausführlich untersucht worden. Ist der augenblicklich ablaufende gewertete Lebensvorgang selbst, etwa die Geschmacksempfindung, im Bewußtsein mit einem entsprechenden Begriff und der Begriff mit einem Wort verbunden, dann können sich dieses Wort und damit auch der Begriff dem Gedächtnis einprägen — verschmolzen mit einem mehr oder weniger starken Wertton. Eine solche Wertung kann dann den betreffenden wertenden Menschen immer wieder zurückverweisen: Sie kann ihn zwar nicht zu demselben Lebensvorgang zurückführen, von dem die Wertbildung ausging, sie kann aber hinzeigen auf genau oder fast gleiche Lebensvorgänge, die diese zustimmende oder ablehnende Wertung dann weiterhin verstärken können. Beispiele wären: »dieses Musikstück hören«, »dieses Gedicht lesen«, »7 mal 8 im Kopf ausrechnen«, »auf dieser Strecke 1000 Meter laufen«.

Bei den Lebensvorgängen gibt es aber neben einfacheren auch vielfältiger zusammengesetzte (komplexere), in denen sich mehrere verschiedenartige Teilvorgänge zu einer Einheit verbinden. Eine solche als Einheit zusammenhängende Abfolge von Lebensvorgängen kann einerseits zu einem großen Teil auf eine anlagebedingte Vorprägung zurückgehen, wie etwa bei der geschlechtlichen Werbung, Umarmung und Vereinigung — wieviel dabei auch immer an »Gelerntem« mitspielen mag. Sie kann sich andererseits aus einem umfassenderen, auf ein Ziel gerichteten Handlungszusammenhang ergeben, der überwiegend auf eigenen oder fremden Erfahrungen beruht, wie etwa bei einer Geschäfts-, Urlaubs- oder Bildungsreise nach Athen.

2. *Art: Oberwertung von Lebensvorgängen*

Oberwerte sind gewertete Oberbegriffe. Viele Oberwertungen fassen mehrere verschiedene Lebensvorgänge, die bestimmte Merkmale gemeinsam haben, unter einem Oberbegriff zusammen, etwa — wenn wir von den genannten Beispielen ausgehen — unter »Musik hören«, »Gedichte lesen«, »Kopfrechnen«, »Langlauf«. Solche Oberwertungen können sich auch auf verschiedene zusammengesetzte (komplexe) Lebensvorgänge beziehen, die in bestimmten Merkmalen übereinstimmen, etwa wenn jemand ganz allgemein »Reisen« schätzt.

3. Art: Einzelwertung als Mittelwertung

Es gibt eine Fülle von Einzelwertungen, die sich auf ein Mittel beziehen, das der Verwirklichung eines Lebensvorgangs dient: etwa auf diese »Frucht« zum Verzehren und Schmecken, auf diese »Schlittschuhe« zum Schlittschuhlaufen, auf dieses »Buch« zum Lesen. Allerdings mit einem gewissen Unterschied: Eine einzelne Frucht hält sich nur begrenzte Zeit und wird dann eben auch verzehrt, ein Buch aber kann mir ein Leben lang gute Dienste leisten. Um so höher kann ein einzelnes Buch als Mittel geschätzt werden.

4. Art: Oberwertung als Mittelwertung

Viele Oberwertungen fassen verschiedene Mittel unter einem Oberbegriff zusammen, denen bestimmte Merkmale gemeinsam sind. Solche Mitteloberwertungen sind beispielsweise »Früchte dieser Art«, »Früchte überhaupt« oder »Obst«. Hierzu zählen auch gewertete Oberbegriffe wie »Lebensmittel«, »Genußmittel«, »Verkehrsmittel«, »Nachrichtenmittel« genauso wie etwa »Werkzeug«, »Spielzeug« oder auch »Fahrzeug«. Ein ganz umfassender und entsprechend unanschaulicher Begriff für eine solche Mittel-Beziehung ist der des »Zweckmäßigen«.

5. Art: Einzelwert als Haftwert[41]

Infolge von Werttonübertragungen bleibt der Wertton an betonten Gliedern von Bewußtseinseinheiten haften, und zwar ganz unabhängig davon, in welchen Bedingungsverhältnissen diese betonten Bewußtseinsgegenstände etwa zu einem ursprünglich wertgebenden Lebensvorgang stehen. Die starke Zustimmung zu einem Gesamtvorgang des Schlittschuhlaufens kann sich etwa auf die kraßgelbe Farbe der Schlittschuhriemen übertragen; dieser Farbton ist in keiner Weise Bedingung, um Schlittschuh zu laufen.

Die Wertung des Farbtons ist zwar beim Schlittschuhlaufen entstanden, trägt aber ihrerseits nichts zu einem erneuten Gelingen des Schlittschuhlaufens bei.
Sind dem Schlittschuhläufer nun etwa an einer Stelle des Sees, wo die Eisdecke besonders glatt war, die schönsten und schwierigsten Bewegungsabläufe gelungen, während er gleichzeitig beim Laufen den Blick frei umherschweifen lassen konnte, dann kann sich die starke Zustimmung sogar auf einige »häßliche Pfähle am Ufer« übertragen, die an dieser Stelle stehen.
In beiden Fällen heftet sich der Wertton an ein Merkmal oder einen Gegenstand ohne jeden Rückbezug auf unmittelbar gewertete Lebensvorgänge. Bei der »kraßgelben Farbe« und bei den »häßlichen Uferpfählen« handelt es sich weder um Lebensvorgänge noch um Mittel dazu. Solche Werte seien kurz *»Haftwerte«* genannt. Unter allen überhaupt nachweisbaren Werten nehmen sie ihrer Anzahl nach wohl die erste Stelle ein. Alle Haftwerte wirken sich im Werten des Alltags genauso aus wie Wertungen von Lebensvorgängen oder auf Lebensvorgänge bezogene Mittelwertungen.
Auch Mittelwerte können leicht zu Haftwerten werden[42]. Ist beispielsweise ein Kind aus dem Alter heraus, in dem es mit Puppen spielt, und wertet es die häßliche und stark beschädigte Puppe trotzdem noch so stark zustimmend, daß es sie nicht fortwirft oder fortschenkt, dann ist aus dem früheren Mittelwert offenbar ein Haftwert geworden. Zum Spielen dient die Puppe jetzt nicht mehr, dennoch wird sie sorgfältig verwahrt und liegt dort — von niemandem genutzt.

6. Art: Oberwert als Sammelwert[43]

Der Wertton kann aber außer an einzelnen Gegenständen auch an bestimmten betonten Merkmalen haften bleiben — ebenfalls ohne Rückbezug auf Lebensvorgänge. Solche nicht auf Lebensvorgänge bezogenen »Sammelwerte« (»summativen Oberwerte«) sind zum Beispiel »die roten Beeren«, »die Rothaarigen«,

»alles Amerikanische«. Diese erst erworbenen »Sammel-Wertungen« fassen viele Gegenstände zusammen — nur aufgrund einer Werttonübertragung auf bestimmte auffällige Merkmale, die diesen Gegenständen gemeinsam sind.
Diese auffälligen Merkmale sind nichtsdestoweniger unwesentlich für den Bedingungszusammenhang des Wertens mit Lebensvorgängen, das heißt: Was ein solches Merkmal hat, trägt deshalb noch lange nicht dazu bei, bestimmte so oder so gewertete Lebensvorgänge zu verwirklichen.

7. Art: Oberwert als Schein-Beziehungswert[44]

Besonders schwierig, aber auch von besonderer Bedeutung ist die Unterscheidung offenkundiger »Sammelwerte« wie »die Rothaarigen« von solchen Oberwerten, unter denen verschiedene Gegenstände oder Verhaltensweisen dem Anschein nach schon in einer auf Lebensvorgänge bezogenen Weise zusammengefaßt werden. Ein solcher »Schein-Beziehungswert« liegt vor, wenn etwa ein Kind eine Reihe ganz bestimmter Verhaltensweisen als »gesund« bezeichnet und anschließend zustimmend wertet. Das Kind wird erstaunt sein, wenn die »gesunden« kalten Duschen, die es liebt, sich bei seinem überzarten Freund als der Gesundheit abträglich erweisen. Ein solcher »Schein-Beziehungswert« liegt beispielsweise auch vor, wenn als »Recht« viele einzelne Sitten und Gebräuche gelten, die sich für eine Gemeinschaft von Menschen zu einer ganz bestimmten Zeit günstig ausgewirkt haben mögen und von daher in Gesetzesvorschriften festgehalten worden sind.
Die entscheidende Frage lautet hierbei: Finden »höchste Werte« wie die des »Guten«, des »Sittlichen« oder des »Rechten« — ja Oberwerte überhaupt — je nach den gerade vorliegenden Lebensumständen eine verschiedenartige inhaltliche Auslegung? Dann sind es echte Beziehungswerte, die in jeder Lebenslage neu auf ihren Beitrag zur Verwirklichung von Lebensvorgängen bezogen sind. Oder haben die unter einem Oberwert — wie

etwa »das Rechte« — zusammengefaßten Verhaltensweisen lediglich ein äußerliches Merkmal gemeinsam? Sei es daß sie »Bestandteile einer bestimmten Lehre sind«, daß sie »einer Vorschrift des Bürgerlichen Gesetzbuches entsprechen«, daß sie »von der Kirche oder dem Staat gefordert werden«. Solche ein für allemal festliegenden und für die verschiedensten Lebenslagen verbindlichen Verhaltensweisen und Stellungnahmen sind nur scheinbar geradewegs oder über »Mittel« auf Lebensvorgänge bezogene Oberwertungen, es sind täuschende »Sammelwertungen«. Nicht umsonst veranlaßt das Ungenügen an diesen »Schein-Beziehungswerten« viele Menschen zu einem Suchen nach dem »wahren« Recht und der »echten« Sittlichkeit.

Auf andere Menschen hin angelegte Lebensvorgänge (soziale Lebensfunktionen) und entsprechende Wertungen

Auf eine wichtige Gruppe von Wertungen sei kurz hingewiesen: Einzelmenschliche Lebensvorgänge, die auf andere Menschen hin angelegt sind, schlagen sich im Wertungsgefüge dieses Einzelmenschen auch in bestimmten Wertungen nieder. Auf diese Wertungen aus dem Bereich zwischenmenschlichen (sozialen) Tuns und Erlebens wird auch im Teil »5.0« noch zurückzukommen sein.

Mit welchen einzelnen Lebensvorgängen haben wir es bei diesen Wertungen zu tun? Die Verhaltenswissenschaft kann mit Recht darauf hinweisen, daß sich bestimmte menschliche »Lebensvorgänge im Miteinander von Menschen« aus schon beim Tier vorhandenen Urformen und Urtrieben als ihren Vorstufen entwikkelt haben, etwa in den Verhaltensbereichen der Fortpflanzung und der Brutpflege oder auch der gemeinsamen Abwehr von Feinden. Und zeigen nicht auch viele Beobachtungen, daß sich das Verhalten von Tieren innerhalb eines Verbandes darauf richtet, nach Möglichkeit »am meisten Futter zu bekommen«, »die beste Schlafstelle zu haben«, »das schönste Weibchen zu besitzen«? Daß ein »Neuling« feindselig behandelt wird? Daß Rangkämpfe nicht eher ruhen, bis die »Hackordnung« festliegt?

Aber auch anhand der Entwicklung des einzelmenschlichen Verhaltens läßt sich erkennen, wie sich die auf andere Menschen hin angelegten Lebensvorgänge aus Frühformen stufenweise entfalten. Hier einige Beispiele solcher Lebensvorgänge[45]:

Das Fühlen von Hautnähe, Nestwärme, Geborgenheit.

Das Wir-Erleben von Mutter und Säugling, das als gefühlsmäßiges Mitschwingen, als »Gefühlsansteckung« auch später noch da ist.

Das »Zuwendungsalter« mit dem ersten Lächeln.

Die Freude beim Auftauchen des vertrauten Menschen.

Die »Achtmonatsangst« vor fremden Gesichtern.

Schon sehr früh die mitmenschlichen Gefühle des »Angezogenwerdens« (der »Sympathie«) und des »Abgestoßenwerdens« (der »Antipathie«).

Dann die Nachahmung des anderen.

Die unbewußte Gleichsetzung (Identifikation) – in der Regel mit der Mutter.

Das Miteinandersprechen und die vielfältigen Möglichkeiten, sich auch ohne Worte zu verständigen.

Mit der Hinwendung zur Außenwelt später die aufmerksame Beobachtung des Mitmenschen.

Und in zunehmendem Maße die prüfende Stellungnahme zu anderen Menschen.

Diese Andeutungen über die Tatsachen der Entwicklung sollen genügen.

Eine Vielzahl unmittelbarer und mittelbarer Wertungen bezieht sich auf das menschliche Miteinander. Von mir zustimmend oder ablehnend gewertet, sind viele meiner Lebensvorgänge auf andere Menschen hin angelegt, viele davon wirken in deren Leben hinein, wie umgekehrt viele Eindrücke von anderen Menschen, viele ihrer Handlungen meine Lebensvorgänge mit bestimmen. Hier nur einige Beispiele:

Man möchte unter Menschen sein, sich zu anderen gesellen.

Man braucht und sucht das Zusammensein, das Gespräch, den Gedankenaustausch (die Kommunikation).

Manchmal möchte man jedoch mit sich allein sein. Manchmal möchte man das Zusammensein mit bestimmten anderen Menschen meiden.

Außer den Gefühlen des Angezogenwerdens oder des Abgestoßenwerdens empfinden wir Achtung oder Verachtung, Verehrung oder Spott[46].

Zu den Strebungen des »Füreinanderseins« — begleitet vom Mitfühlen als »Mitfreude« oder »Mitleid« — zählen Wohlwollen, Helfen- und Zusammenarbeitenwollen, mitmenschliche Liebe[47].

Wo aber aus dem Füreinander ein Gegeneinander wird, kann Liebe in Haß umschlagen, Wohlwollen und -tun in Übelwollen und -tun (Aggression).

Außer den verschiedenen Fähigkeiten und Bereitschaften zu Lebensvorgängen des Miteinander und des Füreinander beziehungsweise Gegeneinander gibt es wiederum andere, die demgegenüber sozusagen für das einzelmenschliche (individuelle) »Selbst« sorgen[48]:

Das »Selbsterhaltungsstreben« zum Beispiel mit Gefühlen wie Furcht und Argwohn, Vertrauen oder Mißtrauen.

Das »Streben nach Geltung« — ja nach Macht — mit Gefühlen wie Zufriedenheit und Unzufriedenheit, Neid, Eifersucht, Sieg und Niederlage, einem Sich-geschmeichelt- oder Sich-verletzt-Fühlen.

So etwas wie ein »Vergeltungsdrang« mit Gefühlen wie Genugtuung, Schadenfreude, Dankbarkeit.

Ferner das »Eigenwertstreben« mit Gefühlen wie Minderwertigkeitserlebnis und Scham, Selbstachtung, Selbstverachtung und Reue.

Eine außerordentlich wichtige Rolle spielt bei all meiner Selbstverwirklichung, aber auch bei allem Miteinander und Füreinander beziehungsweise Gegeneinander nicht zuletzt das möglichst wirklichkeitsgetreue Erkennen der Bedingungszusammenhänge in mir und anderen. Die entscheidende Frage dabei ist: Wie weit werden meine Fähigkeiten der Selbsterkenntnis und des mitmenschlichen Verstehens entwickelt und verwirklicht?

Auf der Grundlage dieser Lebensvorgänge und der entsprechenden *unmittelbaren* Wertungen haben sich — von Mensch zu Mensch verschieden — sehr viele *mittelbare* Wertungen von jeweils unterschiedlicher Stärke der Zustimmung oder Ablehnung gebildet:

> Das »Wiedersehen« etwa oder das »Treffen« — als »Vollversammlung« oder »geselliger Abend«, als »Vorstandssitzung« oder »Kaffeekränzchen«.
>
> »Die gleiche Sprache sprechen« oder »zusammen feiern«, der »Nachbar« oder der »Mitreisende«, der »Langweiler« oder die »Nervensäge«.
>
> Das »stundenlange Ferngespräch«, die »gemeinsame Wohnung« oder die »Treue«, aber auch das »Seine-eigenen-Wege-Gehen« oder die »Scheidung«.
>
> Die »Zuverlässigkeit« oder die »Vorsicht«, das »Durchsetzungsvermögen« oder das »Selbstbewußtsein«.
>
> Das »Anerkanntwerden« oder die »Beziehungen«, die »Gerechtigkeit« oder der »Dank«.

Und darüber hinaus noch viele andere Wertungen der Vorgänge, der Teilvorgänge oder der Mittel des Miteinander, Füreinander, Gegeneinander und des »Selbstseins«. Insgesamt eine überaus große Zahl vielfältigster Wertungen, die mit dem Leben von Menschen unter Menschen zu tun haben. Allerdings: Genauso wie wir unsere eigene Selbsterkenntnis und Menschenkenntnis sehr oft zu hoch einschätzen, so verurteilen wir meistens sehr streng die Vorurteile der anderen. Und geht es den anderen Menschen wiederum nicht ebenso — uns gegenüber?

Übernommene Wertungen

Die auf andere Menschen hin angelegten Lebensvorgänge haben für unser Werten ein großes Gewicht, da wir durch Werttonübertragungen von daher mehr Wertungen von anderen Menschen übernehmen — oder umgekehrt: Wertungen abgelehnter Menschen ablehnen —, als wir durch eigene Erfahrung oder Überlegung bilden[49].

Erlebniswerte, die sich auf das als sinnvoll bejahte Unerforschliche beziehen (Religiöse Werte)[50]

Bei einer besonderen Gruppe von Wertungen geht es um das Erleben, um das Fühlen dem als sinnvoll bejahten Unerforschlichen gegenüber (um das religiöse Fühlen). »Fragen nach dem An-sich alles Seins, nach dem Warum, Woher, Wohin, Wozu des Seins als Ganzen« (»metaphysische Fragen«) können wir als Menschen zwar noch stellen, aber niemals in einer Weise beantworten, die dem Zweifel standhält. Wir vermögen jedoch einen Sinn des Seins zu glauben und damit das Sein denkend und wertend zu bejahen. Nennen wir den Urgrund des Seins, den Träger des Sinnes »Gott« oder »allumfassende Vernunft«: Es ist das »Unerforschliche« schlechthin und nicht durch Eigenschaften zu bestimmen. Mit dem Glauben an den Sinn des Seins gewinnen wir dem Unerforschlichen gegenüber eine Einstellung im Erleben, deren grundlegende Haltung ein zuständliches Gefühl zuversichtlichen Vertrauens ist: Gefühle des Gottvertrauens, der Ehrfurcht, der Demut, der Andacht und andere sind als Vorgänge des unmittelbaren Wertens durch einen starken Wertton der Zustimmung gekennzeichnet, ebenso wie das Gefühl der Allverbundenheit, wenn ein Mensch sich mit dem Urgrund des Alls von Uranfang her verbunden fühlt, gliedhaft eingefügt in den Wirkungszusammenhang des von ihm als sinnvoll bejahten Seins, wenn er im Denken und Werten die Grenzen seines Ich weitestgehend aufhebt — auch wenn einerseits das All als Ganzes größer ist als das Gesamtlebensgeschehen und somit die Grenze dessen überschreitet, wo der Mensch noch »für etwas« werten kann, sich in ein anderes »Wer« des Wertens hineinversetzen kann, und auch wenn andererseits das All in seiner Größe nicht mehr als »Was« zu erfassen und zu werten ist.

Bei allen übrigen Werten, die der Sprachgebrauch des Alltags als »diesem Erlebensbereich zugehörig« (als »religiös«) bezeichnet, handelt es sich um *Mittelwerte:* Musik und Kunst, die ein solches Erleben auslösen, bestimmte Handlungsabläufe wie die des Gottesdienstes, bestimmte Gebäude oder Stätten.

Von »schön« (»ästhetisch«) sprechen wir bei ausgewogenen (harmonischen) Abläufen von Lebensvorgängen[51]

Eine besondere Art und Weise der Verwirklichung von Lebensvorgängen soll hier erwähnt werden, weil damit eine besondere Art von Wertungen und Werten zusammenhängt. Es geht hierbei um das, was wir »schön« (»ästhetisch«) nennen beziehungsweise was wir in bestimmten Zusammenhängen auch eher als »vollkommen« oder als besonders »gekonnt« bezeichnen. Die Ausdrücke »schön« (»ästhetisch«) oder Ausdrücke mit weitgehend gleicher Bedeutung verwenden wir im Zusammenhang mit ausgewogenen (harmonischen) Abläufen von Lebensvorgängen.

Am Beispiel von Lebensvorgängen der Bewegung und der Bewegungsempfindungen läßt es sich leicht verdeutlichen: Für eine Tänzerin etwa, die einen neuartigen Tanz mit vielen Bewegungen einübt, die ihr bis dahin ungeläufig waren, werden zwar anfangs – trotz aller Arbeitsfreude – die Bewegungen vielleicht sehr schwierig und noch keineswegs unmittelbar zustimmend gewertet sein. Wenn die Tänzerin aber den Tanz länger und mit wachsendem Erfolg einübt, führt ihre beschwerliche Arbeit in zunehmendem Maße zur tatsächlichen Beherrschung der geübten Bewegungsfolgen. Ihre Zustimmung im unmittelbaren Werten wächst. Und je gelöster ihre Bewegungen werden, je beschwingter und in sich geschlossener und bis ins kleinste durchgestaltet ihr Tanz wird, desto häufiger wird aus dem unmittelbaren zustimmenden Werten eine besondere Art der Zustimmung, ein Betätigungswert eigener Prägung, den die Tänzerin selbst ihren Bewegungsfolgen zuschreiben und den sie, sofern sie überhaupt einen sprachlichen Ausdruck dafür sucht, als »Schönheit« oder »Vollkommenheit« erlebt.

Das Beispiel der Tänzerin läßt verhältnißmäßig leicht erkennen, daß diese besondere Art des Wertens durch den ausgewogenen (harmonischen), den Einzelheiten nach »ohne Bruch« aufeinander abgestimmten Ablauf von Lebensvorgängen — hier: von Bewegungsfolgen — zustande kommt. Nicht ganz so offensichtlich erkennen wir diesen Zusammenhang bei bestimmten anderen Lebensvorgängen, etwa den Sinneseindrücken des Sehens. Nehmen wir als Beispiel das Binden eines Straußes aus bunten Herbstblumen verschiedener Größe und Form. Während der Zusammenstellung des Straußes hängt es von geringfügigen Unterschieden in der Anordnung der Blüten ab, ob einem Betrachter der Strauß bald mehr, bald weniger »schön« erscheint.

Wenn wir bei einem solchen herbstlichen Strauß nun von »schön« (»ästhetisch«) sprechen, scheint es uns nahezuliegen, ja eigentlich selbstverständlich zu sein, die »Schönheit«, das »Schönsein« dem Strauß selbst zuzuschreiben. Auf den ersten Blick ist es für uns in der Tat ungewohnt zu sagen, daß diese besondere Art unseres zustimmenden Wertens durch den ausgewogenen (harmonischen) Ablauf unserer Sinnesvorgänge des Sehens verwirklicht wird. Das »Weltbild der Wahrnehmungswelt« ordnet nun einmal die wahrgenommenen Farben und Formen den Gegenständen zu. Und genauso verfahren wir dann auch mit der Eigenschaft »schön«. Berücksichtigt man aber die Bedingungszusammenhänge des Wertens, dann sieht man den »Schönheitswert« (den »ästhetischen Wert«) eines »schönen« Gegenstandes anders: Der Gegenstand — etwa der Blumenstrauß — ist zwar die allerdings ausschlaggebende Vorbedingung für einen bestimmten Vorgang des Wahrnehmens, für einen bestimmten Ablauf dieses Vorgangs. Den Strauß überhaupt zu werten, setzt aber eben diese menschlichen Wahrnehmungsvorgänge voraus, und ihn als »schön« zu werten, setzt einen ausgewogenen (harmonischen) Gesamtverlauf dieser Wahrnehmung voraus. Die in sich ausgewogene, reibungslose und daher mühelose Art des Ablaufs von Lebensvorgängen, die wohlgegliederte Durchgestaltung des Gesamtablaufs als eines in sich geschlossenen Ganzen ergibt das unmittelbare Werten in jener besonderen Ausprägung, bei der wir von »schön« (»ästhetisch«) sprechen.

Diese Art eines in besonderer Weise zustimmenden Wertens ist nun keineswegs auf Lebensvorgänge des Sich-Bewegens und des Sehens beschränkt, sondern bei allen Vorgängen des Tuns zu finden, seien es beispielsweise im Werten von Musik die Lebensvorgänge des Hörens, seien es im Werten eines Vortrages auch die Lebensvorgänge des denkenden Erfassens oder prüfenden Urteilens.

Beinträchtigt wird diese Art, Sinnes-, Bewegungs- und Denkvorgänge des Tuns in besonderer Weise zustimmend zu werten, allerdings dann, wenn diese Vorgänge auf die Stufe des Eintönig-Selbstverständlichen herabgesunken und allzu alltäglich geworden sind, wenn sie schon geradezu halb »von selbst« (halb »automatisch«) ablaufen. Selbst das schönste Schubert-Lied kann beispielsweise langweilig werden für den, der als Berichterstatter über das Musikleben einer Großstadt dieses Lied im Laufe eines Winters 30 bis 40 Mal zu hören bekommt und schon vorher jede Tonfolge desselben auswendig kannte.

Andererseits finden wir diese besondere Ausprägung des Wertens von Betätigungen durchaus auch im Alltagsleben. Nehmen wir zwei Beispiele, die landauf und landab zu beobachten waren, ehe bei uns landwirtschaftliche Maschinen die Hauptlast der Saat- und Erntearbeiten übernahmen: Die gelösten Bewegungen etwa des Sämannes, der das Saatgut auf den Acker bringt, oder des Schnitters, der ein Getreidefeld abmäht, erscheinen dem Betrachter »schön« (»ästhetisch«) und werden auch von den Arbeitenden selbst so gewertet, auch wenn sie sich dessen nicht ausdrücklich bewußt sein mögen. Diesen Beispielen lassen sich viele Tätigkeiten aus dem heutigen Arbeitsleben zur Seite stellen, aber natürlich auch viele Lebensvorgänge aus dem Bereich der Freizeit-Tätigkeiten, etwa aus dem Sport. Oder aber auch das unmittelbare Werten eines jungen Menschen, der sich erfolgreich in schwer zu erfassende Gedankengänge einarbeitet und anfängt, »den Stoff zu beherrschen«.

Kommt die geschilderte besondere Art des Wertens nur bei den Lebensvorgängen des Tuns vor? Keineswegs, sondern sie findet sich bei allen gewerteten Lebensvorgängen überhaupt. Mithin also auch bei den Lebensvorgängen des Fühlens und Erlebens. Das sei erläutert am Beispiel des Lesens einer künstlerisch wertvollen Erzählung. Anders als etwa beim Lesen unzusammenhängender Zeitungsmeldungen oder beim Anhören einer nüchternen Aufzählung erfreulicher Tatsachen erfahren wir bei einer künstlerisch wertvollen Erzählung die Wirkung einer zusammenstimmenden, wohlgegliederten und daher reibungs- und mühelos sich abspielenden Abfolge der Vorgänge des Fühlens, die unserem Erleben zugrunde liegen. Bei einem echten Kunstwerk haben wir es nicht mit irgendeiner beliebigen Aufeinanderfolge der beim Lesen hervorgerufenen Gefühle zu tun, sondern mit einer solchen Ausgewogenheit des inneren Wirkungsgefüges, daß diese Gefühlsfolge für den Lesenden außer einem starken Erlebniswert eben auch einen Wert jener besonderen Ausprägung besitzt, die uns solche Ausdrücke wie »schön« (»ästhetisch«) und »künstlerisch wertvoll« gebrauchen läßt. Zu dieser Wirkung mag in gewissem Ausmaß zwar auch die lautliche, klangliche Sprachgestaltung beitragen, in erster Linie geht sie jedoch auf die »gefühlsauslösenden Bedeutungsgehalte« der vom Dichter gebrauchten Wörter, Redewendungen und Bilder zurück.

Aufgrund eigener Erfahrungen oder durch Übernahme des Wissens anderer haben nicht nur viele Dinge, Menschen und Vorgänge unseres Lebenskreises einen solchen »gefühlsauslösenden Bedeutungsgehalt« für uns, sondern auch viele uns geläufige Begriffe, ja streng genommen alle uns vertrauten Gegenstände im weitesten Sinne. Es scheint, als käme ihnen die Bedeutung, die sie für uns haben, oft geradezu wie eine Art Eigenschaft zu.

In einer künstlerisch wertvollen Erzählung nun ist es vor allem die ununterbrochene Folge wenn auch nur leise anklingender Gefühle, ihr — in Gegensatz, Steigerung und Wechsel aufeinander abgestimmter — wohlausgewogener Ablauf, wodurch die Darstellungsart des Dichters für uns »lebendig«, »dichterisch« (»poetisch«) und »ausdrucksvoll« wird. Eine Wirkung, die bei trockener, nüchterner Art der sprachlichen Gestaltung ausbleibt. Nicht nur in der Dichtung, sondern etwa auch in der Malerei und ja auch in der Musik wirken die gefühlsauslösenden Bedeutungsgehalte auf uns, werden Stimmungsgehalte in aufeinander abgestimmter Folge zum Anklingen gebracht.

Ausschlaggebend ist dabei für den wertenden Menschen immer der Gesamtablauf seiner Lebensvorgänge, die besondere Art ihrer Abfolge, ihr Zusammenklingen. Um diese besondere Ausprägung des Wertens erleben zu können, darf der betreffende Mensch zum Beispiel gefühlsmäßig auch nicht durch anderes abgelenkt sein. Eine solche Ablenkung des Fühlens würde ebenso stören wie etwa auch ein fehlendes »inhaltliches Zusammenstimmen« von Bedeutungsgehalten einerseits und Sinnesgegebenheiten andererseits. Als unschön lehnen wir etwa einen bei einer Aufführung auf der Bühne stehenden Stuhl ab, dessen Anschauungsbild, für sich genommen, uns zwar durchaus ansprechen würde, der aber viel zu dünne Beine hat, so daß er einem Erwachsenen niemals zum Sitzen dienen könnte. Da Bedeutungsgehalte erst durch vielfache Erfahrungen eine höhere Festigkeit gewinnen, ist es oft eine Sache der Gewöhnung, was wir »schön« finden und was nicht. Denken wir nur daran, wie man vor Jahrzehnten das Äußere eines Kraftwagens beurteilte!

Als eine der Bedingungen für jedes zustimmende unmittelbare Werten hatten wir im Abschnitt »4.1« schon das »störungsfreie Zusammenspiel der Lebensvorgänge« kennengelernt. Ein nicht bloß reibungsloses, sondern besonders ausgewogenes, glattes Zusammenspiel begründet nun die besondere Ausprägung des Wertens, bei der wir von »schön« (»ästhetisch«) sprechen. Dabei dürfen selbstverständlich jedoch auch die anderen Bedingungen für das zustimmende unmittelbare Werten von Lebensvorgän-

gen nicht fehlen: Anlagen und Begabung, Entwicklungsstand, Ausbildung, Übung, Gesundheit, Frische und die angemessene Schwierigkeitsstufe zwischen Über- und Unterforderung.
Der Wertbereich des »Schönen« (»Ästhetischen«) bildet bei aller Mannigfaltigkeit seiner vielen einzelnen Werte eine einheitliche Gruppe von Werten; denn ihr Wert beruht nicht auf dem »Was«, sondern auf dem »Wie« unserer Lebensvorgänge, ihres Ablaufs und ihrer Aufeinanderfolge. Der Bereich dieser Werte wird folglich in keiner Weise vom Inhaltlichen bestimmt. Kennzeichnend für diese Gruppe von Wertungen und Werten ist vielmehr, daß der in sich ausgewogene (harmonische), mühelose Ablauf der Lebensvorgänge restlos angepaßt ist an die im Augenblick beanspruchten Fähigkeiten und Bereitschaften zu bestimmten Lebensvorgängen.

Ich äußere mich nicht gleichermaßen offen über alle meine Wertungen

Kurz erwähnt werden muß eine gewisse Schwierigkeit, mit der jede Bestandsaufnahme, wie wir sie hier ins Auge gefaßt haben, zu rechnen hat. Über viele unserer Wertungen sprechen wir offen zu fremden Menschen, über andere Wertungen nur mit Vertrauten. Bestimmte Wertungen wiederum möchten wir anderen Menschen gegenüber nur ungern oder überhaupt nicht eingestehen. Und darüber hinaus gibt es unter Umständen noch Wertungen, die wir nicht einmal uns selbst eingestehen können und die wir deshalb, wie der Fachausdruck lautet, »verdrängen«. Das Bewußtwerden dieser letzteren gewerteten Vorstellungen lehnen wir so heftig ab, daß der Wertton dieser Ablehnung unsere Zustimmung überdeckt und unterdrückt.

Die Rangordnung der starken, mittleren und schwachen Wertungen

Nach dem Versuch einer Bestandsaufnahme als einer ersten Übersicht über die Verschiedenartigkeit unserer Wertungen sei das »Wertungsgefüge« nun noch einmal unter dem Gesichtssichtspunkt betrachtet, wie die Wertungen wirksam werden. Nicht auf die »ruhenden« Wertungen soll sich jetzt unsere Untersuchung richten, sondern darauf, was geschieht, wenn die Wertungen »arbeiten«.

Bestimmte Fähigkeiten und Bereitschaften zu Lebensvorgängen führen »ganz von selbst« zur Verwirklichung dieser Lebensvorgänge — genauer gesagt: solange die Umstände diese Verwirklichung nicht strikt verhindern. Wenn der Hunger unangenehm wird, ergibt sich daraus und aus der Wertung des Essens und dem Wissen um Mittel und Wege dazu der Lebensvorgang der Nahrungsaufnahme. In ähnlicher Weise »melden sich« auch andere »Lebensbedürfnisse«, beginnen andere Wertungen zu »arbeiten«, fühlt sich ein Mensch — wenn auch der eine mehr, der andere weniger — von starken Unlustzuständen des Mangels und zugleich von starken Wertungen bestimmter Lebensvorgänge geradezu »getrieben«. Aus diesem Grunde spricht man in einem solchen Fall auch von einem »Trieb«.

Andere Wertungen hingegen treten immer dann stark in den Vordergrund unseres Bewußtseins, wenn — etwa in unseren Tagesabläufen immer wiederkehrende — Umstände gegeben sind. Bestimmte Verhaltensweisen laufen beispielsweise am frühen Morgen »wie von selbst« ab. Von einer solchen »festliegenden Verhaltensfolge« (einem solchen »Ritual«) geht ein gewisses Gefühl der Sicherheit aus. Unser Bewußtsein beschäftigt sich dann kaum noch mit den einzelnen Schritten dieser eingefahrenen Verhaltensfolge.

Wieder andere Wertungen sind jedoch nachgiebiger. Sie fallen uns zwar ein, verschwinden jedoch wieder aus dem Bewußtsein, wenn die Umstände ungünstig sind.

Die stärksten Wertungen sind allerdings, und diese Erkenntnis ist von größter Wichtigkeit, keineswegs von vornherein die Wertungen von Lebensvorgängen oder die darauf bezogenen Mittelwertungen. Vielmehr können auch Haftwerte, Sammelwerte und Schein-Beziehungswerte — bei dem einen Menschen diese, bei dem anderen jene — so stark sein, daß sie in den ungünstigsten Fällen das Werten und Handeln bis zur Sinnlosigkeit in die verschiedensten Sackgassen führen.

Die Auswechselbarkeit von Wertungen

Im Strom des Bewußtseinsgeschehens werden uns Wertungen bewußt, und – je nach ihrer Hartnäckigkeit beziehungsweise Stärke und je nach den Umständen – treten sie auch wieder aus dem Bewußtsein zurück und geben anderen Wertungen Raum. Auf die Auswechselbarkeit gewerteter Vorstellungen sind wir in hohem Maße angewiesen, wenn es darum geht, uns für die Verwirklichung eines gewerteten Zieles die geeigneten Mittel und Wege einfallen zu lassen. Oder wenn es darum geht, insgesamt zustimmend gewertete Lebensvorgänge anzustreben, ohne daß die Auswahl schon auf bestimmte Lebensvorgänge eingeengt ist. Hat man beispielsweise stundenlang mehreren Vorlesungen gelauscht und jetzt das Verlangen, sich Bewegung zu verschaffen, dann ist es in der Regel so, daß dafür verschiedene Wertungen zur Auswahl stehen, die sich auf verschiedene – gewertete – Tätigkeiten beziehen. Sei es, daß man ein Stück geht, sei es, daß man läuft, springt, schwimmt oder Tischtennis spielt. Durch die Auswechselbarkeit sind wir in der Lage, uns auf die Gegebenheiten einzustellen und sie zu nutzen.

Oberwertungen rufen die darunter fallenden Wertungen ins Bewußtsein

Aus dem Oberbegriff »Bewegung« lassen sich zwar nach den Denkgesetzen und den Gesetzen der Begriffsverhältnisse auf keine Weise die darunter fallenden Begriffe wie »Gehen«, »Laufen«, »Springen«, »Schwimmen« usw. ableiten, ebensowenig wie man aus dem umfassenderen, aber inhaltsärmeren Oberbegriff »Hund« den inhaltlich reicheren Unterbegriff »Pudel« herleiten kann. Trotzdem: Wenn man sich den Oberbegriff klar bewußt macht, dann taucht in der Regel auch eine Reihe der darunter fallenden Begriffe im Bewußtsein auf. Je stärker die allgemeine Vorstellung »Bewegung« gewertet wird, desto leichter kommen dem betreffenden Menschen die darunter fallenden Wertungen in den Sinn. Und desto mehr Möglichkeiten werden ihm bewußt, die Oberwertung — und das bedeutet: irgendeinen Lebensvorgang der Bewegung — zu verwirklichen.

Das Wertungsgefüge spiegelt auch das Auffassungsgefüge wieder

Bei jeder wertenden Stellungnahme wird immer auch der Bedingungszusammenhang wirksam, der darin besteht, daß unsere Wertungen von unserem Auffassungsgefüge mitbestimmt werden. Unser »beziehendes Denken« ermöglicht uns, Beziehungszusammenhänge und damit auch Bedingungszusammenhänge zu erkennen. Je nach der Entwicklungsstufe unseres Denkens und Wissens wird uns der Bedingungszusammenhang einer Handlung mehr oder weniger deutlich und mehr oder weniger wirklichkeitsgetreu bewußt: Was muß ich tun, um mein Ziel zu erreichen? Was sind die Folgen, wenn ich die vorgesehenen Mittel anwende und wenn ich mein Ziel erreiche? Nachdenken kann dabei zwar Gegenstände und Beziehungen — auch: gewertete Vorstellungen — bewußt machen, aber es kann nicht ohne weiteres von sich aus Wertungen stärker oder schwächer werden lassen.

Tritt ein neuer Erkenntnisgesichtspunkt auf, so kann uns der gesamte Handlungszusammenhang in einem völlig neuen Licht erscheinen: »Es fällt uns wie Schuppen von den Augen«.

Im äußerst günstigen Fall eröffnen sich ganz neue Möglichkeiten, etwa wenn am heutigen Tage der Krieg beendet worden ist und die Waffen schweigen, wenn seit heute durch eine »10:1-Umwertung der Währung« (»Währungsreform«) wieder gesunde wirtschaftliche Verhältnisse gegeben sind oder wenn jemand gerade heute eine wichtige Prüfung bestanden hat.

In einem äußerst ungünstigen Fall können bisher offene Möglichkeiten plötzlich in unerreichbare Ferne rücken, beispielsweise wenn die Führer wichtiger erdölfördernder Staaten ihre Öllieferungen bedrohlich drosseln, wenn zu einem bestimmten Zeitpunkt der Frieden ernsthaft gefährdet oder wenn einem Menschen gerade mitgeteilt worden ist, er sei unheilbar krank und werde nach menschlichem Ermessen nur noch kurze Zeit leben.

Bevor wir uns für oder gegen eine Handlung entscheiden, können wir uns aus den Vorstellungen und Wertungen, die uns aufgrund unseres Auffassungsgefüges bewußt werden, eine Liste von Punkten für unsere Überlegung zusammenstellen: auf die linke Seite der Liste etwa schreiben wir die Gründe, die für (pro), auf die rechte Seite die Gründe, die gegen (contra) die geplante Handlung sprechen. Machen wir uns dann alle diese Punkte der Reihe nach klar, so wird sich in der Regel — je nach dem Auffassungs- und Wertungsgefüge des einzelnen wertenden Menschen — aus der Stärke der verschiedenen Wertungen eine Entscheidung ergeben.

Gegensatz und Kampf von Werten (Wertkonflikt)[52]

Wenn aber die Entscheidung — die Wahl — zur Qual wird? Wenn es schwierig wird, zu einem Überwiegen des »Für« (»Pro«) oder des »Gegen« (»Contra«) bei einer geplanten Handlung zu gelangen? Dann ist entweder die Bedingungslage unklar, das heißt ich stehe vor Erkenntnisschwierigkeiten im Hinblick auf Gegebenheiten, Bedingungszusammenhänge oder Wahrscheinlichkeiten. Oder zwei Wertverwirklichungen schließen — nach der Überzeugung des Wertenden — einander aus, und die beiden Wertungen sind annähernd gleich stark. Ein solcher Wertgegensatz (Wertkonflikt) wird je nach der jeweiligen Lebenslage mehr oder weniger quälend empfunden. Nichtentscheidbarkeit oder Entscheidungsschwierigkeiten wirken sich unter Umständen lähmend auf unser Wollen und Handeln aus.

Löst dann eine wertende Stellungnahme aber angesichts von zwei Möglichkeiten des Handelns, die sich wechselseitig ausschließen, ein Handeln in der einen der beiden Richtungen aus, dann können zugunsten der im Werten unterlegenen Möglichkeit mehr oder weniger anklagende Gedankengänge auftauchen und zu ablehnend gewerteten Gefühlen führen: zu Gefühlen des Mißbehagens, des Unmutes und der Scham oder sogar zu ausgesprochenen Schuldgefühlen. Solche durch Selbstanklagen und Gefühle des Ärgers gekennzeichneten »Gewissensbisse« gehen immer auf Unstimmigkeiten im Werten zurück. Ein Gewissenskampf (Gewissenskonflikt) ist immer ein Kampf zwischen Werten (ein Wertkonflikt).

Die anklagenden Gedanken und die ablehnend gewerteten Gefühle sind schwer zu ertragen; sie treten um so eher und um so heftiger auf, je mehr sich die unterlegene Wertung oder Wertungsgruppe auf tiefverankerte Werthaltungen des betreffenden Menschen stützt, die nur ausnahmsweise – etwa unter dem Einfluß von Überredung, Verführung, Versuchungen aller Art – übertönt wurden.

Von einem solchen Gewissenskampf (Gewissenskonflikt) sucht sich jeder Mensch möglichst schnell zu befreien. Das »schlechte Gewissen« ist ihm so unangenehm, daß er entweder versucht, die zunächst unterlegenen Wertungen zu stärken und ihnen in seinem Verhalten doch noch Genüge zu tun. Oder er ist bestrebt, Betonung und Stärke der siegreichen Wertungen zu verringern, sein nicht-gewissenhaftes Verhalten zu entschuldigen, und sei es durch unberechtigte Anschuldigungen und Verdächtigungen Dritter. Oder aber er versucht, sein Verhalten zu vergessen und aus der Erinnerung zu verdrängen; er verzichtet in diesem Fall dann jedoch darauf, aus dem Wertgegensatz und aus seinem Gewissenskampf absichtlich ernsthafte Folgerungen zu ziehen.

Folgendes spricht dafür, daß es sich bei allen Gewissensregungen immer nur darum handelt, daß zwei annähernd gleichstarke, einander entgegengerichtete Wertungen beziehungsweise Wertungsgruppen Einfluß auf Wollen und Handeln eines Menschen zu gewinnen suchen und daß es dabei der Annahme eines

»Gewissens« als einer besonderen Wirkenseinheit eigener Art zum Verständnis nicht bedarf: Auch bei einer »guten Tat« können »Gewissensbisse« auftreten, Gedanken der Selbstanklage und Gefühle des Ärgers über das eigene Verhalten. Wenn zum Beispiel ein ichsüchtiger Mensch sich im Rahmen einer Festgesellschaft dazu bestimmen läßt, eine hohe gemeinnützige Stiftung zu machen, kann er nichtsdestoweniger am folgenden Tage schon Opfer heftigster Selbstanklagen werden und sich über seine »Dummheit«, über sein »kopfloses Verhalten« maßlos ärgern, ja schämen. Umgekehrt werden bis heute immer wieder verabscheuungswürdige Maßnahmen von körperlich und geistig gesunden Menschen gegen ihre Mitmenschen ausgeführt oder anbefohlen, und zwar mit »dem besten Gewissen«. Das »gute« oder »schlechte« Gewissen zeigt eben ausschließlich an, wie der betreffende Mensch tatsächlich wertet. Wie sehr auch das »Wollen« und »Handeln« von der Lebenslage und den Umständen beeinflußt sein mögen, die Forderungen, Klagen und Anschuldigungen des Gewissens verraten unabhängig von der jeweiligen Bedingungslage, was wir eigentlich »wünschen«, das heißt »zustimmend werten«.

Diese Bestimmung des »Gewissens« wiederum bedeutet, daß die Frage nach dem Wertmaßstab durch den Rückverweis auf das »Gewissen« allein noch nicht beantwortet werden kann.

4.3 Richtungsweiser

Je grundlegender die auftretenden Wertgegensätze sind, desto größeres Gewicht erhält die Frage nach einem übergeordneten Wertmaßstab, nach einem Prüfstein (Kriterium), nach einem Richtungsweiser. Bemühen wir uns darum, eine Antwort zu finden, indem wir den Weg folgerichtig weitergehen, das »beziehende Denken« in das Werten einzuschalten!

Das »beziehende Denken« führt unser Erkennen zu der grundlegenden Anerkennung eines einheitlichen und gesetzmäßigen Geschehenszusammenhanges der Welt.

Der einheitliche, gesetzmäßige Geschehenszusammenhang der Welt würde uns einen Maßstab geben, wenn eine Richtung des Weltgeschehens nachweisbar wäre[53]

Ein Maßstab, Prüfstein und Richtungsweiser für das wertende Verhalten aller Menschen wäre uns gegeben, sobald sich nachweisen ließe: Das Weltgeschehen stellt nicht nur einen einheitlichen Wirkungszusammenhang dar, sondern dem Gesamtgeschehen kommt auch eine ganz bestimmte Richtung zu. Beweiskräftig wäre das deshalb, weil menschliches Streben und Tun ja als Teil des Weltgeschehens in dieses eingegliedert ist. Darum müssen wir ein Streben und Tun stets dann als »sinnvoll« anerkennen, das heißt es denkend und wertend bejahen, wenn es seiner Richtung nach mit der Richtung des Weltgeschehens übereinstimmt.

Nachweisbar ist eine Richtung dieses — unserem Erkennen zugänglichen — Teilgeschehens: der Lebensentwicklung[54]

Für das gesamte Weltgeschehen eine Richtung als ausschlaggebend nachzuweisen, übersteigt allerdings heute noch die Leistungskraft der Wissenschaft. Da jedoch der Wirkungszusammenhang alles Seins streng gesetzmäßig ist, können wir stichhaltig schließen: Jedes umfassende Teilgeschehen kann der Richtung des Gesamtgeschehens nicht widersprechen. Das muß auch für das Teilgeschehen gelten, an dem der Mensch mit all seinem Streben und Tun teilhat: für das Lebensgeschehen auf unserer Erde. Es müßte längst erloschen sein, wenn es seiner Grundrichtung nach nicht im Einklang stände mit der Richtung des Weltgeschehens.

Versuchen wir also, über die Grundrichtung des Lebens Klarheit zu bekommen. Gehen wir aus von den Ergebnissen der Forschung, soweit sie wissenschaftlich gesichert vorliegen. Berücksichtigen wir dabei einerseits die Eigenart der *Lebenserscheinungen* ganz allgemein und andererseits insbesondere die kennzeichnenden Züge der bisherigen Lebens*entwicklung*.

Die Hauptzüge der Lebensentwicklung[55]*:*
Gerichtetsein
1. auf Lebenserhaltung
2. auf Steigerung des Lebensreichtums
3. auf Höherentwicklung

Drei Entwicklungsrichtungen erweisen sich als Hauptzüge der Lebensentwicklung, nämlich das Gerichtetsein

- auf Erhaltung des Lebens in voller Kraft,
- auf immer größeren Lebensreichtum, das heißt auf Steigerung der Fülle und Mannigfaltigkeit der Bauweisen und Lebensformen sowie der Leistungen und Lebensvorgänge, und
- auf Höherentwicklung; denn die Lebensentwicklung ist auch darauf gerichtet, daß Lebewesen entstehen und erhalten bleiben, die eine jeweils höhere Bau- und Leistungsstufe erreicht haben, das heißt die einen jeweils reicheren Bauplan sowie ein reicheres Zusammenwirken verschiedener Leistungen, verschiedener Lebensvorgänge aufweisen.

Gerichtetsein auf Lebenserhaltung[56]

Der erste Hauptzug der Lebensentwicklung, nämlich die Richtung auf Erhaltung des Lebens in voller Kraft, ist geläufig unter der Bezeichnung »Selbsterhaltung und Arterhaltung«. Zu den Eigenarten des Lebendigen gehört, daß die Lebewesen die Fähigkeit zur Fortpflanzung haben, daß sie ihrer Umgebung angepaßt sind beziehungsweise sich ihr anpassen und daß alle Wirkungseinheiten eines Lebewesens als Teile eines »Ganzen«, eines Gesamt-Bauplanes, aneinander angepaßt sind.

Folgende Besonderheit des Lebens verdient hervorgehoben zu werden: Der Kraftaufwand, der zum Beispiel von einem Tier verwendet wird, um die Beute zu jagen und zu verzehren, führt zur Bildung neuer Kraftvorräte. Der Kraftaufwand ist bei dem einzelnen Lebewesen also darauf gerichtet, daß sein Gesamtlebensvorgang fortdauert. Schon beim Einzeller sehen wir, wie der aus der Nahrung gewonnene Kraftvorrat umgesetzt wird in Bewegungen zu neuer Nahrung hin — zu ihrem Aufsuchen, Umfließen und Umsetzen der Fremdstoffe in eigene Körperaufbaustoffe. Dieser Grundvorgang des Lebens ist auf allen Entwicklungsstufen der gleiche: Jetzt gerade ablaufende Lebensvorgänge sind darauf gerichtet, weitere Lebenvorgänge zu ermöglichen. Die fortschreitende Entwicklung neuer Arten führt zwar zu reicherer Durchgestaltung der Bau- und Wirkungsweisen, aber stets bleiben die einzelnen Bauteile und Wirkungseinheiten so aufeinander abgestimmt, daß das ungetrübte (harmonische) Ineinandergreifen aller Lebensvorgänge des einzelnen Lebewesens ungestört bleibt und seiner Richtung nach die Fortdauer des Lebens ermöglicht.

Gerichtet sein auf Steigerung des Lebensreichtums[57]

Der zweite Hauptzug der Lebensentwicklung ist das Gerichtetsein auf immer größeren Lebensreichtum, daß heißt auf Steigerung der Fülle und Mannigfaltigkeit der Bauweisen und Lebensformen sowie der Leistungen und Lebensvorgänge. Für den Verlauf der Lebensentwicklung auf der Erde ist bezeichnend, daß eine unabsehbare Zahl von Lebewesen entstanden ist mit einer außerordentlichen Mannigfaltigkeit ihrer Bauweisen und der Art ihrer Leistungen und Lebensvorgänge. Die Entwicklung ging und geht jedenfalls nicht in Richtung auf Gleichartigkeit der Lebensformen und Gleichförmigkeit der Lebensvorgänge.

Zu den Mitteln, deren sich das Leben auf dem Wege zu immer größerem Lebensreichtum bedient, gehören die »plötzlichen Erbgutänderungen« (»Mutationen«). Ferner zählen dazu die »Kreuzungen« von Lebewesen gleicher oder verwandter Arten, wobei sich ihre Anlagen in immer neuen Zusammenstellungen vererben.

Daß hier ein zweiter, gesonderter Hauptzug der Lebensentwicklung vorliegt, wird klar, wenn man fragt: Läßt sich die ungeheure Mannigfaltigkeit der heutigen und der schon ausgestorbenen Tier- und Pflanzenwelt nach ihren Bauweisen und nach der Art ihrer Leistungen und Lebensvorgänge verständlich machen, wenn man annimmt, daß dies alles ausschließlich im Dienste der Lebenserhaltung steht? Die Fülle und Mannigfaltigkeit wäre von daher unverständlich. Zur bloßen Lebenserhaltung und -sicherung hätte sich die Lebensentwicklung doch auf eine rein zahlenmäßige Vermehrung etwa einiger weniger Arten von Einzellern beschränken können, die an die verschiedenen Lebensverhältnisse auf unserer Erde gut angepaßt sind.

Gerichtetsein auf Höherentwicklung[58]

Der dritte Hauptzug der Lebensentwicklung ist das Gerichtetsein auf Höherentwicklung. Der Entwicklungsgedanke in den Wissenschaften vom Lebendigen beruht ja auf der folgenden Erkenntnis: Was das Leben insgesamt hervorgebracht hat, ist nicht eine reiche Formenmannigfaltigkeit von Lebewesen mit annähernd gleichen Fähigkeiten zu Leistungen und Lebensvorgängen. Sondern es entstanden auf allen Stufen pflanzlicher, tierischer und menschlicher Entwicklung Lebewesen mit immer reicheren Bauweisen und einem immer reicheren Zusammenwirken von Lebensvorgängen, Lebewesen mit gesteigerten Fähigkeiten und Leistungen. Rückläufige Entwicklungen zur Vereinfachung hin finden sich verhältnismäßig selten. Dafür sorgt allein schon die natürliche Auslese.

Eine erste Bestimmung des Richtungsweisers: Der »Steigerung des Lebensreichtums« lassen sich begrifflich »Lebenserhaltung« und »Höherentwicklung« widerspruchsfrei unterordnen[59]

Können wir in einem der drei Hauptzüge der Lebensentwicklung die »Grundrichtung des Lebens« erkennen?
Dienen vielleicht die ersten beiden Hauptzüge — das Gerichtetsein auf Lebenserhaltung und das Gerichtetsein auf Steigerung des Lebensreichtums — letztlich als bloße Hilfsmittel nur dem dritten Hauptzug, das heißt dem Gerichtetsein auf Höherentwicklung? Das zu behaupten, hieße die Höherentwicklung überschätzen. Denn bestehen nicht neben den höheren Formen von Lebewesen auch heute noch einfachere in unermeßlich großer Zahl und Mannigfaltigkeit? Denken wir nur an die Einzeller. Oder an die Kerbtiere (Insekten). Oder auch daran, daß nicht nur die einfacheren den höheren als Nahrung dienen, sondern umgekehrt auch höhere Lebewesen in vielen Fällen niederen Lebewesen zum Opfer fallen. Gemessen am Maßstab der Lebenstüchtigkeit — der Lebenserhaltung in voller Kraft —, sind die einfacheren Formen nicht weniger vollkommen als die höheren. Nichts spricht dafür, etwa als grundlegend für die Gesamtrichtung anzusehen, daß immer höhere Lebensformen entstehen und bevorzugt erhalten würden. Sollte das eigentliche »Ziel« der Lebensentwicklung denn der Mensch sein und dessen Höherentwicklung? Geht man folgerichtig nur einen kleinen Schritt weiter, dann müßte man fordern: Einzige »Aufgabe« des Lebens sei, den Übermenschen und dann den Über-Übermenschen hervorzubringen, und alle sonstigen Lebensvorgänge seien von jeher dieser Aufgabe untergeordnet gewesen und auch in Zukunft unterzuordnen. Als Grundrichtung kommt die Höherentwicklung, wenn man den gesamten Beziehungszusammenhang des Lebens berücksichtigt, nicht in Frage.
Ist dann aber vielleicht die »Lebenserhaltung in voller Kraft« die Grundrichtung? Dem widerspricht, daß sich als bloße Hilfsmittel dazu die beiden anderen Hauptzüge der Lebensentwicklung nicht verständlich machen lassen; denn zu seiner bloßen

Erhaltung und Sicherung würde das Leben weder die beschriebene Fülle und Mannigfaltigkeit noch die immer höheren Lebensformen brauchen.
Zu untersuchen bleibt somit noch der Hauptzug der Lebensentwicklung auf immer größeren Lebensreichtum hin. Unsere Frage nach der Grundrichtung findet hier in der Tat tragfähige Antworten. Der »Steigerung des Lebensreichtums« lassen sich begrifflich sowohl die Lebenserhaltung als auch die Höherentwicklung widerspruchsfrei unterordnen: Die Lebenserhaltung ist unerläßliche Voraussetzung, die Höherentwicklung dagegen ein besonders wirkungsvolles »Mittel« zur Steigerung des Lebensreichtums. Gerade die Einzellebewesen einer höheren Entwicklungsstufe weisen eine vergleichsweise besonders große Mannigfaltigkeit untereinander auf.
Wenn der »Steigerung des Lebensreichtums« diese Mittelpunktbedeutung zukommt[60], lohnt es sich, genauer zu ergründen, was für diese Steigerung letztlich den Ausschlag gibt. Kommt es dabei auf den immer größeren »Reichtum an Bauweisen und Lebensformen« an? Oder auf den immer größeren »Reichtum an Lebensvorgängen (Lebensfunktionen)«?
Wie hängt das eine mit dem anderen zusammen? Das Ausmaß, in dem sich der Reichtum an Lebensvorgängen erhöht, ist nicht eindeutig an das Ausmaß der Steigerung der Lebensformen gebunden. Das sehen wir besonders deutlich an Entwicklungsstufen, auf denen Erfahrung und Lernen möglich sind: Je höher die Entwicklungsstufe, desto größer ist der Beitrag von Erfahrung und Lernen zur Fülle und Mannigfaltigkeit verschiedener Lebensvorgänge.
Soviele Bauweisen und Lebensformen im Laufe der gesamten Lebensentwicklung auch entstanden sein mögen, größer noch ist – von Stufe zu Stufe stärker und damit auch insgesamt – die Steigerung der Mannigfaltigkeit und Fülle der Lebensvorgänge: die Steigerung des Reichtums an Lebensvorgängen (die Steigerung des Funktionsreichtums).
Der Begriff der »Richtung« kann zu Mißverständnissen verleiten. Meint man nicht allzu leicht, »einem Geschehen eine Rich-

tung zuschreiben« schließe die Aussage über ein »Ziel« ein, auf das sich dieses Geschehen hinbewegt? Das ist jedoch ein Trugschluß; denn müßten wir dann nicht auch der Fahrt eines Hamburger Autos, die in Nord-Süd-Richtung verläuft, ohne weiteres ansehen können, ob das Ziel Frankfurt oder München heißt? Gewiß, Vergleiche hinken. Doch wenn wir eine Richtung des gesamten Lebensgeschehens feststellen, dann schließt das noch keineswegs die Feststellung einer Zielstrebigkeit ein. Es handelt sich vielmehr um eine bestimmte Eigentümlichkeit des Geschehensablaufes, um kennzeichnende Merkmale, um Grundzüge der Lebensentwicklung, die wir daraufhin befragen, ob sich eine Hauptrichtung — wohlgemerkt: kein Hauptziel! — daraus erschließen läßt.

Übrigens liegt ein bemerkenswerter Unterschied zwischen der Frage nach einer Richtung und der nach einem Ziel darin, daß ein Ziel der Lebensentwicklung durchaus von mir als einem Glied dieser Lebensentwicklung himmelweit verschieden sein kann. Bezeugen nicht verschiedene Weltanschauungen, wie erschreckend der Wert eines Menschenlebens im Vergleich zu irgendeinem behaupteten hohen »Endziel« fast auf Null herabsinken kann? Der Begriff »Richtung« bleibt demgegenüber viel dichter am Geschehen selbst und an seinen Gliedern. Für die Gesamt*richtung* eines Geschehens hat jedes Teilgeschehen eine entscheidende Bedeutung. In dieser Betrachtungsweise kommt einem Einzellebewesen als Glied des Lebensgeschehens ein unvergleichlich höherer Rang zu. Denn das Leben als Ganzes ist nichts anderes als die Gesamtheit der Einzelleben. Für mich als Menschen bedeutet das: Ich bin nicht Mittel für die Verwirklichung eines weit entfernten Zieles, sondern ich weiß und fühle mich mit Recht als »Glied« des einen umfassenden Geschehenszusammenhanges. Niemand kann mir einreden, das Wissen um irgendein »Endziel« gepachtet zu haben. Niemand ist berechtigt, aus einem fernen »Endziel« eine Verpflichtung für mich herzuleiten, die mein Leben von daher zu einem bloßen Mittel herabwürdigt. Jede solche Anmaßung liegt jenseits des wissenschaftlich Gesicherten, und der aus dem Grundzügen der Lebensentwicklung erschlossene »Richtungsweiser« hat damit nicht das geringste zu tun. Er ist vielmehr Ausdruck dafür, daß die Gesamtrichtung auf Steigerung des Lebensreichtums auch jedem einzelnen Menschen für sein eigenes Leben die Richtung sinnvollen Strebens und Wollens weisen kann.

Die Grundrichtung auf »Steigerung des Lebensreichtums« zeigt sich besonders in den »freien« Lebensvorgängen[61]

Schon bei Tieren, viel ausgeprägter aber beim Menschen sehen wir neben Lebensvorgängen, die im Dienste von Aufgaben der Lebenserhaltung stehen, eine Reihe anderer Lebensvorgänge, die frei von jeder weiteren Aufgabe ausschließlich um ihrer selbst willen ablaufen. Betrachtet man das Spielen der Tiere, so mögen, streng genommen, vielleicht noch Zweifel möglich sein, unzweifelhaft finden wir aber beim Spiel des Menschen solche »freien Lebensvorgänge« (»freien Funktionen«).

Ähnlich wie beim Tier kommt auch beim jungen Menschen das Spielen eine bestimmte Zeit vor allem der Ausbildung ererbter Anlagen zugute und dient der Vorbereitung für das Ernstleben. Der erwachsene Mensch aber wählt nur zum Teil Spiele, die seine Kräfte in einer für die Lebenserhaltung wichtigen Weise schulen oder eigene Fähigkeiten stärken; er spielt vielmehr, um überschüssige Kräfte zu entladen oder ein Gegengewicht zur einseitigen Berufsarbeit zu schaffen. Sein Spielen dient also vor allem der Steigerung seines eigenen Reichtums an Lebensvorgängen, wenn es auch mittelbar der Gesundheit und Lebenserhaltung zugute kommen mag. Nicht nur das ausgesprochene »Spielen« ist hierbei zu berücksichtigen, sondern die gesamte Fülle und Mannigfaltigkeit unseres Tuns und Erlebens in der vom Beruf nicht beanspruchten »Freizeit«, in den Stunden und Minuten ohne »lebensnotwendige« Pflichten.

Dieses »freie« Tun und Erleben geschieht also »um seiner selbst willen«. Das so zahlreiche Auftreten solcher »freien Lebensvorgänge« — ihre Fülle, ihre Mannigfaltigkeit und ihre »Dich-

te« –, das alles läßt sich auffassen als Ausdruck der Grundrichtung auf Steigerung des Reichtums an Lebensvorgängen. Das bestätigt die bereits gewonnenen Erkenntnisse über die Grundrichtung des Lebens.
Wir gewinnen daraus einen wichtigen Beitrag für die Antwort auf unsere Frage nach dem Richtungsweiser.

Die Bestimmung des Richtungsweisers aus den Hauptzügen der Kulturentwicklung[62]

Auf der Entwicklungsstufe »Mensch« entstehen neuartige Bedingungen für die Steigerung des Reichtums an Lebensvorgängen. Der Mensch ist nicht einzig und allein auf seine ererbten Anlagen zu Lebensvorgängen angewiesen. Er besitzt darüber hinaus nicht nur seine auf dem Wege über eigene Erfahrungen ausgebildeten Fähigkeiten zu bestimmten Lebensvorgängen. Sondern ihm stehen überdies die Erfahrungen und Kulturgüter der Menschen zur Verfügung, die vor ihm gelebt haben. Diese überlieferbare, vom einzelnen Menschen sozusagen »abgelöst« und »für sich« zu betrachtende und in dieser Sichtweise gewissermaßen »vergegenständlichte« (»objektive«) Kultur besteht aus der Gesamtheit der an die Nachkommen beziehungsweise an uns weitergegebenen Werkzeuge und Geräte, Bekleidungs- und Schmuckstücke, Regeln, Sitten und Gebräuche, Fertigkeiten und Wissensbestände, Überzeugungen und Meinungen, Erkenntnisse und Wertungen überhaupt. Alle darunter fallenden anschaulichen und unanschaulichen »Gegenstände« lassen sich kaum vollständig aufzählen.
Die betreffende Kultur ermöglicht dem Menschen, der sie übernimmt, eine reichere Betätigung und ein vertiefteres Erleben, als ihm aufgrund eigener Erfahrung je zugänglich gewesen wäre.
Von seinen ersten Anfängen an ist alles kulturelle Tun des Menschen mit »freien Lebensvorgängen« durchsetzt. Davon zeugen kunstvoll verzierte Gebrauchsgegenstände, Feier und Tanz. Bis

in unsere Zeit dient die unermeßliche Fülle künstlerischen und kunstgewerblichen Schaffens vor allem der Steigerung des Reichtums an Lebensvorgängen. Gleiches gilt auf den verschiedensten Gebieten der Wissenschaft, etwa für die »freie Forschung«, auch wenn der Fortschritt auf vielen wissenschaftlichen Gebieten dann wieder der bloßen »Erhaltung des Lebens in voller Kraft« mit zugute kommen mag. Mit steigender Kulturhöhe treten »freie Lebensvorgänge« auf allen Gebieten menschlicher Betätigung in stets wachsender Zahl auf.

Darin, daß diese *wie ein Gegenstand weiterreichbare* (»objektive«) Kultur entstanden ist und sich höher entwickelt, haben wir einen neuartigen Weg des Lebens vor uns, beim einzelnen Menschen den Reichtum an Lebensvorgängen durch Steigerung ihrer Höhe, ihrer Mannigfaltigkeit und ihrer »Dichte« zu vermehren. Ein Mittel des Lebens damit also auch, den Reichtum an Lebensvorgängen insgesamt zu steigern.

Auch hieraus gewinnen wir einen wichtigen Beitrag und eine weitere Bestätigung für die Antwort auf unsere Frage nach dem Richtungsweiser.

Die Bestimmung des Richtungsweisers aus der Eigenart und den Tatsachen menschlichen Wertens[63]

Bereits bei der Untersuchung des unmittelbaren Wertens sahen wir, daß Art und Stärke des unmittelbaren Wertens bedingt sind durch Art und Stärke der ererbten Anlagen zu Lebensvorgängen sowie durch Art und Stärke der augenblicklichen Fähigkeiten zu einem bestimmten – einfachen oder weniger einfachen – Tun oder Erleben. Die augenblicklichen Fähigkeiten sind im einzelnen durch Entwicklungsstufe, Ausbildung und Übung bedingt, durch Gesundheit und Frische, durch störungsfreies Zusammenspiel und angemessene Schwierigkeitsstufe zwischen Über- und Unterforderung. Im Rahmen all dieser Voraussetzungen gilt: Je mehr wir an Lebensvorgängen und Fähigkeiten einsetzen, desto stärker ist der begleitende Wertton der Zustimmung.

Besonders ausgeprägt zeigt sich dieser Bedingungszusammenhang beispielsweise, wenn ein Kind oder ein Jugendlicher mit Nachdruck gerade auf dem Gebiet arbeitet, auf dem seine besondere Begabung liegt; denn hier steigern sich seine Fähigkeiten rascher und müheloser als auf anderen Gebieten, hier kommt er besonders schnell zu stark zustimmend gewerteten Lebensvorgängen.

Wie ebenfalls schon bei der Untersuchung des unmittelbaren Wertens betont, werten wir stärker zustimmend umfassendere, weniger einfache — kurz: *»höhere«* — Lebensvorgänge. Schon ein Kind springt beispielsweise lieber über ein geschwungenes Seil, als einen beliebigen Sprung in die Luft zu tun. Ein kunstfertiger Tischler etwa stellt lieber einen Schrank mit Türen und Fächern her, als daß er bloß einen Stapel Bretter glatt hobelt.

In ähnlicher Weise werten wir stärker zustimmend jede Steigerung der *Fülle* und *Mannigfaltigkeit* unserer Lebensvorgänge. Das zeigt sich beispielsweise stets dann, wenn ein umfassenderes Tun nicht nur von einem Betätigungswert begleitet ist, sondern auch noch ein ausgeprägter Erlebniswert hinzukommt.

Auch der Reiz eines bloßen Wechsels läßt sich von daher verstehen. Denn selbst dann, wenn Lebensvorgänge gleichen Umfangs und gleicher »Höhe« nur ausgetauscht werden, steigert sich doch dadurch die Mannigfaltigkeit der Lebensvorgänge, so daß sich der Wertton der Zustimmung steigert.

Eine solche Steigerung an »Höhe« sowie an »Mannigfaltigkeit« und »Fülle« gewinnen wir in besonderem Maße durch die »freien Lebensvorgänge«. Ein starkes inneres Unbefriedigtsein wäre die Folge, wenn die zur Erhaltung und Sicherung des Lebens notwendigen Lebensvorgänge zwar ungestört und reibungslos ablaufen, aber alle »freien Lebensvorgänge« wegfallen würden. In jedem Menschen sind in der Regel von seinen Anlagen her ungezählte Möglichkeiten zu weiterer — nicht lebensnotwendiger, sondern »freier« — körperlicher und geistiger Betätigung vorhanden. Soll ihm das Leben lebenswert erscheinen, muß er wenigstens einige davon nutzen.

Ein einzelner Lebensvorgang oder die Gesamtheit von Lebensvorgängen wird dann am höchsten zustimmend gewertet, wenn dadurch bei dem wertenden Menschen seine Fähigkeit zu Lebensvorgängen am stärksten ausgenutzt wird. Mit anderen Worten: wenn ein Mensch damit seinen augenblicklichen Reichtum an Lebensvorgängen — seinen Fähigkeiten entsprechend — höchstmöglich steigert. Die Stärke des unmittelbaren Wertens wächst bei dem wertenden Menschen in gleichem Maße, in dem sich der augenblickliche Reichtum an Lebensvorgängen erhöht.

»Das große Leben« als neuer Maßstab macht unser Werten
1. überdurchschnittlich in der Stärke der Zustimmung und
2. übergegenständlich: gerichtet auf »das große Was«

Aus der Untersuchung der Lebensentwicklung und der Kulturentwicklung sowie der Eigenart und der Tatsachen menschlichen Wertens lassen sich mithin übereinstimmende Schlußfolgerungen ziehen. Der »höchstmögliche Reichtum an Lebensvorgängen überhaupt« — kurz: »das große Leben« — ist der Wertmaßstab und Richtungsweiser, nach dem wir suchten.
Je mehr sich unser Werten nach diesem Maßstab richtet, um so mehr ist es

- *überdurchschnittlich in der Stärke der Zustimmung:*
  Jede Steigerung der »Mannigfaltigkeit« und »Fülle« sowie der »Höhe« von Lebensvorgängen, die den Fähigkeiten eines Menschen entsprechen, ist begleitet von einem Anwachsen der Stärke seines zustimmenden Wertens.
  Für ein in den Bedingungszusammenhang des Weltgeschehens eingegliedertes Werten und Verhalten bedeutet das: Mit dem »höchstmöglichen Lebensreichtum« verwirklichen wir zugleich die höchsterreichbare Stufe des zustimmenden Wertens. Frühere Denker trugen, wenn sie diese Richtung — wenngleich nicht mit diesen Voraussetzungen — beschreiben wollten, etwas kräftiger auf und sprachen vom »größtmöglichen Glück«.

● *»übergegenständlich«, das heißt ausgerichtet auf »das große Was«:*

Je mehr sich unser Werten auf den »höchstmöglichen Reichtum an Lebensvorgängen« richtet, desto freier, unbefangener, weniger festgelegt kann es mit allem Gewerteten umgehen, das kein Lebensvorgang ist. Im gleichen Maße verlieren mithin alle sonstigen gewerteten »Gegenstände« ihre Bedeutung als Eigenwerte.

Ihre Bedeutung wandelt sich: Was kein Lebensvorgang ist, wird nunmehr danach beurteilt, wieweit es der Verwirklichung von Lebensvorgängen dient. Ursprünglich feste Bindungen unseres Wertens an solche sonstigen »Gegenstände« lockern sich; je mehr sie sich aber lösen, desto freier können wir auf diese Gegenstände als »Mittel« zurückgreifen, wenn sie »Bedingungen« für den Reichtum an Lebensvorgängen sind, beziehungsweise von ihnen Abstand nehmen, wenn sie nichts zum Lebensreichtum beitragen oder sich sogar als Hindernisse erweisen. Unsere Wahlmöglichkeiten werden reicher. Das »Was« wird größer.

Statt auf ein stärker an einzelne wahrnehmbare »Gegenstände« gebundenes, engstirnigeres, ärmeres »Was« richtet sich unser Werten immer mehr auf ein reicheres, größeres »Was«. Und dadurch wird der Weg frei zu einem Leben, das im Vergleich zu einem »kleineren«, »ärmeren« Leben ganz einfach auch »reicher« ist im allgemein gebräuchlichen Sinn des Wortes: »Das große Leben« ist mannigfaltiger und bunter. Es ist erfüllter und dichter. Es ist menschenwürdiger hinsichtlich der Höhe der Lebensvorgänge. Und es ist schöner.

Um die Bedingungen für den höchstmöglichen Lebensreichtum zu erkennen, brauchen wir das »beziehende Denken«

Je mehr Erkennen und Werten aber bestrebt sind, sich nach den »Bedingungen« für den höchstmöglichen Lebensreichtum auszurichten und nach ihnen Ausschau zu halten, desto umfassender müssen sie das »beziehende Denken« einschalten; denn Bedingungszusammenhänge sind Beziehungszusammenhänge. Wir müssen Schritt für Schritt das bruchstückhafte Denken überwinden, das immer noch dem Weltbild der Wahrnehmungswelt verhaftet ist. Von einem Weltbild, das das Weltgeschehen mehr oder weniger aufgesplittert sieht in zahllose »einstrahlige« Ursache-Wirkungs-Zusammenhänge, müssen wir uns zum Erkennen »vielstrahliger« Bedingungszusammenhänge emporarbeiten — bis hin zum Weltbegriff des »beziehenden Denkens« mit seiner grundlegenden Anerkennung eines einheitlichen und gesetzmäßigen Geschehens- und Bedingungszusammenhanges der Welt.

Ein solches »beziehendes« Erkennen und Werten würdigt die jeweiligen Gegebenheiten in ihrer Bedeutung als Bedingungen für Lebensvorgänge oder als Lebensvorgänge selbst — und diese Lebensvorgänge wiederum auch in ihrer Bedeutung als Bedingung für weitere Lebensvorgänge.

Keine der wahrnehmbaren Gegebenheiten trägt allerdings ein wahrnehmbares Schild an sich, das sie als »Bedingung« ausweist. Bei jeder Gegebenheit wird uns ihr Bedeutungsgehalt als »Bedingung für Lebensvorgänge« nur bewußt als ein Ergebnis des beziehenden Erkennens. Je reicher das Wissen um tatsächliche Bedingungszusammenhänge, desto wirklichkeitsgetreuer ist das Auffassungsgefüge und desto sinnvoller gestaltet sich das Werten, das von diesem Auffassungsgefüge aus möglich wird.

»Höchstmöglich« bedeutet auch: Sinnvolles Werten muß auf die jeweilige Bedingungslage bezogen sein

»Beziehendes Denken« zwingt uns auch zu der Erkenntnis, daß die jeweiligen Gegebenheiten immer nur eine bestimmte Anzahl von »Bedingungen für Lebensvorgänge« umfassen, die eben immer auch nur eine bestimmte Lebensverwirklichung möglich machen. Das heißt also, daß zu keinem Zeitpunkt »alles möglich ist«.

Mit dem Blick auf die Bedingungen in mir und auf die Bedingungen um mich herum kann ich darum stets nur den »höchst*möglichen* Lebensreichtum« anstreben, niemals aber so etwas wie einen »vollkommenen Lebensreichtum« — oder wie immer man eine solche unwirkliche — weil »unmögliche« — höchste Steigerungsstufe benennen sollte.

An die Stelle festliegender Wertungen von Wahrnehmbarem treten Beziehungswertungen

Je mehr unser Auffassungsgefüge wirklichkeitsgetreu erkannte Beziehungszusammenhänge verarbeitet hat, desto mehr verlagert sich in unserem Wertungsgefüge das Gewicht weg von den Wertungen einzelner wahrnehmbarer Gegenstände und hin zu Beziehungswertungen. Festliegende Einzelwerte tragen vielleicht in der einen Bedingungslage viel zur Verwirklichung von Lebensvorgängen bei, in einer anderen Bedingungslage können sie möglicherweise nur wenig oder gar nichts dazu beitragen: Ihr Wert als Mittel schwankt und wechselt also — sozusagen »augenblicksgebunden« — je nach der vorliegenden Bedingungslage beträchtlich.
Das gilt ganz ausgesprochen für den Mittelwert einzelner wahrnehmbarer Gegenstände. Es gilt aber auch noch weiter für Beziehungswerte, und zwar in abgestufter Weise: Der allgemeinste Beziehungsbegriff unseres Wertens, nämlich der »höchstmögliche Lebensreichtum«, ist auf jede Bedingungslage anwendbar; ein nicht ganz so allgemeiner Beziehungsbegriff, etwa der des »Gesundheitsgemäßen«, ist in umfassender Weise lediglich in allen solchen Bedingungslagen anwendbar, in denen die Bewahrung oder Förderung der Gesundheit für das Werten eine sinnvolle Rolle spielt. Ein um einen weiteren Schritt anwendungsnäherer Begriff kann zwar immer noch ein Beziehungsbegriff sein, aber ein wiederum weniger allgemeiner und stattdessen durch mehr Einzelheiten bestimmter Beziehungsbegriff; nehmen wir als Beispiel den Begriff der »Abhärtung« oder den des »Abhärtenden«:

Wir gehen dabei von noch mehr Voraussetzungen, d. h. vorliegenden Bedingungen in mir und um mich herum, aus, und darum können wir Begriffe der zuletzt genannten Art nur in ganz bestimmten Bedingungslagen anwenden und nicht in solcher Breite wie die davor aufgeführten Begriffe.

Der neue Richtungsweiser als Prüfstein für alle bisherigen Wertungen: »Umwertung aller Werte«

Wenn der »höchstmögliche Reichtum an Lebensvorgängen« zum Maßstab und Richtungsweiser unseres Wertens wird, dann bedeutet das für alle weniger umfassenden Wertungen: Das eigentliche Wertgebende an ihnen ist ihr Beitrag zum höchstmöglichen Lebensreichtum – sei es als Bestandteil des Lebensreichtums, sei es als Mittel zur Verwirklichung des Lebensreichtums[64].

Im Hinblick auf die jeweiligen Gegebenheiten, auf die Bedingungen in mir und um mich herum ist das »Höchst*mögliche*« allerdings immer nur das *»jeweils* Höchst*mögliche«*. Alle Wertungen am Prüfstein des neuen Richtungsweisers zu messen und neu zu bestimmen, das heißt mithin auch: Alle weniger von der jeweiligen augenblicklichen Bedingungslage abhängigen – weil allgemeineren und umfassenderen – Wertungen müssen wir grundsätzlich, und zwar in ihren Begriffsbestimmungen, umbauen. Sie dürfen sich nicht als Werte verselbständigen, sondern die Lebensbezogenheit muß bei ihnen zum Begriffsbestandteil werden. Die demgegenüber mehr auf bestimmte Bedingungslagen zugeschnittenen Wertungen müssen entsprechend stärker »augenblicksgebunden« jedesmal neu überprüft und gegebenenfalls »umgewertet« beziehungsweise außer Kraft gesetzt werden.

»Höchstmöglich« bedeutet auch: Auslese, Auswahl

Diese Abstimmung auf die jeweilige Bedingungslage ist ein Auswählen der sinnvollsten Wertungen, gleichsam eine »Auslese« der geeignetsten. Wer sein Werten auf den »höchstmöglichen Lebensreichtum« ausrichtet, überwindet — was diese »Anpassung« und »Auslese« angeht — die Stufe von Zwang und Erleiden und erreicht die Stufe von Absicht und Tätigkeit.
Die »Auslese« verlagert sich damit weitgehend in den Bereich des Denkens und Wertens, während auf entwicklungsgeschichtlichen Vorstufen diese »Auslese« im Bereich der Lebensvorgänge stattfindet. Auf jener Stufe machen die Lebewesen den einen oder anderen Schritt und »lernen« aus den Folgen durch »Strafe« oder »Belohnung«, was der Bedingungslage angepaßt ist — insgesamt also durch eine Art des Vorgehens, die man als »Versuch und Irrtum« bezeichnet. Immerhin stellt auch dieses Vermögen des — oft schmerzlichen — »Lernens durch Erfahrung« schon einen Fortschritt dar gegenüber der niedrigsten Stufe tierischen und vor allem pflanzlichen Lebens, auf welcher die Natur gleichsam selbst mit den einzelnen Lebewesen Versuche anstellt und alle der jeweiligen Bedingungslage nicht angepaßten »ausmerzt«[65].

Kein »unbedingtes Sollen«

Die »Bedingtheit« der Lebensverwirklichung bedeutet nicht zuletzt »Begrenztheit« und »Endlichkeit«. Keine Bedingungslage bietet uns *alle* Bedingungen, die wir uns wünschen mögen. In keiner Bedingungslage sind *alle* Bedingungen erreichbar oder gar »machbar«.
Strenggenommen gilt das nicht nur für die Bedingungen um mich herum, sondern auch für die Bedingungen in mir selbst. Auch mein Auffassungs- und Wertungsgefüge als Grundlage meiner »Selbststeuerung« ist »bedingt«. Auch meine Erkenntnisfähigkeit und selbstverständlich auch mein wirkliches Erkennen

und Wissen sind auf Bedingungen angewiesen, die gegeben sein oder fehlen können. Schließlich sind auch *alle* Bedingungen für ein sinnvolles Werten keineswegs von vornherein und »von selbst« in mir vorhanden. Damit entfällt auch die Vorrausset- zung für jedes »unbedingte Sollen«[66].

Mein eigenes Werten ist mit dem Gestern und Morgen und mit dem Leben und Werten anderer Menschen verbunden

Ein wichtiger Gesichtspunkt ist ferner, daß mein eigenes Werten *eingegliedert* ist in einen größeren Bedingungszusammenhang menschlichen Lebens und Wertens, der einerseits über die augenblickliche Gegenwart und andererseits über mich als Einzelmenschen weit hinausreicht.

Der »höchstmögliche Reichtum an Lebensvorgängen« wäre daher auch viel zu eng gesehen, wenn ich ihn nur als den »augenblicklichen Lebensreichtum« oder aber nur als »meinen eigenen Lebensreichtum« bestimmen wollte. Im Teil »5.0« ist auf das »Wer« des Wertens noch näher einzugehen und insbesondere auf die Ausweitung des »Wer« über die Gegenwart sowie über das »Ich« und das enge »Wir« hinaus.

Was bedeutet der »höchstmögliche Lebensreichtum« für mich selbst im Bedingungszusammenhang meines Lebens?

Wie kann man die bisher erörterten Gesichtspunkte für das eigene Werten fruchtbar machen? Da die richtunggebende Wertung »höchst*möglicher* Lebensreichtum« voraussetzt, daß jeder sein Werten und Verhalten auf die jeweiligen Möglichkeiten und Grenzen bezieht, sind die im Augenblick des Handelns sinnvollen *Einzelwertungen* nicht für alle Menschen und nicht für alle Lebenslagen die gleichen.

Umfassendere Beziehungswerte wie etwa »das Gesundheitsgemäße« oder »Hilfsbereitschaft« mögen zwar für viele Menschen und auch für viele Lebenslagen gleich lauten. Das gibt uns Maßstäbe für größere Verhaltensbereiche, aber uns fehlen dann immer noch die an diesen Maßstäben zu messenden Einzelwertungen für das Handeln hier und jetzt.

Wer nun fragt: »Worin liegt der höchstmögliche Lebensreichtum im einzelnen für mich selbst?«, der erwartet mit Recht eine Antwort, die auf den Bedingungszusammenhang seines eigenen Lebens eingeht. Er möchte wissen, welche Wertungen aufzubauen, welche zu stärken und welchen entgegenzuarbeiten sinnvoll ist.

Wer aber auf diese Frage eine zutreffende Antwort geben will, müßte der nicht den Fragenden und die Bedingungen in ihm und um ihn herum genau kennen? Müßte der nicht auch genau wissen, welche Wertungen und Verhaltensgewohnheiten der Fragesteller heute hat?

Ein Buch über die allen Menschen gemeinsamen Bedingungszusammenhänge des Wertens kann das nicht leisten. Müßte es nicht für jeden Menschenschlag (Menschentyp) oder gar für jeden Menschen und das auch noch in jeder Umwelt und Lebenslage — die Lebensgeschichte mitberücksichtigend — angeben können, welche Einzelwertungen und welches Verhalten heute und später dem höchstmöglichen Lebensreichtum dienen?

Ohne ein entsprechendes Maß an fallbezogener Erkenntnisarbeit geht es eben nicht. Denken und wirklichkeitsgetreues Erkennen sind allerdings mühsam. Fügt nicht oft sogar die gesamte Lebensarbeit eines Wissenschaftlers dem Bau der Wissenschaft nur ein kleines Steinchen hinzu? Selbst der Versuch, einem Freunde zu helfen, daß er sich selbst sowie seine Lebensschwierigkeiten und Lösungsmöglichkeiten wirklichkeitsgetreu sieht, fordert oft viel Kraft, Zeit und Wissen. Auch Selbsterkenntnis ist Arbeit — Arbeit im Dienst am eigenen Lebensreichtum und an dem anderer.

Guter Rat ist nicht leicht zu haben. Schlechter Rat dagegen ist wohlfeil: Wer bietet uns nicht alles Einzelwertungen an, Einzelvorschriften, Einzelgegenstände und genaue Gebrauchsanweisungen für unser Lebensglück! Wenn wir die Maßstäbe der Auswahl nicht in uns tragen und wenn wir nicht mit unserem »beziehenden Denken« die Bedingungszusammenhänge durchschauen, dann haben wir eines Tages die Wohnung voll von entbehrlichen Dingen und unsere Zeit mit sinnlosem Tun und belanglosem Erleben vertan.

Sinnvolles Werten und Handeln bedeuten: Selbststeuerung unter Einschaltung meines eigenen Denkens und meines Strebens nach wirklichkeitsgetreuem Erkennen. Fremdsteuerung kann mir stattdessen nur stellvertretend die Arbeit abnehmen, soweit ich etwa als Kind noch nicht zur Selbststeuerung fähig bin oder bei mir diese Fähigkeit durch Krankheit oder aus einem anderen Grunde eingeschränkt ist.

Das »beziehende Denken« muß mein Wertungsgefüge den *unmittelbaren* Wertungen zuliebe befragen: Sind meine Wertungen auf die Entfaltung meiner eigenen Anlagen und Begabungen ausgerichtet? Berücksichtigen sie zugleich aber auch meine gegenwärtige Bedingungslage, das heißt Entwicklungsstufe, Ausbildungs- und Übungsstand, Gesundheit, Frische, störungsfreies Zusammenspiel der Lebensvorgänge — zwischen Überforderung und Unterforderung? Zur Überprüfung kann man die Fragestellung umkehren: Verfehle ich nicht den höchstmöglichen Lebensreichtum,

- wenn ich darauf verzichte, die Welt mit meinen Sinnen zu erleben, obwohl sie gesund sind und mir Möglichkeiten dafür weithin offenstehen?
- wenn ich meine Bewegung zu kurz kommen lasse, obwohl mich niemand hindert, sofern ich ernstlich will?
- wenn ich es versäume, mein »Denken im weitesten Sinne« zu üben und anzuwenden?
- wenn ich meine Gefühle verkümmern lasse, nicht zuletzt meine Gefühle gegenüber anderen Menschen?

Das »beziehende Denken« muß mein Wertungsgefüge aber auch im Hinblick auf die überaus große Anzahl *mittelbarer* Wertungen befragen: Berücksichtigen meine Wertungen die Bedingungen in mir und um mich herum? Sind meine Wertungen auf eine tätige Anpassung an die Umstände gerichtet, was eine tatkräftige und einfallsreiche Nutzung, ja Umgestaltung der äußeren Umstände einschließt? Zur Überprüfung läßt sich die Fragestellung umkehren: Verfehle ich nicht den höchstmöglichen Lebensreichtum,

- wenn ich darauf verzichte, zusätzliche oder ganz andere Möglichkeiten (Alternativen) der Lebensverwirklichung zu erkennen und zu nutzen?
- wenn ich es versäume, meine Lebens-Bedingungslage wirklichkeitsgetreu zu erkennen?
- wenn ich es zulasse, daß sich Wertungen sinnwidrig verselbständigen?
- wenn ich mich von meinen bisherigen Wunsch- und Wertvorstellungen dazu verleiten lasse, mir ein falsches Bild des höchstmöglichen Lebensreichtums zu machen?
- wenn ich nach den engstirnigen Vorstellungen anderer lebe?
- wenn ich zum Sklaven meiner Gewohnheiten werde?
- wenn mich die Sorge um den Lebensunterhalt zu nichts anderem mehr kommen läßt?
- wenn ich unter dem »Dauerzustand Hochspannung/Überlastung« (»Stress«) leide?

Der nächste Abschnitt dieses Buches behandelt noch eingehender solche »Hindernisse«, den höchstmöglichen Lebensreichtum zu verwirklichen.

Im übernächsten Abschnitt folgt trotz aller Schwierigkeiten der Versuch, das Fachwissen auf hilfreiche Hinweise dafür auszuwerten, wie Hindernisse sinnvollen Verhaltens zu überwinden sind.

Zurück zu der Frage: »Worin liegt der höchstmögliche Lebensreichtum im einzelnen für mich selbst?« Charlotte Bühler bringt in ihrem Buch »Wenn das Leben gelingen soll« eine Vielzahl von Beispielen für Erfüllung und Verfehlung des Lebens. Sie berichtet dabei unter anderem auch immer wieder aus ihrer jahrzehntelangen Arbeit in der Behandlung von Menschen mit seelischen Schwierigkeiten und Störungen. Im Mittelpunkt ihrer

Betrachtung von Lebensläufen stehen langfristige Lebenserwartungen, Hoffnungen und Lebenspläne. Sie sieht vier Grundzüge solcher Lebenszielsetzungen: Bedürfnisbefriedigung; selbstbeschränkende Anpassung und »Dazugehören«; schöpferisches Streben nach Neuem, Wachstum, Steigerung (Expansion), verbunden mit dem Willen zur Leistung; Aufrechterhaltung der inneren Ordnung. In welchem Verhalten sich aber ein solcher Grundzug im einzelnen *sinnvoll* verwirklicht, muß jeder für sein eigenes Leben erst mit Hilfe des »beziehenden Denkens« zu erkennen suchen. Charlotte Bühler gibt immerhin eine Reihe aufschlußreicher Beispiele für richtige und falsche Selbsteinschätzung und Beurteilung der Gegebenheiten.

Trotz der grundsätzlichen Schwierigkeit, für den Weg zum höchstmöglichen Lebensreichtum Einzelhinweise zu geben, werden immer wieder mutige Versuche unternommen.

Ein Beispiel dafür ist die von Millionen Fernsehzuschauern verfolgte und befolgte Reihe »Mehr Freude am Leben« (»Feeling fine«) von Art Ulene, Arzt in Los Angeles, Mitglied der Klinischen Fakultät der University of Southern California School of Medicine. Mit seiner zupackenden Art, an die Dinge heranzugehen, unterbreitet er als 20-Tage-Plan eine Fülle von Vorschlägen, die sich meist sofort ausführen lassen[67]. Eingeteilt sind sie für jeden Tag in vier Gruppen: Freuden, die das »Auffassungs- und Wertungsgefüge im Ganzen und das Gesamtverhalten« (die »Persönlichkeit«) entwickeln; Freuden, die dem »Dauerzustand Hochspannung/Überforderung« (»Stress«) zu Leibe rücken und dazu anleiten, statt so vieler sinnloser Dinge etwas weniger, aber Sinnvolleres zu tun und zu erleben; Freuden, die die Eßgewohnheiten verbessern; Freuden, die sich in den Wahrnehmungs- und Bewegungsvorgängen selbst finden lassen. Die letzten drei Gruppen von Hinweisen machen recht deutlich, auf wen diese Ratschläge zugeschnitten sind. Sinnvoll sind sie zweifellos für viele seiner Landsleute aus der Mittelschicht. Für diese Zielgruppe liegen in der Tat ernste Hindernisse des Lebensreichtums in den drei genannten Arten von Lebensumständen: Leiden am »Dauerzustand Hochspannung/

Überforderung« (»Stress«); unvernünftige Eßgewohnheiten; fehlende Übung vieler Sinne, Bewegungsarmut, Haltungsschäden. Herzerfrischend geschrieben, kann das Buch auch hierzulande vielen Menschen sinnvolle Einzelwertungen vermitteln. Dr. Ulene sieht allerdings durchaus die grundsätzliche Grenze eines solchen Vorhabens, wenn er darum bittet, sich nicht auf die von ihm genannten einzelnen Tätigkeiten zu beschränken, sondern neue zu erfinden. Niemand dürfe versuchen, so betont er, sich in ein starres Grundmuster (Schema) zu pressen, das ihm nicht entspricht[68]. Selbst ein so entschlossen ins Einzelne gehendes Buch wie das von Dr. Ulene kann also nicht jedem Menschen die Einzelwertungen angeben für den eigenen Weg zum höchstmöglichen Lebensreichtum; es kann nicht das eigene Denken ersetzen beziehungsweise den Rat dessen, der diesen Menschen selbst genau kennt.

4.4 Hindernisse

Was hindert uns, den höchstmöglichen Lebensreichtum zu werten und handelnd zu verwirklichen? Wenn der höchstmögliche Lebensreichtum für viele Menschen noch nicht zum Richtungsweiser geworden ist oder zumindest in vielen Lebenslagen noch nicht als Richtungsweiser das Werten leitet, dann müssen bestimmte Gegenkräfte am Werk sein, dann muß es bestimmte Hindernisse geben. Will man sie überwinden, muß man sie so genau wie möglich kennen. Gehen wir stufenweise an diese außerordentlich wichtige Aufgabe heran!

Erste Frage: Was in mir und was um mich dient nicht dem höchstmöglichen Lebensreichtum, wirkt ihm also entgegen? Zweite Frage: Was in mir und um mich würde dem höchstmöglichen Lebensreichtum besser dienen?

In diesem Sinne kann man — beides kürzer zusammenfassend — auch so fragen: Was ist schlecht? Was ist besser? Beides zu erkennen und entsprechend zu werten — das müßten doch folgerichtig die entscheidenden ersten Schritte sein. Aber unser Erkennen und Werten stoßen bereits hierbei auf ernste Frage- und Antwort-Hindernisse. Wir müssen so klar wie möglich herausarbeiten: Warum stellen wir nicht immer wieder diese beiden Fragen? Und sofern wir diese Fragen stellen: Was hindert uns eigentlich so oft, zu sinnvollen Antworten zu gelangen?

Dritte Frage: Wie lassen sich das Schlechte ändern und das Bessere verwirklichen? Das zu erkennen und zu werten und danach zu handeln müßte sich doch als ein entscheidender nächster Schritt folgerichtig anschließen. Aber auch dabei stößt unser Erkennen, Werten und Handeln auf ernste Frage- und Antwort-Hindernisse und auf ernste Hindernisse der Verwirklichung. Warum aber stellen wir nicht die richtigen Fragen nach Art und Weise der Verwirklichung? Warum kommen wir nicht zu sinnvollen Antworten und Taten? Auch das herauszuarbeiten ist von größter Bedeutung.

Um es noch einmal deutlich zu unterscheiden: Selbstverständlich kann das Werten eines Menschen bereits mehr oder weniger umfassend und folgerichtig auf den »höchstmöglichen Lebensreichtum« ausgerichtet sein, auch wenn der Begriff dieses Richtungsweisers noch nicht ausdrücklich in dieser sprachlichen Fassung bewußt ist und das Werten leitet. Auch mit anderen Begriffen lassen sich Fehler aufdecken und sinnvolle Änderungsschritte erreichen. Dessenungeachtet können wir aber auf jeden Fall Hindernisse sinnvollen Verhaltens in einem Mangel an Kraft oder Mitteln aufspüren oder — vielleicht schmerzlich — erkennen, daß es uns an Wissen, Kenntnissen oder Fähigkeiten fehlt. Sei es, daß wir bessere Lösungen erarbeiten, daß wir uns selbst um Abhilfe bemühen oder jemand anderen mit einer Teilaufgabe beauftragen oder auch schlicht um seine Hilfe bitten. Hierbei werden Hindernisse und Schwierigkeiten auf dem Wege zum höchstmöglichen Lebensreichtum mehr oder weniger wirklichkeitsgetreu erkannt und sinnvoll gewertet, wir machen sie und ihre Überwindung jedenfalls grundsätzlich zu Gegenständen unseres Denkens und Wertens.

Aber daneben gibt es nun die Schwierigkeiten und Hindernisse, die *nicht* ohne weiteres Gegenstände unseres Denkens und Wertens werden — weil sie in unserem Denken und Werten selbst liegen. Es fällt uns nicht nur schwer, sie zu durchschauen, noch schwerer fällt es uns oft, auf ihre Überwindung hinzuarbeiten. Ganz abgesehen davon, daß die Überwindung dieser »inneren« Hindernisse vielfach ja Vorbedingung dafür ist, den »äußeren« Hindernissen kraftvoll und einfallsreich zu Leibe zu rücken.

Fehlender Richtungsweiser: Einmal diese, einmal jene Richtung des Wertens

Wenn das Wertungsgefüge eines Menschen so gebaut ist, daß mehrere richtunggebende Oberwertungen nebeneinander wirksam sind, dann sind zweierlei Folgen nicht auszuschließen: Erstens kann ein solches Nebeneinander den Menschen daran hindern, das Beste aus der augenblicklichen Lage zu machen. Denken wir etwa an ein Nebeneinander der Oberwertungen »Berufserfolg« und »beschaulicher Lebensgenuß«; der betreffende Mensch zieht hier und jetzt vielleicht die letztere Wertung vor, während von den Gegebenheiten in ihm und um ihn her in diesem Zeitpunkt alles dafür spräche, der Wertung »Berufserfolg« nachzustreben.
Als zweite Folge des Nebeneinanders können sich quälende Wertgegensätze ergeben, ein inneres Hin- und Hergerissensein — und zwar immer dann, wenn in einer neuartigen Lebenslage kein vorgeprägtes, eingefahrenes Verhaltensmuster »einrastet«. Mehrere Wertungen werden nebeneinander bewußt. Die Verwirklichung der einen würde aber die Verwirklichung der anderen ausschließen. Aus dem Nebeneinander gleichstarker Wertungen wird dann ein Gegeneinander. Die klärende Frage nach dem »höchstmöglichen Lebensreichtum« kommt diesem Menschen nicht in den Sinn. Vielmehr sucht er alles an Begründungen und Scheinbegründungen zusammen, was für die eine oder andere Richtung spricht. Entscheidet er sich dann doch irgendwie, was

ja die Regel ist, dann nicht selten mit einem schlechten Nachgeschmack.

Jeder genügend stark gewertete Oberbegriff wirkt für seinen Anwendungsbereich, das heißt für seinen begrifflichen Geltungsbereich, als richtunggebender Oberwert — »Genauigkeit« etwa für den Bereich der Buchhaltung, »Abenteuer« für die Urlaubsplanung vieler junger Leute. Ob eine bestimmte Lebenslage jedoch dem Geltungsbereich eines bestimmten Oberbegriffs und Oberwertes zugeordnet wird, ob dieser Oberwert überhaupt herangezogen wird, ist Sache der Auffassung: »Fortbildung« beispielsweise kann mir hier und jetzt als ein wichtiger oder als ein überflüssiger Gesichtspunkt erscheinen. Sehe ich in meiner Lebenslage hier und jetzt nach meiner Auffassung, nach meinen Begriffen keine Anwendungsmöglichkeit, keinen Anwendungsbereich für »Fortbildung«, dann komme ich auch überhaupt nicht auf diesen Oberwert, dann beziehe ich ihn auch nicht in meine Überlegungen ein.

Unter härteren Lebensbedingungen, wie wir sie auch aus der Geschichte unseres eigenen Volkes kennen, kommen die Anforderungen im Lebenslauf, im Jahreslauf, im Tageslauf unausweichlicher auf den einzelnen Menschen zu. Man steht zum Beispiel vor den Lebensaufgaben, »bestimmte Fertigkeiten zu erlernen«, »eine Familie zu gründen«, »die Kinder irgendwie durchzubringen«. Der Jahreslauf zwingt etwa zur Feldbestellung, zur Ernte, zur Jagd. Morgens hat man das Vieh zu füttern und zu melken, das Haus zu heizen, vor dem Gewitterregen muß das gemähte Heu oder Getreide unter Dach und Fach.

Aber auch unter höher entwickelten Lebensbedingungen kommen immer wieder Abläufe und Aufgaben auf uns zu, die sich in bestimmten Zeitabständen wiederholen: als Haushaltstätigkeiten Saubermachen, Einkaufen, Zubereiten des Essens; als Berufstätigkeiten die morgendliche Werkzeugausgabe oder die Postverteilung sowie die Arbeitsbesprechung; als Freizeitverhalten etwa die Übungen auf dem Sportplatz, das Fernsehen, der Besuch in der Gaststätte; jedes Jahr die Vorbereitung auf die Ferien oder den Urlaub.

Solche wiederkehrenden Anforderungen, Aufgaben, Lebenslagen sind Anwendungsbereiche für bestimmte Begriffe und Wertungen. Je zwingender das Eintreten solcher Lebenslagen und die Abfolge solcher Verhaltensweisen festliegen, desto weniger unterliegt es der Entscheidung des einzelnen Menschen, welche Anwendungsbereiche von Wertungen er auswählt. Achten wir auf unsere Wahlmöglichkeiten — nicht nur in unserer »Freizeit«!

Fehlender Richtungsweiser: Fehlende Kernfrage nach den Bedingungen des »höchstmöglichen Lebensreichtums«

Fehlt der in den vorangegangenen Überlegungen näher bestimmte Richtungsweiser im Wertungsgefüge eines Menschen, dann fehlt diesem Menschen die Kernfrage des Wertens: die Frage nach den Bedingungen des höchstmöglichen Lebensreichtums. Bleibt aber dieses Fragen aus, dann bedeutet das ein schweres Hindernis für ein sinnvolles Werten. Ich beschreite dann einfach nicht den Weg, mein eigenes Verhalten, meine eigenen Wertungen und alle anderen Gegebenheiten in mir, aber auch um mich herum daraufhin zu befragen, wieweit sie zum höchstmöglichen Lebensreichtum beitragen, wieweit sie Möglichkeiten dafür eröffnen beziehungsweise Möglichkeiten dafür begrenzen.

Ich frage dann nicht: Bin ich zu dumm, mich satt zu essen beziehungsweise — sofern ich in einem hochentwickelten Land lebe — mich gesund zu ernähren, oder woran liegt es sonst? Läßt es sich auf keine Weise ermöglichen, daß ich einen eigenen Raum bewohne? Bin ich außerstande, etwas zu lernen, das mich weiterbringt, oder wo liegt sonst der Grund für meine Unwissenheit, für mein mangelndes Können? Sind die Rohstoffe so knapp, daß für mich nichts übrig bleibt? Gibt es wirklich keinen Weg, daß ich jemals das Nachbarland kennenlerne? Bin ich denn kein Mensch — ersparte man der Welt also besser meine Selbstverwirklichung? Diese wenigen Beispiele sollen nur andeu-

ten, daß der Anwendungsbereich des Richtungsweisers alle Teilgebiete des Lebens umfaßt.
Wenn ich aber nicht frage, was schlecht ist an mir, so wie ich bin, und was schlecht ist um mich, so wie es ist, dann keimt auch kein Gedanke auf an ein Besserwerden, ein Bessermachen. Und wenn ich nie den Maßstab des Besseren, des nach den Gegebenheiten durchaus Erreichbaren, des Höchstmöglichen anlege, dann erkenne und werte ich überhaupt nicht, was in mir und um mich unterhalb dieses Maßes bleibt, was also, daran gemessen, schlecht ist. Im Fragen und Antworten fehlt dann einfach die Art und Weise des Vorgehens in der Richtung auf »das große Leben«. Die Folge: Die Lebensverwirklichung bleibt, gemessen an den tatsächlich vorliegenden Möglichkeiten, zu gering, zu klein.
Wo der Maßstab des höchstmöglichen Lebensreichtums nicht angelegt wird, da versäumt man, zwei entscheidende Einzelfragen zu stellen. Erstens: Sind die Wertungen überhaupt auf *Lebensvorgänge* bezogen? Zweitens: Dienen die Wertungen und Gegebenheiten dem »*Höchstmöglichen*« an Lebensreichutm?
Wenden wir uns der ersten Einzelfrage zu, die ohne den Richtungsweiser zu kurz kommt. Daß Wertungen den Rückbezug auf *Lebensvorgänge* verlieren können, ist ja als wesentlicher neuer Gesichtspunkt aus der genauen Schilderung der Wertbildung deutlich geworden. Und Bestandsaufnahmen von Wertungsgefügen ergeben in der Regel immer wieder, daß jeder Mensch eine überaus große Zahl von Wertungen hat, die sich nicht auf Lebensvorgänge beziehen. Die Fragwürdigkeit solcher Wertungen dürfen wir nicht aus dem Blick verlieren. Wir müssen uns immer wieder ins Bewußtsein rufen, daß in vielen unserer Wertungen und damit auch Handlungen eine mehr oder weniger weitgehende »Entfremdung« von den Lebensvorgängen vorliegt, daß Wertbildungsvorgänge uns also in Sackgassen lokken können.
Die zweite Einzelfrage, die beim Fehlen des Richtungsweisers zu kurz kommt, lautet: Dienen die Wertungen und Gegebenheiten dem »*Höchstmöglichen*« an Lebensreichtum? Je weniger

das Werten allerdings überhaupt auf Lebensvorgänge bezogen ist, desto ferner liegt dem betreffenden Menschen auch die Frage nach dem »Höchstmöglichen« an Lebensreichtum. Eine Steigerung gewisser einzelner Lebensvorgänge des Tuns oder Erlebens und des damit verbundenen zustimmenden Wertens mag dabei durchaus angestrebt werden, auf das »Höchstmögliche« an Lebensreichtum insgesamt richtet sich der Blick dabei jedoch nicht. Am Fragen nach der *Lebensbezogenheit* und nach dem *Höchstmöglichen* sind wir gehindert, wenn jede Lebenslage mit ihren Aufgaben von vornherein in festliegender Weise aufgefaßt wird. Begreifen und werten wir die jeweils vorliegenden Gegebenheiten und Anforderungen nicht in der Regel so, wie wir es gelernt haben, gewohnt sind, von anderen übernommen haben? Wie man beispielsweise den Weg in Ausbildung, Beruf und Ehe geht, ist mehr oder weniger schon vorgezeichnet. Berufliche Leistung oder Freizeit-Unterhaltung, aber etwa auch Lebens- und Genußmittelverbrauch, sind in ihrem Was und Wie weithin schon bis in alle Einzelheiten festgelegt. An diesen Beispielen erkennen wir, daß man seinen Weg durchs Leben, durch das Jahr, durch den Tag auch gehen kann, ohne *zusätzliche, neue* Fragen zu stellen.

Wer aber außer den Einzelwertungen und Oberwertungen, die ohnehin die engeren oder umfassenderen Teilfragen der Lebens- und Tagesgestaltung beantworten, noch den Richtungsweiser »höchstmöglicher Lebensreichtum« heranzieht, schaltet gewissermaßen einen zusätzlichen Berater ein. Dieser Richtungsweiser ist ein ganz umfassender Oberbegriff; sein Anwendungsbereich deckt sich mit dem Leben in allen Teilgebieten des Tuns und Erlebens, in allen Lebenslagen. Wenn dieser umfassende Oberbegriff nicht klar und deutlich ausgebildet und wenn seine Anwendung nicht eingeübt ist, dann steht er auch nicht dafür bereit, daß jede Lebenslage durch Beziehung auf ihn geprüft, durchleuchtet und auf diese Weise anders aufgefaßt werden kann als ohne ihn. Dann fehlt eben der zusätzliche Berater, der die jeweils vorliegenden Gegebenheiten in mir und um mich mit ganz anderen Augen ansieht und — zum Nutzen des Lebens —

in jedem Augenblick bereit ist, prüfende Fragen wie diese zu stellen:

- Welche Möglichkeiten zu Lebensvorgängen bleiben sinnloserweise unverwirklicht?
- Welche Gegebenheiten in mir und um mich können für welche sinnvolle Lebensverwirklichung nutzbar gemacht werden?

Arbeitet dieser Berater aber nicht für mich, dann bleiben diese Fragen stumm, dann bin ich durch das vorlaute Treiben all der anderen Einzel- und Oberwertungen voll in Anspruch genommen und verzichte auf alles Fragen nach dem »höchstmöglichen Lebensreichtum«.

Wenn der Richtungsweiser im Wertungsgefüge eines Menschen fehlt, dann bleiben nicht nur die beiden entscheidenden Fragen des Wertens — die nach der Lebensbezogenheit und die nach dem Höchstmöglichen — ungestellt, sondern dieser Mensch bleibt auch weit davon entfernt, sich alle erreichbaren *Antwortmöglichkeiten* zu erschließen. Fehlt der Oberbegriff »höchstmöglicher Lebensreichtum« und ist er nicht als Richtungsweiser mit einem starken Wertton der Zustimmung verschmolzen, dann fehlt diesem Menschen auch der allgemeine, umfassende Ansporn, erkennen zu wollen, was *schlecht* ist — das heißt: welche Lebensentfaltung, obwohl hier und jetzt durchaus erreichbar, sinnloserweise verloren geht — und was *besser* ist — das heißt: was hier und jetzt an sinnvollerem Tun und Erleben durchaus verwirklicht werden kann. Über die Bedingungen für das eine oder andere zustimmend gewertete Tun oder Erleben mag dieser Mensch zwar bestens im Bilde sein, doch auf die umfassende Frage nach den Bedingungen für den »höchstmöglichen Reichtum an Lebensvorgängen überhaupt« wird er kaum antworten können.

Es trägt viel zum Verständnis der beschriebenen Zusammenhänge bei, wenn wir uns vergegenwärtigen, wieviel Frage- und Antwort-Hindernisse ganz einfach schon im *Weltbild der Wahrnehmungswelt* begründet sind. Das gilt für die »Lebensbezogenheit« der Wertungen ebenso wie für das »Höchstmögliche« an Lebensreichtum.

Wer in seinem Denken und Werten noch zu stark dem Weltbild der Wahrnehmungswelt verhaftet bleibt, wird kaum die Frage stellen, ob Wertungen überhaupt auf *Lebensvorgänge* bezogen sind. Denn der Zusammenhang zwischen Wertungen und Lebensvorgängen ist ja von der Forschung erst verhältnismäßig spät klar erkannt worden, und zwar dadurch, daß viele unanschauliche Beziehungszusammenhänge überprüft und gedanklich verarbeitet wurden. Wo immer sich Wertungen bilden, bleibt es in der Regel unbemerkt, wenn der Rückbezug auf Lebensvorgänge verloren geht; denn die Wertungen werden nicht unter diesem Gesichtspunkt überprüft. Als Beispiele für diese Art der Wertungen und ihre möglichen sinnwidrigen Folgen werden wir uns nachstehend noch die Haftwerte, Sammelwerte und Schein-Beziehungswerte sowie die ungeprüft übernommenen Wertungen ansehen.

Nach den Gesetzen des Denkens und der Begriffsverhältnisse bin ich in meinem Werten »stärker festgelegt« und »starrer«, wenn ich enggefaßte Wertbegriffe habe: etwa Begriffe einzelner wahrnehmbarer Ablaufsgestalten von Lebensvorgängen, zum Beispiel »Schwimmen im Schmetterlingsstil«, oder Begriffe einzelner wahrnehmbarer Mittel, zum Beispiel »rot-weiße Badekappe«. Nach den Denkgesetzen bezieht sich jedoch ein weiter gefaßter Wertbegriff, beispielsweise »Schwimmen« oder gar »Bewegung«, auf sehr viele verschiedene wahrnehmbare einzelne Lebensvorgänge oder wahrnehmbare einzelne Mittel. Im Zusammenhang menschlichen Wertens am weitesten gefaßt und darum am sinnvollsten ist der umfassendste auf Lebensvorgänge bezogene Oberbegriff: der »höchstmögliche Lebensreichtum«; er bezieht sich auf alle Lebensvorgänge und auf alles — als Mittel — Lebensdienliche überhaupt.

Je starrer meine Wertungen auf wahrnehmbare einzelne Lebensvorgänge oder wahrnehmbare einzelne Mittel festgelegt sind, um so weniger frage ich nach unverwirklichten Lebensmöglichkeiten sowie nach nutzbaren Gegebenheiten und Arten sinnvoller Nutzung. Um so weniger Anlaß sehe ich, Antworten darauf zu erarbeiten,

- welche Bedingungen in mir und um mich welche Möglichkeiten zu *Lebensvorgängen* sinnloserweise *unverwirklicht* lassen und
- welche sinnvollen *Entfaltungsmöglichkeiten* mir bei der Berücksichtigung aller Bedingungen der Gesamtlage einfallen können.

Wer in seinem Denken und Werten noch zu stark dem Weltbild der Wahrnehmungswelt verhaftet bleibt, hat außerdem Schwierigkeiten mit der Frage: Dienen die Wertungen und Gegebenheiten dem *»Höchstmöglichen«* an Lebensreichtum? Das Weltbild der Wahrnehmungswelt sieht einzelne scharf abgegrenzte Dinge und einzelne »Ursache-Wirkungs-Zusammenhänge«. Danach schüttelt beispielsweise der Wind die Äpfel vom Baum. Warum gerade diese Äpfel herabfallen? Warum sie überhaupt zur Erde fallen? Solche Fragen liegen bei diesem Weltbild fern. Doch gerade solche Fragen verwandeln die schlichten »Ursache-Wirkungs-Zusammenhänge« immer mehr in ein »Zusammenwirken vieler Bedingungen«. Dem Weltbild der Wahrnehmungswelt liegt die Erkenntnis noch fern, daß im durchgehenden Geschehenszusammenhang der Welt jeder einzelne Geschehensablauf vielfach bedingt ist und seinerseits vieles andere bedingt. Stattdessen hindert das Festhalten an »allein bewirkenden« »echten Ursachen« die Bildung sinnvoller Wertungen. Das Weltbild der Wahrnehmungswelt hindert uns, den Richtungsweiser anzuerkennen und zu werten.
Halte ich an diesem Weltbild fest und fehlt mir der Richtungsweiser als Berater des Wertens, dann werde ich gehindert, das engmaschige Beziehungsnetz der vielfachen Bedingungen jedes Geschehens abzufragen. Ich werde gehindert, das Zusammenwirken der Bedingungen in mir mit den Bedingungen um mich – den mitmenschlichen wie den außermenschlichen – zu durchleuchten, um nach dem zu forschen, »was schlecht ist«, und nach dem, »was besser ist«, und nach dem »Höchstmöglichen«.

Das entscheidende Antwort-Hindernis besteht darin, daß ich die Vielzahl der Bedingungen nicht prüfe und nicht in immer neuen Überlegungen herausarbeite: erstens, an welcher Bedingungszusammenstellung es liegt, daß eine bestimmte hier und jetzt höchstmögliche Lebensentfaltung unverwirklicht bleibt; zweitens, welche andere Bedingungszusammenstellung — nach meinem besten Wissen, meiner Erfahrung, meinem Einfallsreichtum — der höchstmöglichen Lebensentfaltung dient. Diese andere Bedingungszusammenstellung kann dadurch erreicht werden, daß man *Bedingungen austauscht,* etwa durch einen Ortswechsel, eine Umschulung für einen anderen Beruf, die Verwendung eines neuen Verfahrens, eines neuen Werkzeugs. Oder sie kann dadurch erreicht werden, daß *noch andere Bedingungen hinzukommen.* Entweder Bedingungen, die das Beabsichtigte überhaupt erst ermöglichen: für eine Auslandsreise der Sichtvermerk im Paß, für den Hausbau das geeignete Grundstück. Oder Bedingungen, die uns unseren Zweck besser erreichen lassen: für das leichtere Ordnen des Blumenschmucks der kleine »Igel« aus Metall auf dem Vasengrund, für das reibungslose Laufen der Räder der sprichwörtliche Tropfen Öl.

Das quietschende Rad endlich einmal zu ölen, fällt uns vielleicht gerade noch ein. Aber was diesem »Tropfen Öl« in schwerer zu durchschauenden Bedingungszusammenhängen entsprechen mag — manchmal ist es zum Beispiel nichts anderes als ein kurzes, klärendes Gespräch —, das wird um so schwieriger und seltener erfragt und beantwortet, je stärker ein Mensch noch dem Weltbild der Wahrnehmungswelt verhaftet ist.

Sind nicht in uns allen — beim einen mehr, beim anderen weniger — noch frühe Entwicklungsstufen unseres Denkens und damit auch unserer Wertbildung wirksam? Je nachdem, wie stark man diese Wirkung einschätzt und wie sehr man das Zurückbleiben des Tuns und Erlebens hinter dem tatsächlich Möglichen als grundsätzlich überwindbaren Mangel ansieht, erscheint es wohl kaum oder doch nur wenig übertrieben, wenn man behauptet: *Das Üble ist das Übliche (Das Negative ist das Normale).*

Eine Ermunterung jedoch, nicht locker zu lassen und über Austausch oder Ergänzung von Bedingungen immer wieder neu nachzudenken, gibt uns die dichterisch zugespitzte Aufforderung von Bert Brecht:

Untersucht, ob es notwendig ist
Besonders das Übliche.

Wie weit wir die Bedingungszusammenstellungen, die wir unserem Werten und Handeln zugrunde legen, für »notwendig« halten oder wie weit wir über ein Austauschen oder Ergänzen der Bedingungen nachdenken: Das entscheidet mit darüber, ob unser Werten und Handeln wirklich dem »höchstmöglichen Lebensreichtum« dient.

Mögliche Hindernisse im Denken und Erkennen

Wertungen als gewertete Vorstellungen und Begriffe können uns in die Irre führen, wenn wir falsche Vorstellungen, Begriffe oder Urteile zugrunde legen über etwas, das im Bedingungszusammenhang unseres Handelns von Bedeutung ist. Wie irreführend sich das Weltbild der Wahrnehmungswelt auf die Wertbildung auswirken kann, haben wir bereits hervorgehoben.
Wenn im Vorgang meines Denkens die Wirklichkeit nur bruchstückhaft aufgefaßt wird, gehe ich vielleicht blindlings — wie in einer »Einbahnstraße« — von einem Gedanken zum anderen über, ohne nach rechts und links zu schauen: »Steuern sind gemein, laßt uns die Steuern abschaffen«, »Hochschullehrer sind klug — was dieser Hochschullehrer sagt, muß also richtig sein«[69]. Meine Begriffe und Gedanken verbinden dann Bruchstücke der Wirklichkeit und achten nicht auf weitere Bedingungen, aus denen sich ganz andere Zusammenhänge und Schlußfolgerungen ergeben können. Ich prüfe dann nicht, soweit ich es irgend vermag, ob meine Wirklichkeitsannahmen — meine »Setzungen« — notwendig und hinreichend sind.

Ein weiterer Irrtum des Denkens und damit auch des Wertens ist der »Doppelgänger«-Fehler. Ein krasses Beispiel dafür: Ich glaube auf der Straße vor mir einen Freund zu erkennen, während in Wirklichkeit ein Fremder vor mir geht. Bevor ich alle Merkmale wahrgenommen und zugeordnet hatte, die mir hätten auffallen können, machte ich schon — kurzschlüssig — einen Sprung zum »Erkennen«, nein, vielmehr zu einer voreiligen Mißdeutung[70].

Ich kann aber auch den Fehler machen, mich gegen die Weiterentwicklung meines Erkennens zu sperren, indem ich meinen mit Überheblichkeit gepanzerten Gedanken für unfehlbar erkläre, ihn für die einzig mögliche Erklärung halte, für die beste[71]! Da hierbei mehr oder weniger stark eine Wertung der Überlegenheit hineinspielen kann, werden wir im Abschnitt »5.4« noch einmal hierauf zu sprechen kommen, wenn wir die »Machtwertungen des Herrn« untersuchen.

Mein »Erkennen« und Werten können auch aus einem anderen Grund an der Wirklichkeit vorbeigehen. Vielleicht stütze ich mich ja auf mein »Gefühl der Richtigkeit des Erkennens«, nur weil mir die Merkmale eines Sachverhalts vertraut vorkommen beziehungsweise meine Deutung die allgemein anerkannte Erklärungsart ist. Unter Umständen ist mein Begriffsraster dabei viel zu grob oder unterentwickelt. Jemand anders kann vielleicht unterschiedliche Merkmale herausgreifen und zu anderen Schlüssen gelangen. Bei einem Erscheinungsbild zum Beispiel, das ich »sofort« als »Masern« erkannt habe, wird ein Arzt etwa erst andere Krankheiten auszuschließen suchen: Röteln, Scharlach oder Hautausschläge aufgrund von Unverträglichkeiten usw.[72].

Der Denkfehler der »alleinigen Richtigkeit« kann dadurch entstehen, daß ich eine Erklärung nur deshalb für die einzig richtige halte, weil ich keine andere Erklärung habe. Ein Beweis beweist oft nur den Mangel an Einfallsreichtum: Mir fällt eben keine andere Erklärung ein[73].

Gefahr droht dem Denken und damit dem Werten noch aus einer anderen Richtung. Selbst bei »Beweisen«, bei denen sich nach den Gesetzen der Begriffsverhältnisse alles wunderschön zusammenschließt, gilt noch immer die alte Warnung: Eine Schlußfolgerung kann niemals stichhaltiger sein als die Begriffe, mit denen man beginnt[74].

Es braucht kaum hervorgehoben zu werden, sei hier aber doch der Vollständigkeit halber noch hinzugefügt, daß die Urteile, von denen wir bei unserem Werten ausgehen, selbstverständlich ganz allgemein den Gesetzen folgerichtigen (logischen) Denkens entsprechen müssen.

»Die kraßgelbe Farbe der Schlittschuh-Schnürriemen finde ich gut«: Haftwerte sind mögliche Hindernisse[75]

Wie bereits im Abschnitt »4.2« beschrieben, bleibt bei Werttonübertragungen der Wertton an betonten Gliedern von Bewußtseinseinheiten haften. Ist die »kraßgelbe Farbe der Schlittschuh-Schnürriemen« beispielsweise betontes Glied des Gesamtvorgangs »Schlittschuhlaufen«, dann kann die starke Zustimmung zu den miteinander ablaufenden Lebensvorgängen auch der »kraßgelben Farbe« zuteil werden.

Ein chinesisches Sprichwort lautet: »Der Mensch kann tausend Sachen haben, aber die Sachen dürfen nicht den Menschen haben.« Wenn auch Haftwerten in der Regel ein starker gefühlsauslösender Einfluß zukommt — man braucht nur an die Wertbildung »Heimat« zu denken, in der sich zahllose Haftwerte aufgrund von Kindheits- und Jugenderlebnissen zusammenschließen: vertraute, liebgewordene Menschen, Dinge und Orte —, so kann sich der Einfluß der Haftwerte als »betätigungsauslösender« Mittel doch sinnwidrig auswirken. Ungeprüft können sie den wertenden Menschen auf bestimmte Verhaltensweisen festlegen, auf denen er sogar dann beharrt, wenn die Lebenslage sich weitgehend geändert hat.

»Ich hänge an meinem alten Spielzeug«: Mittelwerte werden leicht zu Haftwerten[76]

Als Junge spielte ich begeistert mit meiner elektrischen Spielzeugeisenbahn. Was gäbe ich, wenn heute jemand käme und mir meine in den Kriegswirren verloren gegangene alte kleine stromlinienförmige »Dampflokomotive« brächte!
Was sich als Mittel bewährt hat, kann sich in einem weiteren Vorgang der Wertbildung zu einem »Haftwert« verfestigen, etwa wenn ein Handwerker oder ein Bauer an der althergebrachten Arbeitsweise festhält. Selbst die Heilkunst lebte bis vor wenigen Jahrhunderten in dieser Weise sehr stark aus der Überlieferung. Vollzieht sich der kulturelle Fortschritt nur sehr langsam, so ergibt sich aus dem Festhalten am Überlieferten eine gewisse Lebenssicherheit – allerdings auch eine Lebensenge.
Bei dem heutigen schnellen Wechsel in den Lebensverhältnissen wirkt sich ein starres Festhalten an jahrhundertealten Sitten und Gebräuchen lebenshemmend aus. Jede Umwandlung von Mittelwerten in Haftwerte hindert uns, festliegende Einzelwerte ständig zu überprüfen, um unsere Wertungen der jeweiligen Lebenslage anzupassen.

»Alle Deutschen sind böse«: Sammelwerte sind mögliche Hindernisse[77]

Im Denken des täglichen Lebens und damit auch in unserem Werten verwenden wir viele zusammenfassende Oberbegriffe: Sammelbegriffe (summative Oberbegriffe) wie »die Blonden, die Untersetzten, die Städter, die Münchner, die Amerikaner« oder »das Neuzeitliche« oder auch »Fleiß« als Sammelbegriff für alles bloße »Geschäftigsein«. Entsprechend bilden wir häufig »Sammelwertungen« (»summative Oberwertungen«), wenn der Wertton von einem einzelnen Gegenstand nicht nur auf alle ihm völlig gleichen, sondern – in unzulässiger Verallgemeinerung – auch auf alle ihm mehr oder weniger ähnlichen Gegenstände übertragen wird.

Wenn sich schon die Umwandlung von einzelnen Mittelwertungen in Haftwerte nachteilig und lebenshemmend auswirkt, dann trifft das auf Sammelwertungen noch in verstärktem Maße zu; denn hier handelt es sich nicht mehr um den Einfluß geringfügiger Einzelwerte, sondern häufig um den Einfluß sehr umfassender Oberwerte, die – wenn es starke Oberwerte sind – das Streben und Handeln des Menschen ausschlaggebend bestimmen. Bei jeder Änderung der Lebenslage wirkt sich diese starre Verknüpfung von Wertungs-»Gegenstand« und Wert zwangsläufig nachteilig aus.

»Man lebt gesund, wenn man ...«: Schein-Beziehungswerte sind mögliche Hindernisse[78]

Sind »sonnengebräunte Haut« und »kräftige Muskeln« die Zeichen von Gesundheit? Muß ich »kalt duschen« und »bei offenem Fenster schlafen«, um gesund zu leben? Wenn ich als »gesund« bestimmte wahrnehmbare Eigenschaften und Sachverhalte werte, dann kann ich mich auf dem richtigen Wege befinden – oder aber auch in die Irre gehen. Das macht die Schein-Beziehungswerte zu schillernd, so verführerisch, so schwer durchschaubar, aber unter Umständen auch so sinnwidrig. Wer so wertet, scheint im Werten auf den ersten Blick weniger starr zu sein und sein Werten je nach den betroffenen Menschen und von einer Bedingungslage zur anderen neu zu bestimmen. Doch der Schein trügt. Eine solche Wertung etwa des Begriffes »gesund« faßt in ihrem Bedeutungsgehalt zwar nicht, wie es bei den Sammelwerten der Fall ist, vieles zusammen, das sich in auffälligen Merkmalen ähnelt, sondern richtet sich durchaus auf vielerlei unterschiedliche Eigenschaften und Sachverhalte. Doch die Vielfalt an inhaltlichen Bestimmungen hält nicht, was sie verspricht. Die Schein-Beziehungswerte weisen nicht die Richtung auf einen Reichtum an Möglichkeiten in der Weise, daß sich das Werten einzelner Gegenstände und Sachverhalte je nach den Bedingungen in mir und um mich auf den jeweils höchstmöglichen Lebensreichtum richtet. Denn die inhaltlichen Bestimmungen sind bei solchen Schein-Beziehungswerten starr festgelegt und nicht auswechselbar im Sinne des in der jeweiligen Bedingungslage Sinnvollsten.

Wenn es aber nicht die Beziehung auf den höchstmöglichen Lebensreichtum ist, also nicht etwa die Beziehung des »Mittel-Seins«, die verschiedene »Gegenstände« in einem bestimmten Anwendungsbereich als Mittel einem sinnvollen lebensbezogenen Oberwert zuordnet – beispielsweise einem Oberwert wie »das Gesunde« oder »das Recht« – was ist dann das Gemeinsame der inhaltlichen Bestimmungen eines solchen Schein-Beziehungswertes? »Das Recht« als umfassender Oberwert sei hier noch einmal als Beispiel herangezogen. Ist »das Recht« kein echter Beziehungswert, sondern nur ein Schein-Beziehungswert, dann werden die inhaltlichen Bestimmungen nur deshalb zustimmend gewertet, weil sie »Bestandteile einer bestimmten Lehre sind« oder weil sie »einer Vorschrift des Bürgerlichen Gesetzbuches entsprechen« oder etwa weil sie »von der Kirche oder dem Staat gefordert werden«.

Die Gemeinsamkeit eines »äußerlichen« Merkmals schlägt sich allerdings nicht so augenscheinlich wie bei den Sammelwerten in den »Gegenständen« nieder, die gewertet werden; dennoch liegt sie zugrunde, und zwar im Bedingungszusammenhang der Werttonübertragung. Zur Rechtfertigung solcher Werte führt man, wenn sie überhaupt bewußt vollzogen wird, etwa an: »Es ist so Brauch«, »es ist so überliefert«, »der Meister hat es gesagt«, »es steht in den Lehrbüchern«, »man sagt, daß dieses oder jenes eben dazu gehört« oder ähnliches. Im weiteren Sinne könnte man – von der äußerlichen Übereinstimmung in der Wertentstehung her – also auch die Schein-Beziehungswerte als eine Art von Sammel-Oberwerten (summativen Oberwerten) bezeichnen.

Unser Werten mißt also oft genug etwas daran, ob es ein bestimmtes äußeres Merkmal in der Erscheinung aufweist, etwa »blond« oder »rothaarig«, oder ob es sonstwie mit einem bestimmten äußeren Merkmal verknüpft ist. »Es steht in diesem

Buch« kann ebenso ein solches äußeres Merkmal darstellen wie etwa »es kommt aus Amerika«. Alle diese Arten, Äußerlichkeiten zum jeweiligen Wertmaßstab zu machen, haben gemeinsam, daß man jedenfalls den »höchstmöglichen Lebensreichtum« nicht zum Prüfstein und Richtungsweiser erhebt. Ein solches merkmalgebundenes Werten und Verhalten erweist sich als viel zu eng festgelegt. Es wird deshalb höchstwahrscheinlich in vielen Einzelfällen die Richtung auf »das große Leben« verfehlen. Es genügt eben nicht zu fragen, ob ein bestimmtes äußerliches wahrnehmbares Merkmal vorliegt. So zu fragen kann geradezu ein Hindernis darstellen für unser Streben nach dem »höchstmöglichen Lebensreichtum«: ein Hindernis für die sinnvollen Fragen nach dem Schlechten und nach dem Besseren sowie nach der Änderung des Schlechten und der Verwirklichung des Besseren.

Übernommene Wertungen sind mögliche Hindernisse[79]

Viele meiner Wertungen bilden sich zwar im Anschluß an meine eigenen unmittelbar gewerteten Erfahrungen, weit zahlreicher sind jedoch die Wertungen, die ich im Laufe des Lebens teils absichtlich, teils unabsichtlich »von anderen übernehme«. Allein schon aus dem Gesamtzusammenhang des zustimmend gewerteten Erlebens der mütterlichen Zuwendung etwa geht bei jedem Kind, das sich so geborgen fühlen kann, immer wieder ein Wertton der Zustimmung auf vieles über, das die Mutter bejaht. Durch Tadel, Bestrafung und jede sonstige Vorenthaltung oder Minderung der mütterlichen Zuwendung geht andererseits auch immer wieder ein Wertton der Ablehnung auf vieles über, das die Mutter mißbilligt. Und was in der frühen Kindheit die Eltern bewirken, das bewirkt später zum Beispiel der Lehrer beziehungsweise die Lehrerin oder die Gruppe, und zwar in dem Maße, in dem man darauf Wert legt, von dieser Seite anerkannt zu werden. Die gesamte Umwelt mit ihren Sitten, Gebräuchen, Rechtsgrundsätzen usw. beeinflußt den heranwachsenden jungen

Menschen. Ebenso jeder Rat, der ihm absichtlich gegeben wird oder den er einholt, und jedes Beispiel, das ihm absichtlich geboten wird und das er nachahmt. Nicht immer sind es klar ausgesprochene Werturteile, oft genügt der Zusammenhang, in dem man etwas erwähnt, der Tonfall oder eine Geste.

Die Übernahme von Wertungen erspart es uns, zahllose Erfahrungen selbst zu wiederholen, die andere Menschen durchlebt und durchlitten haben. Die ungeprüfte Übernahme als Frühform des Wertens kann sich bei einem wohlbehütet aufwachsenden Kind durchaus als sinnvoll erweisen, und das Kind kann damit heranwachsen, ohne ernstlich Schaden an Leib und Seele zu nehmen. Dennoch können übernommene Wertungen zu Hindernissen sinnvollen Wertens und Handelns werden.

Ein Kind wird sich auch irrige Wertungen unbewußt zu eigen machen, etwa »daß man nicht bei offenem Fenster schlafen dürfe«. Und wenn beispielsweise das Verhalten der Angehörigen eine übernommene Ansicht immer wieder bestätigt, dann können unter Umständen sogar eigene gegenteilige Erfahrungen eine solche starke übernommene Wertung nicht mehr erschüttern.

Ungeprüft übernommene Wertungen anderer Menschen werden um so mehr zu einem möglichen Hindernis sinnvollen Wertens, je umfassender sie als Oberwerte das Werten und Handeln ausschlaggebend beeinflussen und je stärker sie gewertet sind.

»Ich bleibe dabei«,
»Das mache ich immer so«,
»Ich kann nicht anders« als mögliche Hindernisse

»Ich bleibe dabei«: In diesem Satz kann sich die Oberwertung »Willensstärke« ausdrücken, das heißt die Wertung, eine geplante und dem Ziel nach wertend bejahte Handlung zu Ende zu bringen — trotz aller Schwierigkeiten. Der Wert eines solchen standhaften, beharrlichen, selbstbeherrschten und tüchtigen Verhaltens, über das jeder von uns in bestimmtem Ausmaß verfügen sollte, hängt jedoch im Einzelfall ganz davon ab, wie sinnvoll das Ziel dieser Handlung ist.

Entsprechendes gilt auch dann, wenn sich dieser Satz »ich bleibe dabei« erst nur auf das Werten bezieht. Je sinnvoller die Wertung, desto sinnvoller ist es auch, sie hochzuhalten — trotz aller Schwierigkeiten. Streng genommen, ist dieser Satz unter allen Umständen allerdings nur sinnvoll bei der obersten Wertung: beim Richtungsweiser »höchstmöglicher Lebensreichtum«. Alle anderen Oberwertungen und Einzelwertungen müssen auf die betroffenen Menschen und die jeweiligen Lebensumstände bezogen werden, und nur unter dieser einschränkenden Bedingung ist es sinnvoll, daran festzuhalten und »dabei zu bleiben«.

Steht das Werturteil immer schon fest, bevor überhaupt nach Menschen und Umständen gefragt wurde, dann haben wir es mit einem *»Vor-Urteil«* zu tun. Ich mag mich ganz allgemein zwar sehr viel sicherer fühlen, wenn ich Neues oder schwer Durchschaubares — mehr oder weniger schnell — schließlich erkannt, begriffen und gewertet habe, aber das Sicherheitsgefühl, das ein Vorurteil mir vorgaukelt, kann zu teuer erkauft sein; jedes Vorurteil wird sich früher oder später als mögliches Hindernis sinnvollen Wertens erweisen — höchstwahrscheinlich schon sehr schnell dann, wenn sich die Bedingungslage ändert.

Die eigenen Begriffe und Wertungen zu überprüfen und gegebenenfalls umzubauen, verunsichert und macht Mühe. Oft genug scheut man davor zurück. Oft ist es andererseits aber nicht bloße Denkfaulheit, sondern ein Starrsinn, bei dem man geradezu von einer »Verkalkung der Gedanken« (»Ideosklerose«) sprechen könnte.

»Ich bleibe dabei« sagt aber auch derjenige, dem es seine Geltungssucht erschwert, wenn nicht gar unmöglich macht, sein Urteil noch einmal wieder in Frage zu stellen oder es gar zu ändern.

»Das mache ich immer so« kann ein Satz sein, hinter dem lediglich die »Macht der Gewohnheit« steht. Segensreich höchstens, wenn es »die ständige Überprüfung aller Wertungen« ist, die zur Gewohnheit wurde; sinnwidrig jedoch, wenn die Gewohnheiten — und gerade das verstehen wir ja in der Regel darunter — im Festhalten an einzelnen Verhaltensweisen bestehen, im Nicht-mehr-Hinauskönnen aus eingefahrenen Gleisen des Wertens und Handelns: engstirnig vorbei an aller Berücksichtigung von Menschen und Umständen.

»Ich kann nicht anders« kann ein Satz sein, der uns aufhorchen lassen muß. Verbirgt sich dahinter das Ausgeliefertsein an einen übermäßig starken Trieb? Oder hat sich eine Neigung nicht nur zu einem starken Bedürfnis gesteigert, sondern schließlich zur Sucht? Oder spricht aus diesem Satz vielleicht andererseits krasse Dummheit und Einfallslosigkeit, die keinen Ausweg mehr sieht: »Bedaure, ich habe keine Wahl. . .«?

Bleibe ich bei einer ganz bestimmten einzelnen Wertung beziehungsweise bei einer sinnwidrigen Oberwertung, dann mache ich mir das Werten sehr leicht — zu leicht, und ich mache mir meinen Beitrag zum höchstmöglichen Lebensreichtum sinnlos schwer.

Bleibe ich aber mit kraftvoller Zustimmung bei der Wertung des höchstmöglichen Lebensreichtums und treffe danach jeweils neu die Auswahl unter den Oberwertungen und Einzelwertungen, um Menschen und Umstände zu berücksichtigen, dann mache ich mir das Werten zwar — wenigstens anfangs — schwerer, aber ich eröffne mir viel eher einen Weg zu meinem sinnvollen Beitrag zum höchstmöglichen Lebensreichtum.

»Nur dies muß ich können«, »Das brauche ich nie im Leben«: ein zu armes Wertungsgefüge als mögliches Hindernis

Die Endlichkeit des einzelnen Menschenlebens setzt dessen Lebensreichtum zwar von sich aus Grenzen: Nicht alle erbmäßig angelegten Lebensvorgänge, nicht alle Wachstumsmöglichkeiten können in einem Menschenleben verwirklicht werden. Die Bedingungen in mir und um mich herum fördern im Laufe des Lebens die Entfaltung bestimmter Lebensvorgänge, behindern die Entfaltung anderer. Anlagen, die überhaupt nicht gefördert

werden, können verkümmern. In der frühen Kindheit liegt die Auswahl und Fremdsteuerung weitgehend in den Händen anderer Menschen, später zunehmend bei mir, und zwar — im Rahmen dessen, was bis dahin gefördert und ausgebaut oder aber verödet und verbaut ist — in dem Maße, in dem die Fremdsteuerung zur Selbststeuerung wird. Je stärker ich gegenstandsgebunden werte, je enger und festgelegter dann aber auch die Anforderungen, etwa die der Berufslaufbahn, sind, desto ärmer bleibt das Wertungsgefüge.
Eine Schlüsselrolle kommt dem *Üben* zu. Über Fähigkeiten zu Lebensvorgängen, die nicht geübt werden, verfügen wir eines Tages dann kaum noch. Mancher mußte letztlich beim Wechsel vom Berufsleben in den Ruhestand nahezu einen Offenbarungseid leisten hinsichtlich seines Bestandes an Wertungen und an Fähigkeiten. Zu oft hatte er sich gesagt »Nur dies muß ich können!« und anderes abgewehrt — »Das brauche ich nie im Leben!« — und damit die Zahl der Lebensvorgänge geschmälert, zu denen er bereit war und die er zustimmend zu werten vermochte.

»Ich weiß keinen Weg zum Besseren«, »Ich schaffe es einfach nicht« als mögliche Hindernisse

Selbst dann, wenn ich mich in ersten Ansätzen bereits auf dem Wege befinde in der Richtung auf ein sinnvolles Werten, gibt es noch Hindernisse genug, die das Vorankommen erschweren, ja den weiteren Weg verstellen können. Habe ich beispielsweise erkannt, welche Art des Wertens und welche einzelnen Wertungen schlecht sind und welche besser, dann kann es nichtsdestoweniger bei vielen guten Vorsätzen bleiben. Der Weg vom bloßen Wünschen zum Handeln ist unter Umständen sehr weit und schwierig, wenn er überhaupt gesehen wird. Das bloße Wertwissen ist möglicherweise noch kein eigenes starkes Werten und reicht für eine Verwirklichung nicht aus. Zur Verwirklichung des Besseren braucht man meist mehr als nur einen kurzen Entschluß.

Was ist jedoch an Rat zu geben dafür, wie man den Bedingungen für den höchstmöglichen Lebensreichtum im Einzelfall mit Erfolg näherkommen kann? Das versucht der nachfolgende Abschnitt »4.5« im Überblick zusammenzustellen, und diese Zusammenstellung wird dann im Abschnitt »5.5« weiter ergänzt. Je weniger davon aber schon dem eigenen Erkennen und Werten zugrundeliegt und innewohnt, desto schwieriger erweist es sich für den einzelnen, desto größer ist das Hindernis für ihn, Werten und Handeln in Richtung auf den höchstmöglichen Lebensreichtum weiterzuentwickeln.

Sinnvollem Werten und Handeln können Hemmungen entgegenwirken. Dazu zählen unter anderem bestimmte für mich allein unüberwindliche Hindernisse
1. in mir (»subjektive Sperrungen«) oder
2. um mich herum (»objektive Sperrungen«)[80]

Vieles spricht dafür, beim Einzelmenschen einen grundlegenden »Trieb zur höchstgewerteten Gesamtheit der augenblicklich verwirklichten Lebensvorgänge« vorauszusetzen. Die Befriedigung dieses umfassenden »Triebes« wird — ebenso wie die Befriedigung jedes Einzeltriebes — zustimmend gewertet, seine Nichtbefriedigung ablehnend.

Je nach der Stärke eines Einzeltriebes bezeichnen wir die durch ihn herbeigeführte Verhaltensbereitschaft als »Neigung«, als »Bedürfnis« oder als »Sucht«. Können wir einer »Neigung« nicht nachgehen, ist das nicht so schlimm und durch ein anderes zustimmend gewertetes Verhalten, das zu dieser Zeit an die Stelle tritt, auszugleichen, zu überdecken. Sogar bei der Nichtbefriedigung von »Bedürfnissen« wird ein solcher Ausgleich in der Regel noch gelingen, wenn jeweils die Befriedigung eines anderen Bedürfnisses an die Stelle der nicht möglichen Bedürfnisbefriedigung treten kann. Dagegen ist die Nichtbefriedigung einer »Sucht« für den betreffenden süchtigen Menschen »unerträglich.« Dadurch wird jede »Sucht« zu einem Hindernis sinnvollen Wertens und Handelns.

»Gehemmt« werden kann andererseits aber letzthin jedes Verhalten, das auf ein Werten zurückgeht. Eine *»Hemmung«* entsteht dabei wie folgt: Eine Wertung, die ein Mensch neu erwirbt, richtet sich gegen eine bereits vorhandene Wertung, etwa gegen eine Wertung eines bestimmten Lebensvorgangs. Die Auswirkung der letzteren Wertung — und damit die Verwirklichung dieses Gewerteten — wird durch die *Gegenwertung* ganz oder zum Teil verhindert und aufgehoben. Ein Junge beispielsweise, der die Liebe und Anerkennung seiner Mutter nicht verlieren will, wird sich, etwa nach einem Umzug in sehr beengte Wohnverhältnisse, ihre Wertung von Ruhe und Rücksichtnahme — mittelbar wertend — zu eigen machen und sich mehr oder weniger still beschäftigen. Er ist dadurch in seinem äußeren Verhalten »gehemmt«. Kann er seinen Bewegungshunger, wenn vielleicht auch nur gelegentlich und nur heimlich, dennoch stillen, dann sichert ihm das eine zwar beeinträchtigte, aber doch noch seelisch gesunde Entwicklung. Außerdem bleibt ihm als ein gewisser Ausweg offen, wenigstens »in Gedanken« das zu tun und durchzuspielen, was er möchte.

Die Gegen-Einflüsse gegen jedes wilde Spielen und Toben können sich aber verdichten und verstärken. Sei es durch Rücksichtnahme des Jungen auf geliebte Menschen, sei es durch »erfolgreiche« Erziehungsmaßnahmen. Ist der »Trieb« zur Bewegung anlagemäßig nur schwach, kann sich der Junge als ein »ruhiges Kind« durchaus seelisch gesund entwickeln, zumal wenn ihm zustimmend gewertete »ruhige« Spiele und sonstige Betätigungen einen Ausgleich bieten und er auf Dauer die Gesamtheit der jeweils gewerteten Lebensvorgänge zustimmend wertet.

Auf Lebensvorgänge gerichtete Fähigkeiten und Verhaltensbereitschaften können bei ständigem Nichtgebrauch allmählich verkümmern.

Ist jedoch der »Trieb«, beispielsweise der Bewegungstrieb, anlagemäßig stark, dann können die Gegeneinflüsse unter Umständen zwar nicht den Trieb vermindern, aber durch Aufbau und

Stärkung von Gegenwertungen alle diejenigen Wertungen »hemmen«, das heißt in ihren Auswirkungen schwächen, die sonst der Befriedigung der auf den Trieb zurückgehenden Bedürfnisse dienen würden. Da die Hemmung in diesem Fall nicht nur das äußere Verhalten betrifft, sondern bereits die Wertungen, ist hierbei dann von einem »innerlich gehemmten Menschen« zu sprechen. Die innere Hemmung kann so weit gehen, daß sich der Mensch dagegen wehrt, sich die Wertungen, Gefühle, Gedanken oder Vorstellungen eines auf einen Trieb zurückgehenden Bedürfnisses überhaupt bewußt werden zu lassen: er *»verdrängt«* sie – mit all den Folgen einer solchen »Verdrängung«. Der anlagebedingte »Trieb« bleibt ja vorhanden und unterschwellig wirksam; dieses Spannungsverhältnis kann zu seelischen Störungen führen, etwa wenn das Verdrängte sich in sinnwidrigem Verhalten »Luft macht«, aber auch, wenn es bei schwer gehemmten Menschen zu Gefühlen der Furcht und der Angst kommt.

Ein solches Spannungsverhältnis, in dem eine schon vorhandene Wertung und Verhaltensbereitschaft von einer Gegenwertung »gehemmt« wird, kann auch auftreten, wenn eine erworbene Gegenwertung sich nicht gegen einen anlagebedingten Trieb, sondern gegen eine starke mittelbare Wertung richtet. Das kann also auch dann der Fall sein, wenn ein Mensch bei der Befriedigung starker auf Trughaltungen beruhender Bedürfnisse zu kurz kommt. Etwa wenn ein »verwöhnter« Mensch mit überhöhten Lebensansprüchen in die Lage kommt, daß er nicht mehr ständig geliebter Mittelpunkt seines Lebenskreises ist, sondern sich mit der ständigen Nichtbefriedigung seiner starken Schein-Bedürfnisse auseinandersetzen muß und sich damit nicht abfinden kann, zumal da er für die Aufgaben einer selbständigen Lebensgestaltung völlig ungerüstet ist.

Jedes Übermaß an stark ablehnend gewerteten Lebensvorgängen der Betätigung und des Erlebens kann seelische Störungen hervorrufen. Es sei hier nur kurz darauf hingewiesen, wieviel in solchen Fällen allein schon dadurch erreicht werden kann, daß der Helfende erst einmal alles tut, damit die Gesamtheit der au-

genblicklich verwirklichten Lebensvorgänge wieder zustimmend gewertet wird, und wieviel schließlich dadurch zu erreichen ist, daß die Wertungen und Gegenwertungen aufgearbeitet und am Richtungsweiser »höchstmöglicher Lebensreichtum« ausgerichtet werden — ein Weg, um dem Wiederauftreten des seelisch krankmachenden Spannungsverhältnisses entgegenzuwirken.[81].
Diese Zusammenhänge noch genauer und sicherer zu erkennen und nutzbar zu machen, bleibt nach wie vor eine wichtige Forschungsaufgabe.
Zu den Hindernissen sinnvollen Wertens und Handelns zählen aber nicht nur die *in mir* entstandenen Sperrungen (die »subjektiven Sperrungen«), sondern auch »Sperrungen *um mich herum*« (»objektive Sperrungen«). Soweit solche Sperrungen um mich herum in einem Mangel an »Arbeitskraft«, »Boden« oder an »Mitteln aus vorgeleisteter Arbeit« (an »Kapital«) begründet sind, bleibt zu untersuchen, ob diese *Mangelsperrungen* jeweils naturgegeben sind oder auf Fehler im Erkennen oder im Werten zurückgehen. Bei den Sperrungen durch »Fehler in der Ordnung wirtschaftlichen Zusammenwirkens« ist es offensichtlich, daß hier menschliches Erkennen beziehungsweise Werten versagt. Mindestens ebenso schwerwiegend ist das Versagen des Wertens bei allen Sperrungen durch »Gewalt«. Da es sich hierbei aber um zwischenmenschliches Verhalten handelt und nach dem »Wer« des Wertens zu fragen ist, sei hier auf den Abschnitt »5.4« verwiesen.

4.5 Rat

Einen Rat zu geben, ist ganz allgemein in vielen Fällen eine schwierige Aufgabe. Wir kennen das aus dem Alltagsleben: Auch wenn der Rat gesucht und erbeten wird, muß man sich oft erst in die Zusammenhänge des einzelnen Falles vertiefen. Verhältnismäßig leicht läßt sich ein Rat in der Regel nur dann geben, wenn jemand einen klaren Wissensvorsprung hat und damit einem anderen helfen kann.

Wenn aber der Rat nun gar nicht gesucht wird, wenn er ungebeten kommt? Dann stößt er oft genug von vornherein auf Ablehnung. Jemandem einen Rat aufdrängen zu wollen, ist ein ziemlich fruchtloses Beginnen.

Dieser Abschnitt soll deshalb auch lediglich dazu dienen, demjenigen eine Reihe von Hinweisen zu geben, der einen solchen Rat sucht. Das heißt: demjenigen, der es schon in einer obersten, richtunggebenden Wertung mehr oder weniger zustimmend wertet, in jeder einzelnen neuen Lebenslage jeweils in der Richtung auf »das große Leben« zu werten und zu handeln. Wer so zu werten bestrebt ist, wird wissen wollen, wie die zahlreichen möglichen Hindernisse auf dem Wege in Richtung auf »das große Leben« überwunden werden können; wie Teilziele auf diesem Wege besser verwirklicht werden können. Er wird für einen sachkundigen Rat offen sein, ihn in seine Überlegungen einbeziehen und gegebenenfalls gern beherzigen.

In den folgenden Ausführungen liegt das Schwergewicht daher vor allem auf der Wiedergabe von Fachkenntnissen und daraus zu ziehenden Schlußfolgerungen. Es handelt sich hier um den umrißhaften Versuch, das von vielen Forschern und Denkern erarbeitete Wissen über das menschliche Werten und Handeln im Hinblick darauf zu sichten und zu nutzen, wie weit es Hilfestellungen geben kann für die Überwindung der Hindernisse auf dem Wege in Richtung auf »das große Leben« und für eine bessere Verwirklichung von Teilzielen auf diesem Wege.

»Umrißhaft« muß dieser Versuch vor allem deswegen bleiben, weil eine allen Wertungen und Handlungen gemeinsame Grundrichtung auf »das große Leben« nach den Gesetzen der Begriffs- und Denkzusammenhänge nun einmal nicht anders als nur durch allgemeine Begriffe bestimmt und deutlich gemacht werden kann. Erst an diesen allgemeinen Begriffen lassen sich dann die Oberwerte und Einzelwerte messen, die inhaltlich mehr im einzelnen bestimmt sind. Mit anderen Worten: Die allgemeinen Begriffe dienen dazu, zu prüfen, welche Oberwertungen und Einzelwertungen in bestimmten Anwendungsbereichen und -fällen der Richtung auf »das große Leben« mehr gemäß sind und welche weniger.

Wertungen überprüfen: Dient das Gewertete dem höchstmöglichen Lebensreichtum?

Die Wertungen in meinem Wertungsgefüge entstehen im Laufe meines Lebens, ob ich es will oder nicht. Die Wertbildungsvorgänge laufen dabei — von Kindheit an — weitgehend ohne bewußte Selbstbeobachtung und Selbstprüfung ab. Immer wieder entstehen neben sinnvolleren auch weniger sinnvolle Wertungen. Darum ist es ratsam, jede Wertung, die mir — wann auch immer — gerade bewußt wird, sorgfältig unter der Frage zu prüfen: Dient das Gewertete dem höchstmöglichen Lebensreichtum? In den einzelnen Anwendungsbereichen führt diese Grundfrage zu besonderen Fragen, die in stärkerem Maße anwendungsbezogen sind: zu Fragen etwa nach dem Gesundheitsgemäßen, nach der bestmöglichen beruflichen Leistung, nach den besten Wegen, sich zu erholen und einseitige Beanspruchungen auszugleichen usw.

Die Grundfrage läßt sich jeweils unter zwei Gesichtspunkten stellen: Erstens ist zu überprüfen, was möglicherweise daran *schlecht* ist, daß ich das werte, was ich im gegebenen Fall gerade werte. Zweitens ist nach dem *Besseren* zu fragen und zu suchen, das heißt nach einer hier und jetzt möglichen sinnvolleren Wertung.

Eine solche Grundeinstellung ist im Alltag keineswegs allgemein verbreitet. Diese jeweils doppelte Fragestellung nach dem »Schlechten« und dem »Besseren« setzt nämlich begrifflich voraus, daß ich es — in einer obersten, richtungweisenden Wertung — bereits stark zustimmend werte, in jeder einzelnen Lebenslage jeweils in Richtung auf den höchstmöglichen Lebensreichtum zu werten und zu handeln; denn nur von daher frage ich ganz von selbst nach der Beziehung zwischen der Wertung, die mir jetzt bewußt ist, und den vorliegenden Lebens-Bedingungen in mir und um mich herum. Nur an diesen Bedingungen läßt sich ja das jeweils »Höchstmögliche« messen, das an Lebensreichtum erreichbar ist. Mit dieser Fragehaltung werte und handle ich zwar »bewußter«, doch keineswegs in ständiger prüfender Selbstbeobachtung; denn früher oder später wird mir diese Grundeinstellung zur »zweiten Natur« geworden sein. Übrigens: Ist eine solche Grundeinstellung erst einmal erreicht, dann wird sie sich auch mehr und mehr in einem entsprechenden Werten innerhalb der einzelnen Anwendungsbereiche niederschlagen. Hinzu kommt, daß uns gerade die Vorgänge des Wertens keineswegs alle bewußt werden; wenn wir davon sprechen, daß bewußtes »beziehendes Denken« in unser Verhalten einzuschalten sei, so heißt das nicht, daß es allein die ganze Arbeit tun könnte. Sein Beitrag liegt vor allem darin, unser Verhalten zu steuern. Das Bild vom »Reiter«, das Freud gebrauchte, und das vom »Wagenlenker«, wie es bereits in Platons »Phaidros« gezeichnet ist, können uns vielleicht helfen, dieses Kräfteverhältnis richtig zu sehen.

Immerhin: Nur an der jeweiligen Lebens-Bedingungslage in mir und um mich herum gemessen, läßt sich erkennen, wieviel von dem jeweils »höchstmöglichen« Lebensreichtum meine Wertung eigentlich anstrebt. Voraussetzung ist allerdings, daß ich die Bedingungslage so wirklichkeitsgetreu wie möglich erfasse. Vielleicht würde ja die Bedingungslage viel mehr an Lebensreichtum verwirklichen lassen, wenn ich nur mit einer angemesseneren, besseren Wertung an sie heranginge. In den Grenzen selbstverständlich, die geprüft und berücksichtigt werden müssen: Sind beispielsweise Hemmungen sinnvollen Handelns in mir wirksam oder kann ich hemmende Gegebenheiten um mich herum erkennen, die ich allein nicht ändern kann?

Um die Abstimmung auf die jeweiligen Möglichkeiten und Grenzen zu gewährleisten, ist es eine der wichtigsten Aufgaben der Selbstprüfung, auf eine ausreichende Verfügbarkeit von Wertungen und insbesondere auf die Auswechselbarkeit der Wertungen zu achten; denn nur eine sinnvolle »Übergegenständlichkeit« des Wertens gewährleistet ein Werten und Handeln in der Richtung auf »das große Leben«. Mein Werten darf nicht sinnlos-starr auf ein Ziel, auf einen Gegenstand gerichtet bleiben. Ist nicht beispielsweise ein Herstellungsunternehmen gut beraten, wenn es offen ist für das Erkennen und Werten besserer Rohstoffe, günstigerer Bezugsquellen und Lieferbedingungen, geeigneterer Herstellungsverfahren; oder ein Kaufmann, wenn er bereit ist, lohnendere Geschäftsbeziehungen zu erkunden und aufzunehmen sowie sein Angebot besser auf die Nachfrage abzustimmen; oder ein Arzt, wenn er wirksamere Heilmittel und -verfahren in seine Überlegungen einbezieht? Um wieviel mehr ist dieses »Offenbleiben« ganz allgemein anzuraten im Hinblick auf die Gesamtheit all unserer Lebens-Bedingungen in allen Anwendungsbereichen unserer Wertungen — als ein ganz allgemeines Offenbleiben für das Andere, insbesondere für das Sinnvollere!

Im gleichen Maße, wie es gelingt, beim Werten das Schlechtere durch das Bessere auszuwechseln und zu ersetzen, wird auf lange Sicht die »überdurchschnittliche Zustimmung« bewirkt und gesichert. Wenn jedoch die »überdurchschnittliche Zustimmung« nicht im Eilschritt — »schlagartig« — erreichbar ist, so liegt darin kein Gegenbeweis. Denn gerade die Beharrungskraft sinnwidriger Wertungen ist ein besonders schwer zu überwindendes Hindernis auf dem Wege zu einem sinnvollen Werten. Im Scheitern »guter Vorsätze« wird uns dieses Hindernis mitunter schmerzlich bewußt.

Unmerklich wirkt in vielen Fällen aber auch ein anderes Hindernis dem sinnvollen Werten entgegen: Erkenntnis- und Denkfehler gehen unauffällig in unsere Wertungen ein. Was wir heute »nach bestem Wissen und Gewissen« werten und tun, kann sich später als folgenschwerer Irrtum erweisen.

Haben wir immer genügend Einfallsreichtum, um uns unsere Fehler im Erkennen und Werten deutlich werden zu lassen? Auch die Fehlersuche bedarf des schöpferischen Denkens. Was schlecht ist an Wertungen, versteckt sich oft genug hinter wohlklingenden Namen, hinter Begriffen, die wir eigentlich dem zustimmend Gewerteten zuzuordnen pflegen — etwa wenn sich krasse »Rücksichtslosigkeit« als begrüßenswerte »Aufrichtigkeit« ausgibt. Durchschauen wir diese Tarnung?

Unser Spürsinn kann sich bei der Fehlersuche mittelbar von dem Richtungsweiser »höchstmöglicher Lebensreichtum« leiten lassen; man braucht die Fehler nur dort zu suchen, wo die Hindernisse sinnvollen Wertens unser Werten von dieser Richtung abzulenken pflegen. Mehrere Arten möglicher Hindernisse sind im Abschnitt »4.4« bereits beschrieben worden. Je mehr man sich darin übt zu erkennen, ob die jeweilige Wertung durch den Einfluß eines solchen Hindernisses mitbewirkt wurde, desto erfolgreicher gestaltet sich die Fehlersuche.

Gefahr erkannt, Gefahr gebannt? Das trifft nur bedingt zu. Denn unsere Aufgabe besteht hier in einer Art von »Lebensunfallverhütung«, die Tag für Tag von neuem mit einem anlagemäßigen Hang zu kämpfen hat, sich immer wieder gern auf die verschiedenen Wege sinnwidrigen Wertens locken und ablenken zu lassen: »Der liebe Gott muß immer ziehen, dem Teufel fällt's von selber zu.« Hinzu kommt, daß die aus eigener Kraft nicht zu überwindenden Hemmungen, die in mir oder um mich herum einem sinnvollen Werten und Handeln entgegenwirken, oft schwer durchschaubar sind.

Dafür aber, das Erkennbare — Hindernisse wie bessere Wege und Ziele — so weit wie möglich zu erkennen, lassen sich die Gesichtspunkte heranziehen, die in der nachfolgenden Übersicht kurz zusammengefaßt aufgeführt sind.

Um zu überprüfen, was möglicherweise *schlecht* ist an meiner augenblicklichen Wertung, kann ich mir jeweils Fragen stellen wie die links aufgeführten.	Um zu überprüfen, was als augenblickliche Wertung möglicherweise *besser* sein könnte, kann ich mir jeweils Fragen stellen wie die rechts aufgeführten.

Erste Fragerichtung:
Zusammenhanglosigkeit — Lebensbezogenheit

Werte ich das, was ich gerade werte, weil ich im allgemeinen sprunghaft, unzusammenhängend und bruchstückhaft einmal dieses und einmal jenes werte, wie ein Stück Holz im dahinströmenden Wasser einmal hierhin und einmal dorthin getrieben wird?	Was kann ich im vorliegenden Fall dazu tun, um meine Wertungen insgesamt noch besser miteinander in Einklang zu bringen? Welche Wertung fügt sich einer sinnvollen einheitlichen und folgerichtigen Selbststeuerung besser ein?
Fehlt meiner Wertung der Bezug auf die Verwirklichung von Lebensvorgängen? Fehlt ihr darüberhinaus der Bezug auf die Verwirklichung des »Höchstmöglichen« an Lebensreichtum? Bleiben durch meine Wertung sinnloserweise Möglichkeiten zu Lebensvorgängen ungenutzt?	Welche Wertung trägt unter den gegebenen Voraussetzungen zur Verwirklichung von Lebensvorgängen bei? Welche Wertung dient dem bei dieser Bedingungslage »höchstmöglichen« Lebensreichtum? Welche Gegebenheiten in mir und um mich herum können für welche sinnvollere Lebensverwirklichung gewertet und nutzbar gemacht werden?
Wie weit macht das »Wahrnehmungsdenken« meine Wertung sinnwidrig? Täusche ich mich in meinem Urteil über die Gegebenheiten der augenblicklichen Lage? Muß ich völlig andere Zusammenhänge als wirklich annehmen? Oder meine Erkenntnis der Bedingungszusammenhänge erst noch ver-	Was kann das »Beziehungsdenken« beisteuern, um zu einer sinnvolleren Wertung zu kommen? Welche Wertung ergibt sich aus einer berichtigten oder vervollständigten Wirklichkeitserkenntnis? Um den höchstmöglichen Lebensreichtum zu verwirklichen: Erkenne ich die Bedingungen dafür wirklich-

vollständigen? Erkenne ich erst dann die Bedingungslage wirklichkeitsgetreu – auch in ihrer Bedeutung als »Lebens-Bedingungslage«? Und das heißt: Verkenne ich im Augenblick noch die Möglichkeiten zur Lebensentfaltung, die sich nutzen oder schaffen lassen?	keitsgetreuer, wenn ich in meiner Lagebeurteilung umdenke? Wenn ich bestimmte Gegebenheiten und Zusammenhänge genauer erfasse, anders auffasse? Wie wird mir klarer, welche Lebensmöglichkeiten ich nutzen, welche ich schaffen kann und wie ich das kann?

Zweite Fragerichtung:

Sinnwidrige Wertbildung	Sinnvolle Wertbildung
Folge ich hier ohne Prüfung einem Haftwert? Hat sich ein Mittelwert zu einem Haftwert verselbständigt? Halte ich eine bloße Sammelwertung für eine der Bedingungslage gemäße Wertung? Richte ich mich nach einem Scheinbeziehungswert irrigerweise wie nach einem sinnvollen Beziehungswert?	Welcher Beziehungswert oder welche Beziehungswerte sind – ggf. auch über meine bisherige Wertung hinaus – angesichts der Bedingungen in mir und um mich herum sinnvoll? Welchen gebührt hierbei gegenüber etwaigen sinnwidrigen Haftwerten, Sammelwerten und Scheinbeziehungswerten der Vorrang?
Leitet mich eine Wertung, die ich von einem anderen Menschen übernommen habe, ohne zu prüfen, ob sie sinnvoll ist?	Wie kann ich in diesem Fall eine Wertung, die ich von einem anderen Menschen übernommen habe, daraufhin prüfen, ob sie sinnvoll ist?

Dritte Fragerichtung:

Fragwürdige Selbststeuerung	Vernünftige Selbststeuerung
Legt hierbei ein Vor-Urteil mir nahe: »Ich bleibe da-	Wie läßt sich ein enges vorurteils-, gewohnheits- oder

bei«? Sagt mir die Macht der Gewohnheit: »Das mache ich immer so«? Ist es die Stärke eines Triebes, die sich hinter dem »Ich kann nicht anders« verbirgt?	triebbestimmtes Werten überwinden? Welche Wertungen fallen mir ein, die es eher ermöglichen, eine Steigerung des Lebensreichtums zu erreichen?
Ist mein Wertungsgefüge für den vorliegenden Fall zu arm, um mir eine sinnvollere Auswahl an Wertungen zu bieten?	Wie kann ich in diesem Fall meine Auswahl an Wertungen vergrößern?
Weiß ich in diesem Fall keinen Weg, mein Werten zu ändern und sinnvoller zu gestalten?	Welche Wege gibt es im vorliegenden Fall, mein Werten zu ändern und sinnvoller zu gestalten?

Wertungen auf-, aus-, umbauen: Erfahrungen absichtlich aufsuchen

Als einer der Wege[82], Wertungen neu zu schaffen oder vorhandene Wertungen zu verstärken beziehungsweise abzuschwächen, steht uns der Weg der Erfahrung offen. Steuern nicht auch schon erfahrungsbedingte »Lernvorgänge« — auf einer entwicklungsgeschichtlichen Vorstufe unseres menschlichen Wertens — das Verhalten von Tieren? Und solange es Menschen gibt, machen sie nicht nur selbstverständlich *gezwungenermaßen* Erfahrungen, sondern suchen sie auch *absichtlich* Erfahrungen auf, um zu erkennen, was wirklich ist, und um werten zu können, was ihnen nützt. Der Weg der Erfahrung steht uns somit in vielen Fällen auch offen, wenn wir prüfen wollen, was dem Lebensreichtum dient. In manchen Fällen ist es sogar der einzige Weg, auf dem wir dabei vorankommen können.
Betrachten wir den Fall, daß eine Wertung beziehungsweise eine bessere Wertung *noch nicht erkannt* und noch nicht gewertet ist.

Oft wird ja erst durch eigene Erfahrung klar, wie etwas sinnvollerweise zu werten ist. Das heißt: Ob es zustimmend oder ablehnend zu werten ist, ergibt sich erst dann, wenn man es selbst sehen, selbst hören, selbst riechen und schmecken, selbst handhaben, selbst tun kann. Die Erfahrung lehrt zum Beispiel, ob eine Art der Speisezubereitung dem betreffenden Menschen bekommt, ob ein Heilmittel in einer bestimmten Menge die gewünschte Wirkung hat, ob ein Ding, eine Einrichtung, ein Verfahren die Erwartungen oder den Zweck erfüllt. Oder ob uns etwas Schaden zufügt: »Gebranntes Kind scheut das Feuer«.

Manchmal bringen wir uns jedoch um die Früchte der Erfahrung, wenn wir zu kurzatmig an die Erfahrung herangehen. Manchmal lassen sich Erfahrungen eben nicht von heute auf morgen »machen«, das heißt abschließend beurteilen und werten. Schwimmen, Langlauf oder Tanzen beispielsweise müssen erst geübt werden, bevor ein — gesunder — Mensch sagen kann, ob er diese Bewegungsabläufe seinen Anlagen und seiner gegenwärtigen Leistungsfähigkeit nach zustimmend wertet. Und das gleiche gilt für andere Arten von Leibesübungen, für Mannschaftsspiele, für viele körperliche Betätigungen überhaupt. Es trifft in entsprechender Weise aber auch auf die Vorgänge des Denkens zu. Den Inhalt eines Buches wiederzugeben, eine Stellungnahme auszuarbeiten, ein Streitgespräch zu führen — das alles muß erst gelernt und geübt werden. Erst dann ist das Urteil über die eigenen Erfahrungen tragfähig. Und nicht nur das Urteil über die unmittelbare Wertung eines anfangs ungeübten, mit der Zeit immer besser geübten Lebensvorganges verlangt diesen Aufwand, sondern selbstverständlich auch — trotz allen Könnens — jeder schwierige Erkenntnisvorgang, der erst nach längerer Arbeit, nach immer neuen Versuchen darüber Aufschluß gibt, was dem Lebensreichtum am besten dient.

Es ist ratsam, in den Jahren des Heranwachsens und der Bildungsfähigkeit eine genügende Anzahl verschiedener Lebensvorgänge einzuüben, die der jeweiligen Entwicklungsstufe entsprechen. »Was Hänschen nicht lernt, lernt Hans nimmermehr«: Und was Hänschen nicht zu werten lernt, das kommt Hans unter Umständen gar nicht mehr in den Sinn, so daß viele Möglichkeiten, den Lebensreichtum zu steigern, im Laufe des Lebens sinnloserweise ungenutzt bleiben.

Bei zustimmend gewerteten Erfahrungen sind jedoch auch die folgenden beiden Gefahren zu berücksichtigen. Was mir zur Zeit oder gar nur im Augenblick außerordentlich zusagt, kann auf lange Sicht schlechte Folgen haben. Der Drogengenuß ist nur ein Beispiel hierfür. Wir werden noch auf den Gegensatz zurückkommen, der zwischen einem »kurzsichtigen« Werten und einem Werten besteht, das über einen begrenzten Zeitraum hinausblickt.

Die zweite Gefahr: Was ich im Augenblick stark zustimmend werte, kann von anderen Menschen zu Werttonübertragungen mißbraucht werden, die letztlich vor allem diesen anderen Menschen zugute kommen und für die ich sehr bald oder aber erst später bitter bezahlen muß. Auf diesen Vorgang der »Verführung« wird im Abschnitt »5.0« noch einzugehen sein.

Welche Bedeutung die Erfahrung für das Leben der Menschen insgesamt hat, macht folgende Überlegung noch einmal deutlich: Das, was wir den Trieb der »Neugier« nennen, speist sich zum einen sicherlich aus dem Streben nach anlagemäßig zustimmend gewerteten Lebensvorgängen des *Wahrnehmens* überhaupt, zum anderen sicherlich auch aus dem Streben nach Erkenntnis, das heißt nach der Tätigkeit und den Ergebnissen der anlagemäßig zustimmend gewerteten Lebensvorgänge des *Denkens* im weitesten Sinne.

Diese vom Wahrnehmenwollen und Erkennenwollen »getriebene« Neugier führte die Menschen schon eh und je in immer neue Erfahrungen hinein. Diese Erfahrungen gingen anfangs wohl nur wenig über das hinaus, was dem Lebensunterhalt und dem Kampf gegen Feinde dienen konnte. Aber seit einigen Jahrtausenden entwickelte sich diese Neugier im weiteren Sinne über diesen engen Anwendungsbereich hinaus. Wahrnehmen und Erkennen als freie Lebensvorgänge — entbunden von den strengen Erfordernissen der Lebenssicherung — erbrachten eine wachsende Zahl von Entdeckungen, Erfindungen, Erkenntnissen. In vielen Bereichen der Grundlagenwissenschaften und der angewandten Wissenschaften können wir dieses Anwachsen inzwischen mit dem Anschwellen der Flut vergleichen, ja fast schon mit einer immer schneller immer größer werdenden Lawine.

Neue Entdeckungen, Erfindungen und Erkenntnisse aber eröffnen uns gegebenenfalls Wege zu neuen Wertungen. Grundsätzlich wird immer die Möglichkeit zu prüfen sein, aus den Ergebnissen der wissenschaftlichen Neugier auch Erkenntnisse zu gewinnen, die für uns neue sinnvolle Wertungen im Gefolge haben können. Eingeschränkt wird diese Möglichkeit allerdings in dem Maße, wie sich aus der Frage nach der sinnvollen oder sinnwidrigen Nutzung der Erfahrungserkenntnisse Bedenken ergeben. Der Mißbrauch von Erkenntnissen mit großer Reichweite hat eben auch seinerseits weitreichende schädliche Auswirkungen.

Auch ohne alle »Wissenschaft« jedoch stehen uns tausend Möglichkeiten offen, aus Erfahrungen — sei es in unserer gewohnten Umgebung, sei es auf Reisen oder sonstwo — neue Wertungen zu gewinnen.

Betrachten wir nun aber auch den Fall, daß eine Wertung beziehungsweise eine bessere Wertung *bereits erkannt* worden ist; daß ein »Wert-*Wissen*« durchaus schon gegeben ist, das Werten aber noch zu schwach ist, so daß eine solche Wertung anderen entgegengerichteten Wertungen unterliegen muß. In diesem Fall kann die absichtlich aufgesuchte Erfahrung eine überaus heilsame Rolle spielen: Das nämlich zu tun, ja einzuüben, von dem wir erst nur ein Wert-Wissen haben, stärkt die betreffende Wertung in all den Fällen, in denen es sich um Lebensvorgänge handelt, die wir anlagemäßig durchaus zustimmend zu werten vermögen. Oft geht es eigentlich nur darum, daß uns die ersten Schritte so schwer fallen. Einen Langlauf beispielsweise einfach zu beginnen und durchzuhalten, das Schwimmen immer wieder zu üben, entschlossen die Untersuchung einer schwierigen Frage zu übernehmen oder sich mutig in ein Streitgespräch darüber einzulassen: Bei allen solchen Tätigkeiten liegt die segensreiche Wirkung der Erfahrung darin, daß mit der Übung und Aus-

übung auch die zustimmende Wertung gestärkt wird — ganz unabhängig noch vom bekräftigenden oder entmutigenden Urteil anderer.
Wie schwer fällt es beispielsweise auch, beharrlich »weniger zu essen« als sonst, damit das Gewicht wieder besser »stimmt«. Wenn dann aber die ersten Pfunde herunter sind, stärkt diese Erfahrung die entsprechende Wertung, weniger zu essen, ungemein.
Dieser Bedingungszusammenhang des Wertens ist nicht nur im Bereich unserer Tätigkeiten gegeben, sondern — ganz ähnlich — auch im Bereich unsererers Erlebens. Allerdings kann man Gefühle nicht bewußt auslösen. Man kann sich aber absichtlich in eine Lebens-Bedingungslage (Lebenssituation) bringen, die aller Voraussicht nach zu einer bestimmten Art des Erlebens führen wird. Denken wir beispielsweise an den Besuch einer ernsten Gedenkfeier oder daran, daß wir für einen Abend eine Gruppe junger Menschen einladen, die dafür bekannt sind, daß in ihrer Gegenwart eine fröhliche Stimmung herrscht.

Wertungen auf-, aus-, umbauen: Erfahrungen in Gedanken vorwegnehmen

Betrachten wir auch hier wieder zuerst den Fall, daß eine Wertung beziehungsweise eine bessere Wertung *noch nicht erkannt* worden ist.
In vielen Fällen kann ich es mir ersparen, unangenehme Erfahrungen selbst machen zu müssen, sofern ich über genügend Vorstellungs- und Einbildungskraft verfüge sowie über die Fähigkeit, in gedanklicher Arbeit daraus Schlußfolgerungen zu ziehen. Wenn ich die Erfahrungen, die ich unter bestimmten Bedingungen machen würde, in Gedanken durchzuspielen vermag, dann beeinflußt dieses Bewußtseinsgeschehen auch meine Wertungen. Einerseits ist es dabei möglich, daß sich dieses Spiel, diese Arbeit der Gedanken nur aus meinem Erfahrungsschatz, aus meinem eigenen Wissen und Nachdenken speist, in das

selbstverständlich im Laufe des Lebens Erfahrungen und Wissen anderer eingegangen sind. Andererseits kann ich jedoch auch zur Gewinnung und Änderung von Wertungen absichtlich die Erkenntnisse anderer über Sachverhalte und Bedingungszusammenhänge heranziehen: Zahlen ermitteln, mir genaue Unterlagen verschaffen, Sachkenntnis- und Wissensquellen nutzen.

Wenn aber eine Wertung beziehungsweise eine bessere Wertung *bereits erkannt* ist, dann kann ich um so erfolgreicher Erfahrungen in Gedanken vorwegnehmen, wenn ich mein Wissen um Sachverhalte und Zusammenhänge vermehre — etwa durch Lehr- und Fachbücher, durch Heranziehen von Zahlenwerten und eigene Berechnungen, durch eigenes Überlegen und Durchdenken. Ich kann ganz sachlich — ohne noch auf die Wertungen anderer Bezug zu nehmen — Beispiele aus Vergangenheit oder Gegenwart betrachten und durchleuchten oder Entwürfe, die andere ausgearbeitet haben, »durchrechnen« und in Gedanken durchspielen.

Wertungen auf-, aus-, umbauen: Sinnvolle Wertungen anderer übernehmen

Es gibt jedoch auch einen Weg, der es mir erlaubt, mir sowohl eigene unangenehme oder schädigende Erfahrungen zu ersparen als auch den übergroßen Zeitaufwand und die Irrtümer, die ja unter ungünstigen Umständen der Preis eigenen Vorstellens und Nachdenkens sind. Gemeint ist die Übernahme sinnvoller Wertungen anderer Menschen.

Was ohne bewußte Absicht in der Kindheit ganz von selbst geschieht — wir übernehmen Wertungen Älterer und vermeiden dadurch Gefahren, beziehungsweise sichern oder steigern unseren Lebensreichtum —, das setzt sich mehr oder weniger bewußt in späteren Jahren fort. Sei es, daß wir uns unmittelbar nach dem Beispiel richten, das uns ein Mensch vorlebt, sei es, daß wir mittelbar auf Lebenserinnerungen anderer oder Beschreibungen ihres Lebens, auf Berichte über erfolgreiche Unternehmungen zurückgreifen.

Gleicht es nicht insgesamt einem breiten, mächtigen Strom, was an Lebenserfahrungen und Wertungen von Menschen an andere Menschen, jüngere zumeist, weitergegeben wird? Nicht nur im alltäglichen Miteinanderleben und seinen Gesprächen. Sondern etwa auch in den vielfältigen Bildungseinrichtungen – von den Schulen bis zu den Büchereien, von den Aufführungen bis zu den Ausstellungen. In Fachbüchern verbinden sich vielfach Sachkunde und Verfahrensdarstellungen mit Wertungen. Geschichts- und Berichtbände halten fest, wie neben sinnwidrigem auch sinnvolles Verhalten verwirklicht werden kann. Auf vielen Sachgebieten laden Musterbeispiele ein, durch Teilnahme – eigene Mit-Erfahrung – aus ihnen Gewinn zu ziehen oder wenigstens durch eine Besichtigung oder durch Auswertung von Berichten.
In dem Maße, in dem es dem Erziehungs- und Ausbildungswesen einer Gemeinschaft von Menschen gelingt, mit dem Sachwissen auch das sinnvolle Werten an die jungen – und auch die älteren – Menschen weiterzugeben, in demselben Maße trägt es dazu bei, daß das Wertungsgefüge dieser Menschen zu einer sinnvollen Wirkenseinheit in ihrem Leben wird – das heißt: zur Teilbedingung für ein Lebensgeschehen, das durch einen hohen Lebensreichtum gekennzeichnet ist.

Wertungen auf-, aus-, umbauen: Einzelwerte unter tiefverankerte Oberwertungen unterordnen

Auf Oberwertungen, d. h. auf gewertete Oberbegriffe, Bezug zu nehmen gehört beispielsweise zu den alltäglichen Vorgängen der Rechtsprechung. Wenn zwei sich streiten und keinen anderen Weg sehen, als nach dem Richter zu rufen, dann haben in der Regel auf jeder der streitenden Seiten die Rechtsanwälte zu tun. Die Arbeit der Anwälte besteht zu einem guten Teil darin, die Sachverhalte und Absichten der Streitenden unter die Oberbegriffe unterzuordnen, die im geltenden Recht – neben vielen Einzelbestimmungen – als gebietende oder verbietende

Richtbegriffe festgesetzt worden sind. Die oft mühevolle und langwierige Arbeit der Urteilsfindung macht deutlich, daß sich die Heranziehung von Oberbegriffen keineswegs immer von selbst versteht. Der eine Anwalt verweist etwa anklagend auf den einen Oberbegriff, beispielsweise »Treu und Glauben«, gegen den verstoßen worden sei, der andere Anwalt bezieht sich dagegen verteidigend auf einen anderen Oberbegriff, zum Beispiel auf die »Vertragsfreiheit«.

Doch gehen wir nicht auch im Alltag immer wieder auf Oberbegriffe zurück? Sie kommen uns entweder von selbst in den Sinn, oder wir ermitteln sie und machen sie uns bewußt im Zuge unserer Überlegung und Erwägung, im Zuge des Sich-Bedenkens und Sich-Besinnens.

Wenn ein kleiner Junge in Versuchung ist, sich dadurch einen Vorteil zu verschaffen, daß er eine von ihm gegebene Zusage nicht einhält, dann fällt ihm vielleicht gerade noch rechtzeitig ein, daß man doch eigentlich »ein Versprechen halten muß«. »Ein Versprechen halten« ist ein allgemeiner Begriff, der auf viele einzelne Fälle zutrifft. Und wenn dieser Oberbegriff als Oberwertung tief verankert ist, dann kann und wird der so wertende Mensch immer wieder darauf zurückgreifen und ganz von selbst darauf zurückkommen.

Die verhaltensprägenden Oberwertungen bestimmen geradezu den Begriff, den man von einem Menschen hat; denn auf die Frage »was für ein Mensch« jemand sei, suchen wir eine Auskunft weitgehend in den verhaltensprägenden Oberwertungen. Den Menschen, der »ein Versprechen zu halten« pflegt, würden wir beispielsweise einen »zuverlässigen« Menschen nennen. Einen anderen Menschen aber, der stattdessen — Versprechen hin, Versprechen her — als Oberwert mehr den »augenblicklichen Genuß« hochzuhalten pflegt und davon sein Verhalten in immer neuen Fällen bestimmen läßt, würde man weit eher etwa einen »genußsüchtigen« Menschen oder einen »Genußmenschen« nennen. Bei manchen Menschen wird das Verhalten von Oberwertungen geprägt, die uns nicht ohne weiteres zusammenzupassen scheinen, zum Beispiel wenn wir von einem Menschen sagen können: »Er ist in allem sehr genau, kann aber oft auch sehr großzügig sein«.

Oft beziehe ich mehrere Oberwertungen zugleich in mein Werten ein; denn in einem und demselben Augenblick kann meine Auffassung der Lage (Situation) mir nahelegen, einen bestimmten Oberwert oder einen anderen oder noch weitere Oberwerte heranzuziehen. Verspüre ich etwa gerade Hunger, dann kann ich es gleichzeitig zustimmend werten, »zu essen«, »gut zu essen«, »preiswert zu essen«, »gesund zu essen«, »etwas Neues kennenzulernen«, »in Gesellschaft freundlicher Menschen zu essen« und »in angenehmer räumlicher Umgebung zu essen« — dies alles sind über die Anwendung im vorliegenden Einzelfall hinausreichende Oberwertungen. Inmitten einer Großstadt habe ich vielleicht sogar eine so große Auswahl an Gaststätten, daß ich durchaus eine Möglichkeit finde, mein Handeln zugleich nach allen diesen Oberwerten auszurichten.

Schwieriger wird der Fall für mich unter Umständen, wenn eine Entscheidung auf mich zukommt, wie ich sie nur selten zu fällen habe, noch dazu vielleicht eine Entscheidung, die weittragende Folgen hat. Will ich zum Beispiel meinen Arbeitsplatz oder überhaupt meine berufliche Tätigkeit wechseln, dann werde ich mir in ähnlicher Weise verschiedene Oberwertungen bewußt machen und sie in meine Überlegungen einbeziehen. Das Angebot einer neuen Tätigkeit suche und beurteile ich etwa danach, ob und wie weit die neue Aufgabe meinen Neigungen und Fähigkeiten entgegenkommt, ob die Bezahlung einen bestimmten Betrag nicht unterschreitet, ob und wie weit die übrigen Leistungen des Unternehmens bestimmte Ansprüche, die ich stelle, erfüllen, wie hoch der Wohn- und Freizeitwert des Arbeitsortes für mich und meine Angehörigen ist beziehungsweise ob der Zeit- und Kostenaufwand für den täglichen Hin- und Rückweg in einem bestimmten Rahmen bleibt, ob und wie weit schließlich einzelne Arbeitsbedingungen bestimmten Anforderungen meinerseits entsprechen. Viele der Beurteilungsgesichtspunkte sind dabei für mich — als Oberwerte — nicht in genauen Einzelheiten, sondern in einer allgemeineren Weise »vorgegeben«.

Solange ich mich noch nicht entschieden habe, bewirkt das Heranziehen solcher Oberwerte zweierlei. Zum einen bewähren sie sich als Prüfsteine (Kriterien) für die in Frage stehende Wertung, zum Beispiel für die Wertung der neuen beruflichen Tätigkeit. Zum anderen wird die Stärke der herangezogenen Oberwertungen zur mitwirkenden Bedingung in dem gerade ablaufenden Vorgang des Wertens. Es ist, als legte man immer mehr Gewichte auf eine der beiden Waagschalen: auf die der Zustimmung oder auf die der Ablehnung. Die herangezogenen Oberwertungen werden — in unserem Beispiel — meine Wertung, die neue Tätigkeit zu übernehmen, entweder verstärken oder abschwächen.

Immer wenn es darum geht, Wertungen, die noch schwach sind, zu verstärken, steht uns also auch in diesem Verfahren, »tiefverankerte Oberwertungen als Hilfswertungen heranzuziehen«[83], ein außerordentlich wirksames Mittel zur Verfügung. Voraussetzung ist lediglich, daß die Wertungen, um die es im Einzelfall geht, begrifflich der Richtung untergeordnet werden können, in die die herangezogenen Oberwertungen weisen.

Unser Denkvermögen befähigt uns, vom Besonderen zum Allgemeinen aufzusteigen und eine augenblickliche Lebenslage damit einer von mehreren allgemeinen Arten von Lebenslagen zuzuordnen, die je durch bestimmte begriffliche Merkmale gekennzeichnet sind. Auf diesem Wege kann ich mir zusätzlich zu einer Wertung, die mir im vorliegenden Fall ins Bewußtsein kommt, eine oder mehrere Oberwertungen ins Bewußtsein rufen. Diese Fähigkeit macht es mir möglich, die Stärke bereitstehender Oberwertungen in Augenblicken der Überlegung und der Entscheidung zu Hilfe zu nehmen und meinem Werten zusätzliche Kraft zu verleihen — oder zu einer versuchsweise vorgenommenen Wertung Gegengewichte zu schaffen.

Darin liegt auch die Bedeutung, die bestimmte »Leitbilder« und ein bestimmter »Lebensplan« für mein Werten und Handeln haben, vorausgesetzt, daß es tatsächlich sehr stark gewertete umfassende Oberwertungen sind und nicht nur schattenhafte, schwache Wunschbilder.

Je sinnvoller die herangezogenen Oberwertungen sind, desto weniger wird die Verstärkung zugleich zur Verfestigung im Sinne eines unbeweglichen, kleinlich festgelegten »So und nicht anders!«; denn sinnvolles Werten wird und bleibt geschmeidig und offen für die Fragen: Wäre es noch besser, meine Wertung gegen eine andere Wertung auszuwechseln? Wäre es noch besser, meine Wertung durch eine zusätzliche Wertung zu ergänzen? Man hat die Fähigkeit, vom Besonderen zum Allgemeinen aufzusteigen, mit der Bewegung eines Hubschraubers verglichen. Unter dieser »Hubschrauber-Eigenschaft« des Erkennens und Wertens versteht man die Fähigkeit, Einzelfragen von einer höheren Warte aus zu betrachten, das heißt: sie einerseits Allgemeinbegriffen unterzuordnen, sie andererseits in größeren Zusammenhängen zu sehen. Und hat man erst einmal eine Übersicht über größere Bedingungszusammenhänge, dann gewinnt man um so schneller dort wieder Boden unter den Füßen, von wo aus man am sinnvollsten auf eine Steigerung des Lebensreichtums hinwirken kann.

Wertungen auf-, aus-, umbauen: Dem Wertungsgefüge Einheitlichkeit und Geschlossenheit geben

Für den absichtlichen Um- und Ausbau seiner Wertungen stehen dem Menschen mithin verschiedene Wege offen: absichtlich aufgesuchte oder in Gedanken vorweggenommene Erfahrungen, Übernahme der Wertungen anderer oder auch Unterordnung von Wertungen unter schon bestehende Oberwertungen. Ein Mensch kann auf diesen Wegen irrigen Wertungen entgegenwirken, er kann neue oder schwache Wertungen absichtlich verstärken. Doch selbst in dem Fall, daß jemand auf allen bereits genannten Wegen einzelne seiner Wertungen umbaut oder ausbaut, ist noch nicht gewährleistet, daß ihm eine wirklich durchgreifende Selbststeuerung in einheitlicher Richtung möglich ist. Hierfür reicht es nicht aus, daß der Neu-, Aus- oder Umbau *einzelner* Wertungen absichtlich herbeigeführt werden kann.
Nur wenn der Mensch fähig wird, sein *gesamtes* Werten in der

Weise zu überprüfen und auszurichten, daß es Einheitlichkeit und Geschlossenheit gewinnt, erst dann wird er im Handeln die von ihm bejahte Richtung weitgehend einhalten können, erst dann wird sein Handeln von ihm im höchsterreichbaren Maße »selbstgesteuert« sein — und zwar sowohl sein Handeln nach reiflicher Überlegung, als in der Regel auch sein Handeln aus der plötzlichen Eingebung des Augenblicks heraus (sein »spontanes«, sein »impulsives« Handeln)[84].

Über die Ausrichtung des Gesamtverhaltens eines Menschen entscheiden die *tragenden Grundwertungen, die sein Wertungsgefüge bestimmen* (seine »strukturgebenden Grundwertungen«); von »tragenden Grundwertungen« sprechen wir, wenn eine umfassende Oberwertung oder wenige umfassende Oberwertungen bei einem Menschen den beherrschenden Platz in seinem Wertungsgefüge einnehmen, sei es zum Beispiel »Offenheit« oder »Pünktlichkeit« oder »Mut«, oder seien es Oberwertungen, die ein entgegengesetztes Verhaltensbild zur Folge haben[85].

Stimmen bei einem Menschen die für die Ausrichtung seines Verhaltens maßgebenden Grundwertungen — etwa »berufliche Leistung« und »behaglicher Lebensgenuß« — nicht miteinander überein und hat er keinen übergeordneten Wertmaßstab, dann schwankt seine Haltung einmal nach der einen, einmal nach der anderen Seite. Fehlen in seinem Wertungsgefüge aber überhaupt beherrschende, richtunggebende, verhaltensprägende Oberwertungen, dann vermissen wir bei einem solchen Menschen jede Folgerichtigkeit und Einheitlichkeit des Strebens. Er wirkt »haltlos«. Ihm fehlt jeder Ansatz zu einem umfassenden »Wollen« in der Bedeutung von »Selbststeuerung«[86].

Starke Grundwertungen umzubauen erfordert viel Aufmerksamkeit und Kraft. Aber grundsätzlich geurteilt, ist der Mensch durch sein mittelbares Werten — unter Einschaltung seines Denkens — in der Regel fähig, jede einzelne seiner Wertungen um- oder abzubauen, und sei es auch die stärkste Oberwertung[87]. Je mehr es uns gelingt, »das große Leben« als umfassendste Oberwertung aufzubauen und zu stärken, desto eher gelingt es uns auch, uns von »kleineren« Zielen zu befreien, von denen wir sonst schwerlich loskommen würden. Hierbei gilt eben auch in ganz umfassendem Ausmaß, daß – wie man zu sagen pflegt – das Bessere nun einmal der Feind des Guten ist.

Alle Möglichkeiten ausschöpfen, wie ich insgesamt sinnvoller werten und handeln kann

Was läßt sich raten, damit das Werten eines Menschen insgesamt in der Richtung auf den höchstmöglichen Lebensreichtum wirkt? Für die Ausprägung und Ausrichtung des einzelmenschlichen Wertens erweist es sich als ausschlaggebend, daß das Wertungsgefüge dieses Menschen Einheitlichkeit und Geschlossenheit gewinnt. Einheitlichkeit und Geschlossenheit sind also auch ausschlaggebende Bedingungen dafür, daß das Werten eines Menschen insgesamt dem »*höchst*möglichen« Lebensreichtum dient. Richten wir unseren Blick bei diesen Überlegungen zunächst auf das »*Wie*« des Wertens. Unter dem »Wie« meines Wertens ist doch wohl die Art und Weise zu verstehen, in der meine Wertungen entstehen und ferner die Art und Weise der Entwicklung und Wirkung meiner Wertungen – im Verbund meines Wertungsgefüges – im Laufe meines Lebens. Das »Wie« meines Wertens ist, alles in allem, die Art und Weise des Entstehens und Vergehens, des Wirkens und Zusammenwirkens meiner Wertungen. Das »Wie« ist, anders ausgedrückt, sozusagen mein »Umgang« mit dem »Was«. Hierbei liegt mein Beitrag zum höchstmöglichen Lebensreichtun darin, in einem – in sich einheitlichen und geschlossenen – Umgang mit dem »Was« alle Möglichkeiten auszuschöpfen, *wie* ich sinnvoller werten und handeln kann.

Das »Wie« ausschöpfen:
(1) Mit Blick auf das Wertungsgefüge bestimmte Wertungen auf-, aus-, umbauen

Der Gedanke, man könnte das Gebäude eines für einen bestimmten Menschen sinnvollen Wertungsgefüges so voraussetzungslos verwirklichen, als zeichnete man dies alles auf ein unbeschriebenes Blatt, ist allerdings völlig wirklichkeitsfremd; denn jede Bemühung um ein sinnvolles Wertungsgefüge muß an einem schon verwirklichten und zumindestens teilweise sinnwidrigen Wertungsgefüge ansetzen. Die Aufgabe besteht darin, dieses Wertungsgefüge auszubauen, umzugestalten und in wichtigen Teilen neu zu errichten.

Gerade für diese Aufgabe des Auf-, Aus- und Umbaus von Wertungen gibt uns die *Lehre von den richtunggebenden Grundbegriffen, den Maßstäben des Verhaltens* (die »Ethik«) zuverlässige Hinweise, sofern sich diese Lehre als *Wissenschaft der Willenserziehung* oder *Willensbildung* (als »willenspädagogische Wissenschaft«)[88] versteht. Für die so verstandene »Wissenschaft von der Willensbildung« (»Ethik«) liegt eine Hauptaufgabe darin, mit dem Auf-, Aus- und Umbau bestimmter Wertungen denjenigen Wertungen »entgegenzusteuern«, die uns von der Richtung auf den höchstmöglichen Lebensreichtum wegführen.

Von besonderer Bedeutung sind dabei Einfluß und Gewicht einer Wertung im Verbund des Wertungsgefüges, ihre Gewichtung gegenüber den übrigen Wertungen im Wertungsgefüge eines Menschen. Die Abwertung (Kritik) von Verhaltensweisen setzt viel zu oft an Einzelerscheinungen an. Die Gegensteuerung muß aber das gesamte Wertungsgefüge im Blick haben, um sinnvoll zu sein.

Jedes bloße »Nein« zu einer Wertung bleibt allerdings auf halbem Wege stehen, bleibt unvollständig. Jede Forderung nach einem bloßen »Umdenken« muß leer bleiben, solange nicht die sinnvolle *andere* Richtung begrifflich klar geworden ist.

Hinzu kommt aber die grundlegende Gesetzmäßigkeit, daß wir einmal entstandene Wertungen kaum jemals wieder völlig zum Verschwinden bringen können. Wir tun vielmehr gut daran, andere Wertungen auf- oder auszubauen und sie so stark zu machen, daß sie unser Werten und Handeln bestimmen. Das ist aber immer erst dann der Fall, wenn diese anderen Wertungen so viel Gewicht gewonnen haben, daß sie sinnwidrige Wertungen »überdecken«[89]. Darin, mittels kraftvoller Gegensteuerung in zustimmend gewerteter Richtung ein sinnvolles Vorwärtskommen zu erreichen, ist der Hauptweg zu sehen, um sinnwidrige Wertungen zu überwinden.

Wenn wir über genügend starke sinnvolle Beziehungswerte, insbesondere Oberwerte, verfügen, dann erhält sogar die große Zahl von Haftwerten, die sich im Laufe des Lebens gebildet hat, für uns eine völlig andere Bedeutung: Ihre verhaltensbestimmende Rolle haben sie zwar ausgespielt, als gefühlsauslösende Wertungen können sie dennoch durchaus der Steigerung des Lebensreichtums dienen.

Wie schon festgestellt, gilt hier nur bedingt der Satz »Gefahr erkannt, Gefahr gebannt«. Zu tief steckt in uns der Hang, wahrnehmungsgebunden, beziehungslos, »klein« zu werten. Die Beharrungskraft sinnwidriger Wertungen und Gewohnheiten legt es uns nahe, den Spannungsbogen nicht zu kurz anzusetzen. Wer zu früh aufgibt, kann weit an der eigentlichen Vielfalt und Fülle seiner anlagemäßigen Fähigkeiten und Möglichkeiten vorbeileben.

Prüfen wir auch immer wieder, ob grundlegende, sinnvolle Wertungen von Lebensvorgängen ganz einfach deswegen kraftlos wurden, weil ich diese Lebensvorgänge zu wenig geübt und ausgeübt habe! Vielleicht mußte ich auch unter dem Zwang, einen Beruf zu erlernen beziehungsweise Geld zu verdienen, Lebensvorgänge zurückstellen und vernachlässigen. Kann die unterbliebene Übung und Ausübung nachgeholt werden? Wäre dieses Nachholen nicht schon allein deswegen zu empfehlen, um Einseitigkeit auszugleichen, um schlechte Gewohnheiten zu überwinden, um die Selbstverwirklichung zu steigern, um sinnlosen Abhängigkeiten entgegenzuwirken?

Und prüfen wir unsere Wertungen auch mit der Gegenfrage: Was ist an Wertungen und Verhaltensweisen nur deswegen zu kräftig ins Kraut geschossen, weil es zur Gewohnheit wurde? Weil es — aus welchen Gründen auch immer — lange oder stets von neuem im Mittelpunkt stand? Wenn es schon außerordentlich schwierig ist, bei mir selbst zu erkennen, wann ich beginne,

etwas »nur aus Gewohnheit« zu werten und zu tun, so kann ich doch bei einer Überprüfung fragen: Was werte ich lediglich, weil ich es so gewohnt bin, weil ich es »immer schon so gemacht habe«? Erkenne ich diesen Sachverhalt, etwas bloß aus Gewohnheit zu tun, nicht auch daran, daß mir andere Wertungen und Verhaltensweisen durchaus ins Bewußtsein kommen, die ich mir anstelle der gewohnten »genauso gut vorstellen könnte«, ohne daß ich jedoch die Kraft fände oder auch nur die Versuchung verspürte, sie zu verwirklichen? Es ist also ratsam, das Bewußtsein und dann auch das Werten für diese anderen Möglichkeiten offenzuhalten.
Sinnvoll ist es jedenfalls, sich Gewohnheitsbildungen bewußt zu machen. Sinnvoll ist ganz gewiß, gute Gewohnheiten einzuüben und sie auszuüben, wo dies dem Lebensreichtum dient; andererseits aber Gewohnheiten wieder überwinden und außer Kraft setzen zu können, wenn sie sich lebensfeindlich auswirken.

Das »Wie« ausschöpfen:
(2) Das »beziehende Denken« möglichst voll einschalten

Wie immer wir unsere Enge im Werten zu überwinden suchen — ob es uns nun beispielsweise gelingt, unsere Gewohnheiten als solche zu durchschauen, ob uns unsere »Neugier« oder unser »Vorstellungs- und Einfallsreichtum« Neues sichtbar macht: Was immer wir uns dabei an »anderen Möglichkeiten« bewußt gemacht haben, bedarf — wie selbstverständlich auch alle bestehenden Wertungen — der Prüfung durch das »beziehende Denken«. In sorgfältiger Denkarbeit müssen wir versuchen herauszufinden, wieweit diese »anderen Möglichkeiten« dem höchstmöglichen Lebensreichtum dienen. Welche Denkfehler wir erkennen und berichtigen können. Wie wir erreichen, daß alle unsere Wertungen letztlich miteinander übereinstimmen und unser Werten nicht in unzusammenhängende Einzelstrebungen auseinanderfällt. Die unser Handeln bestimmenden Wertungen dürfen sich nicht verzetteln und womöglich gegenseitig wieder

aufheben: etwa »jeden Donnerstag Mannschaftsspiel im Sportverein — jeden Freitag Vollrausch«.
Gerade die Einschaltung des »beziehenden Denkens« in unser Werten gibt uns aber immer wieder neue Anstöße, nach möglichen anderen oder zusätzlichen Lebens-Bedingungen Ausschau zu halten.
Ergibt sich daraus nicht — für den einen mehr, für den anderen weniger dringend — die Notwendigkeit, ein Verfahren (eine Technik) der Erschließung neuer Erkenntnisse zu entwickeln und insbesondere für Sachgebiete, mit denen wir laufend zu tun haben, regelmäßig möglichst ergiebige Träger (Medien) ständiger Berichterstattung zu nutzen? Und diese Nutzung ist beispielsweise noch lange nicht dadurch erfolgt, daß man in stiller Sammelwut Fachzeitschrift neben Fachzeitchsrift aufs Bücherbrett stellt.
Die Einschaltung des Denkens in das Werten schlägt sich ja nicht zuletzt darin nieder, daß wir in unserem Erkennen das Beziehungsgewebe des Weltgeschehens immer wirklichkeitsgetreuer ausbauen und gliedern — insbesondere unter dem für das Werten wesentlichen Gesichtspunkt der Lebens-Bedingungen und ihrer umfassenden Zusammenhänge. Schritt für Schritt verlieren dadurch die Haftwerte, Sammelwerte und Schein-Beziehungswerte ihre lebenshemmende Bedeutung in unserem Werten. Im gleichen Maße, in dem wir bei allem Werten die Lebensbezogenheit durchhalten, sind auch die Lebensvorgänge des Wahrnehmens für uns vollwertige Bestandteile des Lebensreichtums. Unter der gleichen Voraussetzung darf man dann auch den Haftwerten zubilligen, als unsere Sinne ansprechendes »Zubehör« unser Leben erfreulicher und reicher zu machen. Wir dürfen uns nur nicht durch Haftwerte zu einem sinnwidrigen Werten verleiten lassen.
Zum »beziehenden Denken« gehört auch die Fähigkeit, von den Besonderheiten des jeweils vorliegenden Einzelfalles zu lebensbezogenen Oberwertungen aufzusteigen. Diese »Hubschrauber-Wirkung« ist sinnvollerweise immer wieder zu üben. Ein darin ungeübtes Denken verfehlt eher die maßgebenden Beziehungen

und gelangt vielleicht zu irgendwelchen »auffälligen« Oberwertungen, das heißt zu bloßen »Sammelwertungen«, indem es etwa Speisen nach Äußerlichkeiten beurteilt: Sind sie »süß«? Sind sie »teuer? Im »beziehenden Denken« gelingt es uns jedoch, zu sinnvollen Oberwertungen »aufzusteigen«, etwa zum »Gesundheitsgemäßen«. Und von dort gilt es mit dem Blick für die gegenwärtigen Möglichkeiten wieder »abzusteigen«, das heißt den sinnvollen Oberwert zum Beispiel auf die gerade zu beurteilende Speise zu beziehen und entweder diese oder stattdessen etwas anderes wertend zu bejahen. Zu üben ist also, im verhaltensbestimmenden Werten bei der jeweils *sinnvollsten* Lebens-Bedingung zu »landen«. In unserem Beispiel würden wir unter Umständen wohl diejenige Speise wählen, die im Rahmen des Angebots vergleichsweise am besten aussieht, duftet und schmeckt, die Abwechslung bringt, nahrhaft, preiswert und gesund ist. Im Zuge eines jeden solchen »Hubschrauber-Vorgangs« sucht das »beziehende Denken« zu lebensbezogenen Oberwertungen zu gelangen und so »von höherer Warte« zu überschauen, zu prüfen und abzuwägen, was an Teilzielen der Lebensverwirklichung und was an Mitteln in der gegebenen Bedingungslage zu erkennen, zu erreichen und vorzuziehen ist. Auf diese Weise können wir das eigene Werten und Handeln den jeweiligen Lebens-Bedingungen anpassen. Diese »Anpassung« wird nur dann durch eine Haltung des *Erleidens* (der »Passivität«) gekennzeichnet sein, wenn ich überzeugt bin, mich durch mein Hinnehmen und Ertragen oder durch mein erzwungenes Tun solchen Gegebenheiten anbequemen oder unterwerfen zu müssen, die ich nicht ändern oder beeinflussen kann. Diese »Anpassung« ist aber immer dann durch eine Haltung des eigenen *Tätigseins* (der »Aktivität«) gekennzeichnet, wenn wir erkennen, daß bestimmte Gegebenheiten von uns ausgewählt beziehungsweise beeinflußt und geändert werden können und wenn wir danach streben, diese Gegebenheiten unseren Zielvorstellungen anzugleichen.

Die »tätige Anpassung« (»aktive Anpassung«) des Beeinflußbaren eröffnet uns eine höhere Stufe der Freiheit, und zwar nicht nur mehr Möglichkeiten, zwischen denen wir wählen können, sondern zugleich auch eine stärkere Zustimmung zu dem, was wir tun und erleben. Und ist es nicht so, daß zu dem, was wir ändern können, nicht nur viele Dinge und Lebens-Verhältnisse zählen, sondern in einem bestimmten Ausmaß auch viele *Wertungen*? Im Rahmen einer solchen — weitgehend eben auch von uns aus auf die Bedingungen einwirkenden — »tätigen Anpassung« sind wir bestrebt, neue Erkenntnisse zu gewinnen und neue Einfälle zu haben. Damit machen wir uns einerseits überhaupt bessere Möglichkeiten der Lebensverwirklichung bewußt und bauen in unserem Werten andererseits — auch durch Zuhilfenahme von Oberwertungen — eine so starke Zustimmung auf, daß wir das Bessere auch wollen können und tatsächlich wollen.

Das »Wie« ausschöpfen:
(3) Mitberücksichtigen, daß für den Auf-, Aus- und Umbau von Wertungen andere Gesetzmäßigkeiten gelten als beim Erkenntnisfortschritt

Was nicht schlagartig zu verwirklichen ist, erreichen wir unter Umständen durch beharrliches Üben. Pflegen wir es in vielen Angelegenheiten des Alltags nicht ohnehin so zu machen? Denken wir beispielsweise an »Leibesübungen«, »Musizieren«, »Kopfrechnen« oder »Sprachenlernen«. Denken wir auch an »Bedienung von Geräten«, »berufliche Ausbildung« oder »Fortbildung«. Und wenn wir einmal »aus der Übung gekommen sind«, dann üben wir geduldig wieder, was wir verlernt haben. Nur bei den Grundfragen unseres Wertens ist uns dieser Gesichtspunkt noch recht ungewohnt. Stellen wir nicht das »Werten« begrifflich leicht allzu sorglos in die Nähe des »Erkennens«? Wenn ich zum Beispiel den Lehrsatz über »das Inhaltsverhältnis der Vierecke über den Seiten eines rechtwinkligen Dreiecks« (den Satz des Pythagoras) einmal begriffen habe, dann ist — wie durch eine blitzartige Erleuchtung — eine Erkenntnis geboren. Dieses Inhaltsverhältnis kann von mir vielleicht vergessen, aber es kann für mich nicht mehr anders werden.

Nicht so ist es beim Werten. Ein Ding, ein Sachverhalt, eine Verhaltensweise kann heute meine Zustimmung und morgen meine Ablehnung hervorrufen, was immer die Gründe sein mögen, die mich zu einer Änderung meines Wertens veranlassen.

Für das, was ich heute eindeutig zustimmend werte, muß ich auf die Dauer vielleicht viele Überlegungen oder ständiges Üben aufbringen, um es auch weiterhin noch oberhalb der Schwelle der Zustimmung zu halten. Nur mit diesem »Kraftaufwand« kann ich in einem solchen Fall verhindern, daß mein Werten von der Zustimmung in die Gleichgültigkeit oder Ablehnung abgleitet.

Oft bleibt mein Entschluß, mich »ab sofort« anders zu verhalten, völlig wirkungslos. Vielleicht will ich mich über die Bemerkungen eines anderen Menschen »ab sofort« nicht mehr ärgern; und dann, ein paar Stunden später, koche ich doch wieder innerlich vor Wut über sein Gerede.

Ganz allgemein ist für die Änderung des Wertens auch noch folgendes kennzeichnend: Es gelingt uns kaum jemals, eine vorhandene Wertung — womöglich noch »schlagartig« — vollständig zum *Verschwinden* zu bringen. Zwar können wir sinnwidrige Anlagen durch Nichtgebrauch verkümmern lassen. Die Wege, unser Werten umzubauen beziehungsweise auszubauen, gehen aber vor allem über das Schaffen und Stärken neuer Wertungen sowie über das Verstärken schon vorhandener sinnvoller Wertungen.

Manchmal ist es hilfreich, die eigenen Überlegungen aufzuschreiben, damit die Ergebnisse der eigenen Besinnung nicht wieder in die Vergessenheit zurücksinken. Mit dem Aufschreiben allein ist es allerdings nicht getan. Was ich mir an Wertungen in Tagebüchern, Briefen, Büchern oder Gedichten gegenüberstelle, muß Ausdruck einer wachen Selbstbeobachtung der Hindernisse sinnvollen Wertens sein und Ausdruck eines echten Selbstge-

sprächs[90]. Eine solche neue Art des Verhaltens sich selbst gegenüber kann zur Stärkung des Selbstbewußtseins beitragen; Selbstbewußtsein erwächst aber auch aus genügendem eigenem Kraftvorrat eines Menschen, aus seiner Gesundheit und Frische, aus seiner Fähigkeit, längere Spannungen zu ertragen. Gestärkt wird das Selbstbewußtsein auch durch die Erfahrung des Gelingens beim Umwerten und Neuwerten. Aus dem Gelingen sprießt immer wieder neue Hoffnung, auch weitere Schwierigkeiten zu meistern. Erst wenn jeder Lebensvorgang des Hoffens erlischt, beginnt sozusagen die »Hölle«.
Nacherleben kann dieses Gefühl des Hoffens und diese Stärkung des Selbstbewußtseins nur, wer nicht im Darüberreden steckenbleibt, sondern in sinnvoller Richtung tatsächlich *wertet* und *handelt*.

Das »Wie« ausschöpfen:
(4) Mitberücksichtigen, daß beim Werten die zwischenmenschlichen Beziehungen großen Einfluß haben

Auch dies kann uns in der Richtung auf »das große Leben« ein gutes Stück voranbringen: mit anderen Menschen zu sprechen, mit anderen Menschen gemeinsam etwas zu tun, sich von anderen anregen, raten oder helfen zu lassen. Wer beispielsweise das Lernen schon verlernt hatte, kann aus dem *Miteinander*-Lernen in der Gruppe eine Verstärkung der Oberwertung »Lernen« gewinnen. Erfolg verspricht ein solches *Miteinander*-Werten und -Handeln auch, wenn jemand sich lange Zeit unvernünftig ernährt hat und nun eine vernünftige Ernährungsweise einüben will oder wenn jemand jahrelang keinen Sport getrieben hat und jetzt wieder sportlich tätig werden will. Auch beim Werten gilt eben: Zu zweit oder zu mehreren gelingt oft, woran man als einzelner scheitert.
Was hier wirkt, ist nicht nur das bereits besprochene Übernehmenkönnen der sinnvollen Wertungen anderer Menschen. Gewiß erweitert der Umgang mit einer großen Zahl anderer Men-

schen — sei es, daß ich sie selbst treffe, sei es, daß mir etwa ihr Verhalten, ihre Gedanken gedruckt oder sonstwie übermittelt und zugänglich werden — den Kreis der Wertungen, die ich in meine Überlegungen einbeziehen kann. Aber darüber hinaus hat doch auch die einfache Tatsache, daß der Mensch ein »gesellschaftliches Wesen« ist, daß er auf ein »Du« hin angelegt ist, zur Folge, daß jedes *Miteinander-W*erten jeweils der betreffenden Wertung eine stärkere Bedeutung verleiht.

Oft wirkt dabei vielleicht lediglich eine *Werttonübertragung.* Diese kann von der Zuneigung ausgehen, die ich für einen Menschen empfinde; falls er beispielsweise dasselbe, etwa »A«, zustimmend wertet wie ich, kann sich aus der guten zwischenmenschlichen Beziehung heraus meine gleichfalls zustimmende Wertung von »A« verstärken. Im gegenteiligen Fall kann die Werttonübertragung auch von der Abneigung ausgehen, die ich einem Menschen gegenüber empfinde; aus der schlechten zwischenmenschlichen Beziehung geht die Ablehnung dann bei mir auf das gewertete »A« über: Meine Zustimmung zu »A« schwächt sich ab oder meine Ablehnung von »A« verstärkt sich.

Machen aber nicht schon Menschen, die ich eigentlich kaum kenne und denen gegenüber ich weder stärkere Zuneigung noch besondere Abneigung empfinde, allein dadurch eine bestimmte Wertung besonders bedeutsam, daß sie mir diese Wertung vorleben — vorausgesetzt, daß mich keine andere starke Wertung in die entgegengesetzte Richtung weist? Es bringt uns nicht viel weiter, diesen Bedingungszusammenhang mit Worten wie »Nachahmungsdrang« oder »Herdentrieb« abzutun. Spielt nicht beispielsweise bei jedem Erkenntnisvorgang die Übereinstimmung mit ernsthaft um Erkenntnis bemühten anderen Menschen eine wichtige Rolle? Wann immer jedenfalls andere Menschen in sinnvoller Richtung werten und handeln, kann mir der *Ausbau zwischenmenschlicher Beziehungen zu ihnen* Mittel und Wege eröffnen, Wertungen in Richtung auf den höchstmöglichen Lebensreichtum auf-, aus- oder umzubauen.

Ein besonderer Gesichtspunkt ist bei diesen Überlegungen auch, daß gewisse tragende Grundwertungen bei uns um so stärker von Mensch zu Mensch übereinstimmen werden, je mehr sich unsere Selbststeuerung am Richtungsweiser »höchstmöglicher Lebensreichtum« ausrichtet. Solche tragenden Grundwertungen sind beispielsweise »Selbständigkeit der verstandesmäßigen Stellungnahme« und »Klarheit der Zielsetzung und Mittelbestimmung«; denn das eigene Handeln ist von jedem Menschen nach bestem Wissen und geistigem Können immer wieder neu auf die eigene Leistungsfähigkeit und die jeweilige Bedingungslage abzustimmen und sinnvoll zu steuern[91].

Eine solche tragende Grundwertung ist aber auch etwa »die Erhaltung des Lebens in Gesundheit und Frische«, nicht nur im Sinne der Rücksichtnahme auf andere, sondern auch im Sinne der Verantwortung für sich selbst und die eigene Leistungsfähigkeit. Mehr noch: die volle »Verantwortung für die höchstmögliche Steigerung des eigenen Reichtums an Lebensvorgängen«, sofern die eigene Entfaltung die Lebensentfaltung anderer Menschen mitberücksichtigt. Dabei ist von Bedeutung, daß uns für die bloße »Lebenserhaltung« eines anderen immerhin dessen Leistungsfähigkeit, Gesundheit und Frische einen recht zuverlässigen Wertmaßstab geben, während uns für die »Steigerung des Lebensreichtums« anderer Menschen der sichere Maßstab fehlt und hierfür deshalb die Eigenverantwortung eines jeden Menschen als tragende Grundwertung unerläßlich ist[92].

Die mitmenschlichen Einflüsse mitzuberücksichtigen heißt für mich auch, daß ich mir bewußt werde und bewußt bleibe, wie die Umwelt mit Förderung oder Nichtförderung, ja Hinderung auf Wachstum und Ausbildung meiner anlagemäßigen Fähigkeiten zu Lebensvorgängen eingewirkt hat und gegebenenfalls noch einwirkt. Beispiele wären etwa *die sportliche Förderung von Kindheit an,* die sich auch in der Schul- und Berufszeit fortsetzt, oder *die betont wissenschaftlich-begriffliche Denkschulung,* deren Wirkung Schulwahl und früher Hochschulbesuch nur noch kräftig verstärken. Selbst wenn die Steuerung meiner Entwicklung durch andere Menschen zu einer bestimmten einseitigen Betonung in meinem Wertungsgefüge geführt hat, kann ich trotzdem bewußt prüfen, ob und wie weit sich die

zu kurz gekommenen Anlagen nicht trotzdem noch in sinnvollem Ausmaß entwickeln lassen.
Darüber hinaus muß ich überdenken, welche Einflüsse mein mittelbares Werten dadurch vielleicht festgelegt und eingeengt oder aber sinnvoll ausgebaut haben, daß ich die Wertungen anderer Menschen übernommen habe. Wenn ich dann erkenne, daß ich das nachspreche und werte, was meine »Vorbilder« zu sagen und zu werten pflegen, kann ich sorgfältig prüfen, ob mich diese Fremdsteuerung in sinnvoller Weise zu einer stärkeren Selbststeuerung und Selbstverwirklichung geführt hat oder ob ich dabei bin, ein Leben »zweiter Hand« zu führen. Letzteres wird immer dann der Fall sein, wenn die Lebens-Bedingungen in mir und um mich herum, wenn Anlagen und Umwelt bei mir anders sind als bei meinem »Vorbild«, als es im Denken und Werten meines Vorbildes vorausgesetzt ist. Vielleicht ist es aber trotzdem noch nicht zu spät, mich auf meinen eigenen Weg zu besinnen und anzufangen, meinen eigenen Weg zu gehen.

Das »Wie« ausschöpfen:
(5) Bei der Frage der Anwendbarkeit des Richtungsweisers mitberücksichtigen, daß »Begriffsmöglichkeit« unterschieden werden muß von »Tatsachenmöglichkeit«

Wir stehen vor kaum überwindbaren Schwierigkeiten, wenn wir bei anderen Menschen die Bedingungen für die »höchstmögliche Steigerung des Lebensreichtums — über die bloße Lebenserhaltung hinaus« — ohne jede Rückfrage bei den Betroffenen erkennen und werten wollen. Aber könnte nicht jemand den Zweifel noch weitertreiben und erklären, er sei sogar nicht einmal imstande, die Frage nach den Bedingungen für die »höchstmögliche Steigerung des *eigenen* Lebensreichtums« zu beantworten, geschweige denn die nach den Bedingungen für die »höchstmögliche Steigerung *fremden* Lebensreichtums«?
Es ist dringend anzuraten, sich bei der Frage nach dem »Höchst*möglichen«* die doppelte Bedeutung des Möglichkeitsbegriffes

klar zu machen. »Möglichkeit« kann »Begriffsmöglichkeit« oder »Tatsachenmöglichkeit« bedeuten.
Im Hinblick auf die »Begriffsmöglichkeit« würden wir etwa dem Begriff »Mensch« durchaus die Begriffe »selbstbeherrscht«, »einfallsreich« oder »treu« im Sinne »möglicher« Eigenschaften beziehungsweise Verhaltensweisen zusprechen. Für die »Begriffsmöglichkeit« gilt letztlich: »Möglich ist alles — wenn es nur dem Begriff nicht widerspricht«.
Im Hinblick auf die »Tatsachenmöglichkeit« jedoch müssen wir gegebenenfalls dem Menschen A zuerkennen, daß es für ihn in der Bedingungslage B 1 »unmöglich« war oder ist, sich »selbstbeherrscht« zu verhalten. Für die »Tatsachenmöglichkeit« gilt letztlich: »Möglich ist nur, was auch wirklich ist«.
Der »höchst*mögliche*« Lebensreichtum ist aber stets im Sinne des *»tatsächlich* höchst*möglichen«* Lebensreichtums gemeint, nicht im Sinne irgendeines »denkbaren« »höchsten Lebensreichtums«.
Zwar verschiebt sich im Hinblick auf das *Handeln* der Zusammenhang insofern, als dasjenige *»noch nicht«* wirklich und Tatsache ist, was ich durch das Handeln verwirklichen will. Nichtsdestoweniger wird das Angestrebte immer nur dann Wirklichkeit, wenn im Zeitpunkt der Verwirklichung auch tatsächlich alle Bedingungen zusammenkommen[93] — gleichgültig, ob ich mir nun alle diese Bedingungen bewußt zu machen vermag oder nicht.
Die »Tatsachenmöglichkeit« hängt jedenfalls von mehr Bedingungen ab als die »Begriffsmöglichkeit«; denn als »Bedingungen« der Begriffsmöglichkeit sind ja eigentlich nur die Begriffsbestimmungen anzusehen, die einen bestimmten Begriff von anderen Begriffen »abgrenzen« (»definieren«), sowie das »Nichtwidersprechen« dessen, nach dessen Möglichkeit und »Vereinbarkeit« gefragt wird. Damit etwas aber »tatsächlich möglich« und damit dann auch »wirklich« ist, müssen sehr viel mehr Bedingungen gegeben sein, das heißt: wirklich sein. Sie müssen also bei einem wirklichkeitsbezogenen Erkennen und Werten eben auch bewußt gemacht sein. Gelingt dies nicht, dürfen sie wenigstens nicht so verkannt werden, daß man irrtümlich Dinge und Sachverhalte als »Bedingungen« ansieht und von ihnen die

Verwirklichung des Angestrebten erwartet, die diese Verwirklichung tatsächlich vielmehr verhindern und also gar keine solchen »Bedingungen« sind.

Aus dieser Voraussetzung, daß bei der »Tatsachenmöglichkeit« mehr Bedingungen »mitspielen«, ergeben sich im Hinblick auf den »höchstmöglichen« Lebensreichtum einerseits höhere Anforderungen an das Erkennen als von der bloßen »Begriffsmöglichkeit« her; andererseits aber bleiben diese Anforderungen an das Erkennen stets auf dem Boden und im Rahmen der Tatsachen, nämlich als Anforderungen an ein jeweils tatsächlich vorhandenes Erkenntnisvermögen, ja Leistungsvermögen überhaupt. Denn als eingegliedert in den Bedingungszusammenhang des »höchstmöglichen Lebensreichtums« eines Menschen oder mehrerer Menschen ist jedenfalls — als Teilbedingungszusammenhang — auch das *Erkenntnisvermögen* der jeweils wertenden und handelnden Menschen in Betracht zu ziehen. Und tatsächlich kann eben kein Mensch die vollständige Erkenntnis des vollständigen Bedingungszusammenhanges erreichen.

Insofern brauchen wir also vor keinem Vollkommenheitsanspruch zu erschrecken, der über unsere Leistungsfähigkeit hinausgeht. Aber der Erkenntnisanspruch — etwa im Hinblick auf die Bedingungen der Steigerung des eigenen Lebensreichtums — sinkt vom tatsächlichen Erkenntnisvermögen her auch nicht auf »null« herab.

Die untere Grenze ist lediglich durch die eigenen *Erbanlagen* gegeben; denn wofür überhaupt keine Anlagen da sind, das kann auch nicht entfaltet und verwirklicht werden. Das gilt für das menschliche Erkennen allgemein und für das Erkenntnisvermögen eines bestimmten Menschen im besonderen. Eine obere, in der Regel ebenfalls unüberschreitbare Grenze ist die *Kulturhöhe der Zeit*, in der ein Mensch lebt. Sind es nicht immer nur wenige, die ihrer Zeit voraus sind? Durch den Rahmen zwischen den Erbanlagen und der Kulturhöhe der Zeit ist der Spielraum für das tatsächliche Erkennenkönnen eines Menschen abgesteckt.

Von der »Tatsachenmöglichkeit« her gesehen, fallen sowohl die

»bestmögliche Erkenntnis« der Bedingungen als auch der erreichbare »höchstmögliche Lebensreichtum« zweifellos ein paar Nummern kleiner aus, als uns die reine »Begriffsmöglichkeit« meinen ließe.
Und trotzdem würden viele Menschen ein Unbehagen dabei empfinden, diesen Gedanken etwa gar dahin weiterzuführen, daß alles menschliche Werten und Handeln, wie wir es als Tatsache heute vorfinden, auch morgen noch das tatsächlich »Höchstmögliche« sei. Daß wir aus dieser Unzufriedenheit heraus schöpferisch neue Wege finden und beschreiten: Diese Erwartung und dieses Streben rechtfertigen sich und erwachsen nicht zuletzt aus den Erkenntnissen über die tragende Rolle menschlicher *Wertungen* und insbesondere des *Richtungsweisers* »höchstmöglicher Lebensreichtum« sowie aus den Erkenntnissen über die *Änderbarkeit* menschlicher Wertungen.
Insgesamt gesehen, ist es eben sinnvoll, erkennend und wertend den Spielraum der tatsächlichen Möglichkeiten in mir und um mich herum auszuloten, mich auf diese Möglichkeiten und Grenzen einzustellen und mich jeweils aber auch umzustellen, wenn sich dieser Spielraum verlagert, erweitert oder aber auch verringert. Nur mit einer solchen Einstellung kann ich jeweils das tatsächlich Höchstmögliche an Lebensreichtum auch ausschöpfen.

Das »Wie« ausschöpfen:
(6) Die anderen Möglichkeiten der Lebensverwirklichung als Wertungen in die Überlegungen einbeziehen

Umstellungsfähigkeit und *Offensein für andere Möglichkeiten* haben sich jedoch nicht nur dann zu bewähren, wenn sich die Bedingungslage ändert und damit auch der Spielraum für unser Werten und Handeln. Es ist eine nicht weniger schwierige, aber auch nicht weniger wichtige Aufgabe, auch dann *offen* zu sein für andere Möglichkeiten, wenn die Bedingungslage unverändert bleibt. Genau betrachtet, ändern sich nämlich trotzdem bestimmte Gegebenheiten — in uns selbst — immer dann, wenn sich unsere *Auffassungen* und *Wertungen* ändern. Oft ist genau dies der erste Schritt, um auf die Verhältnisse verändernd einzuwirken.

Einem bedeutenden Denker unseres Jahrhunderts wurde einmal als Lieblingsbeschäftigung zugesprochen, »Bekanntes in Frage zu stellen, Vertrautes fremd sein zu lassen, Unbekanntes einzugemeinden«. Doch sah man nicht schon vor mehr als zwei Jahrtausenden darin einen Anfang aller Weisheit, noch über Dinge staunen zu können, über die wir alles schon zu wissen meinen? Liegt nicht in derselben Richtung auch der Satz, mit dem eine anspruchsvolle englische Zeitung für sich warb: »Wir wollen Sie nicht mit Ihren eigenen Ansichten langweilen« (»We won't bore you with your views«)? Nicht jeder von uns wird sich auf den Weg machen und sein Leben dem Versuch widmen weise zu werden. Aber so viel wie möglich von dieser Grundeinstellung in das eigene Erkennen und Werten aufzunehmen ist sicher kein schlechter Rat.

Selbst bloße »Neugier« kann bereits ein sinnvoller erster Schritt sein. Wer seinen Geist offenhält für neue Eindrücke, für Berichte darüber, wie andere Menschen leben, der wird hin und wieder auf etwas stoßen, das den Lebensreichtum steigert, seien es Dinge, seien es Sachverhalte oder Verhaltensweisen. Er wird vielleicht angeregt, einen Weg zu beschreiten, der seine Selbstverwirklichung fördert. Seien wir begierig, neue, andere Wege des Lebens kennenzulernen und sie gegebenenfalls zu versuchen! Wir verhalten uns sinnvoll, wenn unser Wertungsgefüge nicht »versteinert«, nicht »verkrustet«, sondern ein »offenes Wertungsgefüge« bleibt[94].

Führt nicht die Abwertung (Kritik) des Schlechten erst dann weiter zur Verwirklichung des Sinnvollen, wenn der Ausblick auf etwas Besseres eröffnet wird?

Ist das Bessere aber noch nicht erkannt, noch ungewertet, wie können wir es dann erkennen, wie können wir es werten? In vielen Fällen können wir andere Möglichkeiten kennenlernen, die schon von anderen Menschen gelebt werden. Ohne Zweifel empfiehlt sich, wo dies möglich ist, die sinnvolle Nutzung aller erreichbaren Quellen, aus denen sich neue Wertungen gewinnen lassen, seien es nun entweder völlig neue Wertungen im Dienst der Grundwertung des höchstmöglichen Lebensreichtums oder seien es neue Mittel im Dienst bereits vertrauter, bewährter, ausreichend starker Wertungen.

Ferner können wir in vielen Fällen selbst auf neue Weise — das heißt durch neue Verknüpfung von Bewußtseinsgegebenheiten — andere, bessere Möglichkeiten eröffnende Zusammenhänge erkennen, Lösungen finden, Einfälle haben, mit anderen Worten: selbstschöpferisch (kreativ) neue Wege sehen und gehen[95].

Über »Vorstellungs- und Einfallsreichtum« (Phantasie) verfügen wir zwar anlagemäßig in unterschiedlichem Ausmaß, aber diese Fähigkeit zu üben, nach Kräften zu stärken und auf Dauer zu pflegen ist dringend erforderlich. Es genügt nicht, in spannenden Fernsehfilmen die unwahrscheinlichsten Einfälle bei der Verbrechensaufklärung zu bewundern. Denselben Einfallsreichtum haben wir selbst nötig! — für in der Regel ganz friedliche Zwecke: für die jeweilige Verwirklichung des höchstmöglichen Lebensreichtums.

Ein sinnvolles Werten ist in besonderem Maße auch durch eine »schöpferische Unzufriedenheit« gekennzeichnet[96]. Sie bewirkt, daß mein Werten nicht in den alten, eingefahrenen Bahnen bleibt, mehr oder weniger durch die verschiedenen Hindernisse sinnvollen Wertens eingeschränkt beziehungsweise fehlgeleitet. Durch die »schöpferische Unzufriedenheit« steuert sich mein Werten immer wieder neu in die Richtung auf »das große Leben«.

Ist es darum nicht ratsam, unser Erkennen und Werten immer wieder neu zu prüfen?: Haben wir den Mut, das, was uns selbstverständlich erscheint, in Frage zu stellen? Wagen wir es, unzufrieden zu sein mit unserer Selbstzufriedenheit, mit dem Selbstverständlichen? Wagen wir es, Vertrautes unvermittelt erstaunt anzusehen? Ganz ohne besonderen Anlaß, aber aus einer Grundeinstellung heraus, die die Zusammenhänge immer wieder überprüft? Warum fragen wir nicht wie die Kinder viel öfter: Warum ist das so? Kann es auch anders sein?

Wo das Erkennen Bedingungszusammenhänge noch nicht klar durchschaut, wo ich mich von bloßen Begriffsmöglichkeiten erst zum tatsächlichen Möglichen voranarbeiten muß, da komme ich in einigen Fällen sicherlich auf dem Weg des Durchdenkens, der planvollen, umfassenden, sorgfältigen Prüfung weiter, in anderen Fällen aber bin ich auf den Weg des Versuches, des Sammelns von Erfahrungen und Anregungen angewiesen.

Was ist dagegen in den vielen Fällen zu tun, in denen man das Bessere zwar schon weiß, es aber selbst noch nicht ausreichend stark zustimmend wertet? Wir stehen dann vor der Aufgabe, das Bessere auch in die Tat umzusetzen, es durch unser Verhalten zu verwirklichen. Ein bloßes »Wert-*Wissen*« etwa ist noch keine genügend starke, verhaltensbestimmte Wertung. Soll das schon im Ansatz Gewertete nicht lediglich ein »guter Vorsatz« und letztlich unwirksam bleiben, dann muß die Wertung des Besseren offenbar »gestärkt« werden. Das ist leichter gesagt als getan. Aber dafür gibt es die bereits im einzelnen beschriebenen Wege zum Ausbau und Umbau von Wertungen. Das läßt sich üben. Wir brauchen also keineswegs mutlos zu werden, wenn wir das Bessere noch nicht stark genug werten, wenn wir es zwar schon »sehen«, aber mit dem Werten noch nicht entsprechend vorankommen.

Sobald ich das »Höchstmögliche« an Lebensverwirklichung im Lichte der Tatsachenmöglichkeit betrachte, werden mir sofort auch die Schranken bewußt, die einer als unbegrenzt gedachten oder nur vom Begriff begrenzten Steigerung des Lebensreichtums durch die Bedingungen in mir und um mich herum gesetzt sind. Aber es wird mir dabei zugleich auch noch einmal besonders deutlich, daß ich selbst ein Glied des gesamten Bedingungszusammenhanges bin. Das gilt nicht nur für mein Erkennen und Werten, sondern auch für jedes von mir ausgehende Einwirken auf den Geschehensablauf. Ich kann nicht nur gegebene und auftauchende Gelegenheiten nutzen, sondern in gewissem Ausmaß hängt es von mir selbst ab, wie sich die Bedingungslage, wie sich das Geschehen weiterentwickelt. Einiges kann ich *in Gang bringen,* einiges *ändern.* Allein schon dadurch, daß ich auf

eine Änderung meiner Wertungen hinarbeite, kann ich auf eine sinnvollere Gestaltung der gesamten Bedingungslage in mir und um mich herum hinwirken.
Meine Möglichkeiten, auf die Lebens-Bedingungslage einzuwirken, werden mir alles in allem um so deutlicher sichtbar, je klarer ich erkenne, daß es einerseits die Wertungen sind, die menschliches Verhalten ausschlaggebend steuern, daß zweitens das Verhalten eines Menschen und das Verhalten anderer Menschen in *gegenseitiger Abhängigkeit* (»Interdependenz«) stehen und daß drittens schließlich die Menschen — einzeln oder in Zusammenarbeit — in großem Ausmaße Dinge und Sachverhalte als »Lebens-Bedingungen« schaffen, ändern oder sichern können. Wirke ich beispielsweise nicht allein schon dadurch, daß ich eine sinnvolle Einrichtung nicht zerstöre, obwohl ich es könnte, als eine Bedingung dafür, daß viele Menschen Nutzen von dieser Einrichtung haben? Um wieviel sinnvoller handle ich, wenn ich das große zusammengesetzte Gefüge lebensfördernder Einrichtungen und Vorgänge noch durch einen eigenen Beitrag ergänze!

Alle Möglichkeiten ausschöpfen, insgesamt in der Richtung auf »das große Was« zu werten und zu handeln

Das »Was« meines Wertens hat eine ausschlaggebende Bedeutung dafür, ob mein Werten insgesamt in der Richtung auf den höchstmöglichen Lebensreichtum wirkt. Richten wir darum den Blick jetzt auf die Inhalte des Wertens, auf das, »was« ich werte: auf die Oberwertungen und Einzelwertungen.
Auch ein Mensch, der sein Werten auf »das große Leben« ausrichtet,
wird — sicherlich — essen und trinken,
muß — vermutlich — Geld verdienen,
bemüht sich — unter Umständen — um ein eigenes Haus,
hat — vielleicht — ein Auto,
verhält sich — möglicherweise — so, wie es von vielen gerade bevorzugt wird (wie es Mode ist),

unterscheidet sich — gegebenenfalls — in vielem kaum von einem Menschen, dessen Handeln die Richtung auf »das große Leben« verfehlt.

Es kommt auf den »Geist« an, in dem man handelt. Das, was wir den »Geist« nennen, ist die einheitliche und umfassende Ausrichtung des Wertungsgefüges. Sie nimmt darüber hinaus Gestalt an in bestimmten richtunggebenden »Oberwertungen«.

Das »Was« ausschöpfen: (1) Als Grundausstattung sind für die Hauptgebiete der Lebensvorgänge bei jedem Menschen bestimmte Oberwertungen auf-, aus-, umzubauen

Was gäben wir darum, wenn wir diese Oberwertungen genau bestimmen und vollständig aufzählen könnten! Wenn wir sie gar noch an den Fingern abzählen könnten! Und wenn es darüber hinaus auch noch für alle Menschen die gleichen wären! Ließe nicht die Ratsversammlung einer jeden Stadt diese Liste der Oberwertungen sogleich in Stein meißeln oder in Erz gießen?

Einen einzigen obersten Wert in den Mittelpunkt zu stellen — darum haben die Weisesten der Weisen seit Jahrtausenden gerungen. Sie sprachen von »Glückseligkeit«, »Freude« und »Lust«, die auch als geistige Lust zu verstehen ist. Sie sprachen vom »Urbild« des »Guten« und der »Gerechtigkeit«, vom »Mittleren« zwischen dem Zuviel und dem Zuwenig, von der »Vernunft« und der »Verallgemeinerungsfähigkeit«, von der »Nützlichkeit«. Das Wesentliche all dieser Gedanken ist zum Begriffsbestandteil des *Richtungsweisers* »höchstmöglicher Lebensreichtum« geworden, eines Beziehungsbegriffs, der für alles Werten grundsätzlicher Maßstab sein kann.

Was zu suchen bleibt, sind »Oberwertungen« für bestimmte Anwendungsbereiche. Gefragt wird sozusagen nach einem Satz geistigen Werkzeugs für die Hauptaufgaben des Lebens, nach einer Grundausstattung für die verschiedenen Lebensbereiche, sozusagen nach tüchtigen Führungskräften für die einzelnen Abteilungen, aus denen sich die Gesamtmannschaft meiner Wertungen zusammensetzt beziehungsweise in die sie sich nach ihren Tätigkeitsgebieten gliedern läßt.

Wir alle haben selbstverständlich Oberwertungen. Aber sind es wirklich die Oberwerte, die alle Möglichkeiten ausschöpfen, insgesamt in der Richtung auf »das große Was« zu werten und zu handeln?

Gehen wir bei der Suche nach solchen Oberwertungen in einem ersten Durchgang von den allgemein menschlichen Bedingungen für Lebensvorgänge aus. Gemeint sind die *Fähigkeiten* zu Lebensvorgängen. Zu einer ganzen Reihe von Lebensvorgängen fähig zu sein und sie auch zu verwirklichen: Das ist — mit einer gewissen Schwankungsbreite — mehr oder weniger etwas »bei allen Menschen *Gleichgeartetes* und bei einem Einzelmenschen auf einer bestimmten Entwicklungsstufe seines Lebens *Gleichbleibendes«* (eine »anthropologische Konstante«). Im Hinblick hierauf alle Möglichkeiten zur Steigerung des Lebensreichtums auszuschöpfen bedeutet: Alles zu werten und zu tun,

- um die Wahrnehmungsfähigkeit zu entwickeln und zu pflegen, sei es, um sie im Dienste anderer Lebensvorgänge zu nutzen, sei es, um die Wahrnehmung, so sinnvoll, um ihrer selbst willen auszukosten;
- um die Lebensvorgänge der Bewegung durch Übung zu stärken und auf der Höhe zu halten, sei es, um mit Hilfe der Bewegung andere Lebensvorgänge zu verwirklichen, sei es, um die Bewegung, soweit sinnvoll, um ihrer selbst willen auszuüben;
- um die Denkfähigkeit zu entwickeln, das Denken zu üben und auszuüben — um anderer oder um dieser Lebensvorgänge selbst willen;
- um für Gefühle empfindsam zu werden und zu bleiben, die Gefühlsäußerungen beherrschen zu können, aber auch um eine Fülle von Möglichkeiten zu verwirklichen im Sinne eines Erlebnisreichtums zustimmend gewerteter Gefühle

- sowie um all der verschiedenen zusammengesetzten Lebensvorgänge fähig zu werden und zu bleiben, angefangen von den vielen einzelmenschlich-lebenssichernden oder einzelmenschlich-spielerischen bis etwa zu den geschlechtlichen und anderen zwischenmenschlich bezogenen Lebensvorgängen[97].

Das »Was« ausschöpfen: (2) Im Rahmen meiner Möglichkeiten und Grenzen die Auswahl an Oberwertungen und Einzelwertungen auf-, aus- und umbauen

Aber bei dieser Aufzählung stutzen wir schon. Wir denken an die anlagemäßigen Verschiedenheiten von Mensch zu Mensch. Bei dem »geborenen Maschinenschlosser«, der auf werkgerechtes Gestalten ausgerichtet ist, handelt es sich um ein anderes Gefüge von Lebensvorgängen als bei der »geborenen Krankenschwester« mit ihrer zwischenmenschlich-pflegerischen Einstellung.

Wir denken darüber hinaus an die verschiedenen Entwicklungsstufen, die jeder Einzelmensch durchläuft und in denen das Gefüge seiner Lebensvorgänge jeweils anders zusammengesetzt ist. Wir denken schließlich auch an die großen Unterschiede in der äußeren Bedingungslage. Für den Mann beispielsweise, der mit dem Kraftwagen in der Wüste stecken bleibt, oder für die Bergsteigergruppe, die in der Steilwand vom Wettersturz überrascht wird, geht es ums nackte Überleben. Für einen mit allem Lebensnotwendigen reichlich versorgten jungen Menschen dagegen, der in der Bücherei seines Hochschulfachbereiches sitzt, liegen die Sorgen und Erfolge vielleicht auf dem Gebiet wissenschaftlicher Beweisführung — im Bereich ganz anderer Lebensvorgänge also.

Darum ist es kein Wunder, daß schon der Rat, der in einem ersten Durchgang nur von den »allgemein menschlichen« Bedingungen mehr oder weniger *gleichartiger* Lebensvorgänge ausgehen will, im Einzelfalll sofort auf die jeweilige *Besonderheit* der Anlagen, der Entwicklungsstufe und der äußeren Bedingungslage bezogen sein muß. Von der Abstimmung darauf ist nicht loszukommen. Eine Verallgemeinerung, die sich darüber erheben will, verliert den Wirklichkeitsbezug!

Allgemeingültigkeit ist hier nur als *bedingte* Allgemeingültigkeit zu erreichen. Der Bezug auf die jeweilige Bedingungslage muß in den Wertbegriff mit hineingenommen werden. Aus diesem Grunde steht auch der Beziehungsbegriff des »höchstmöglichen Lebensreichtums« im Mittelpunkt unserer Überlegungen. Durch den Begriffsbestandteil »höchstmöglich« ist dieser Richtungsweiser in jedem Anwendungsfall auf den Bedingungsrahmen bezogen.

Der Rahmen, der beim Werten und Handeln in der Richtung auf den höchstmöglichen Lebensreichtum auszufüllen ist, wird im Hinblick auf alle Anlagen, alle Entwicklungsstufen und alle äußeren Umstände noch von jener Grenze bestimmt, die wir als »Endlichkeit« des Menschen bezeichnen können. Was ließe sich nicht alles, gemessen an meinen Anlagen und Fähigkeiten zu Lebensvorgängen und an den Bedingungen um mich herum, an Lebensmöglichkeiten verwirklichen, wenn meine Zeit und meine Kräfte nicht begrenzt wären!

Mag auch die Lebenszeit, mögen die Kräfte, die inneren und äußeren Mittel, die dem einzelnen zur Verfügung stehen, größer oder kleiner sein — Lebenszeit, Kräfte und Mittel sind letztlich bei keinem Menschen unbegrenzt. Und hinzu kommt auch: Keiner kann beliebig viele Dinge »gleichzeitig« tun.

Die Folge davon ist: Nicht alle meine Anlagen können ausgebildet werden, nicht alle meine Fähigkeiten können zum Zuge kommen. Nicht alle Einrichtungen und Gelegenheiten, die mir meine Umwelt bietet, kann ich nutzen — ich kann im Beruf und in der Freizeit nicht »auf beliebig vielen Hochzeiten tanzen«. Als Beispiel nur: Es gelingt uns wohl kaum, versunken in das Lesen eines Buches zugleich im dichten Berufsverkehr auf der Autobahn den Wagen zu steuern.

Zum Wählenkönnen kommt in solchen Fällen das Wählenmüssen. Eine Auswahl zu treffen ist unvermeidlich. Um die *Festlegung auf das eine oder andere* (die »Spezialisierung«) kommen wir nicht herum.

Was bedeutet es, in der Richtung auf »das große Was« *wählen* zu müssen, weil die Grenzen des Menschseins es nicht anders zulassen? Es bedeutet: unter vielen Lebensmöglichkeiten diejenigen vorziehen, die nach bestem Wissen gegenwärtig die höchstmögliche Steigerung des Lebensreichtums gewährleisten. In manchen Fällen bedeutet es auch: nacheinander zu erreichen suchen, was man nicht zugleich verwirklichen kann.

Das »Was« ausschöpfen: (3) Mehr Wertungen — weniger Wertungen? In den Bereichen anderer Lebensvorgänge — auf den Gebieten anderer Mittel?

Und es bedeutet zugleich: je nach den Voraussetzungen in mir und um mich herum entweder die Zahl der Wünsche, Vorhaben und Ziele zu verringern, wenn ich mir zuviel erwarte oder vorgenommen habe, beziehungsweise zu erhöhen, wenn ich bislang zu bequem, zu einfallslos, zu zurückhaltend und kleinmütig war oder auch bisher einfach zu wenig Kenntnisse, Fähigkeiten und Wertungen besaß.
Es bedeutet aber auch: mein Wertungs- und Tätigkeitsfeld zu verlagern, wenn es sich bisher um unsinnige oder beim besten Willen zu wenig »ertragreiche« Vorhaben, Ziele, Mittel handelte — vielleicht hat sich auch die Bedingungslage geändert — oder wenn es sich bisher etwa gar um eine Ausstattung mit solchen Wertungen und Verhaltensweisen handelte, die mich seelisch krank werden ließen[98].
Sich neue Lebensziele zu suchen erscheint manchem als eine schwere, schmerzliche, nahezu unlösbare Aufgabe. Eine wirksame Rückenstärkung für die Erkenntnis und das Bewußtsein, »daß es auch anders geht«, erfährt man beispielsweise, wenn man sich mit den verschiedenen Lebensentwürfen befaßt, die sich innerhalb unserer Gesellschaft finden und die man etwa aus vielen Lebensbeschreibungen kennenlernen kann. Und nicht zuletzt ist es immer wieder hilfreich, sich in die »Wissenschaft von den kulturbedingten Unterschieden menschlichen Denkens, Wertens und Verhaltens« (»Kulturanthropologie«) zu vertiefen.

Ohne inneren Bruch kann sich ein Mensch sogar bestimmte neue Lebensziele suchen und setzen, wenn er sich den »höchstmöglichen Lebensreichtum« als obersten Richtungsweiser zu eigen gemacht hat. Ein solcher Mensch bleibt sich selbst gleich und sich selbst treu (er bewahrt seine »Identität«): Er setzt nur an die Stelle seines bisherigen »Mittels« und Teilzieles, etwa »ein erfolgreicher Kaufmann zu sein«, ein neues »Mittel« und Teilziel, etwa »als Arzt möglichst vielen Menschen zu helfen«. Oder das erste umfassendere Ziel im Leben einer erwachsenen Frau, »Mittelpunkt einer Familie zu sein, die dem Mann im Beruf und den Kindern in ihrer Ausbildung einen festen Rückhalt bietet«, tritt zurück zugunsten ihres späteren, zweiten umfassenderen Zieles, »selbst eine eigenständige große berufliche Aufgabe zu meistern«. Der Richtungsweiser »höchstmöglicher Lebensreichtum« verlangt sogar ständig von uns, alle Mittel und Teilziele je nach der Bedingungslage immer wieder zu überprüfen und gegebenenfalls neu zu bestimmen. Wie viele haben es geschafft, etwas Neues, anderes aufzubauen, nachdem sie von Schicksalsschlägen wie Krankheit, Unglück, Wirtschaftslage oder Krieg dazu gezwungen worden waren! Die Umstellung kann aber auch ohne einen solchen äußeren Zwang einer vernünftigen Um-Wertung entsprechen.

Das »Was« ausschöpfen: (4) In den auszuwählenden Anwendungsbereichen Oberwertungen und Einzelwertungen auf-, aus- und umbauen

Wenn ich nun einräume, daß bei den richtunggebenden Oberwertungen »Allgemeingültigkeit« nur als eine durch Anlagen, Entwicklungsstufe, Umstände und Endlichkeit »*bedingte* Allgemeingültigkeit« zu verstehen ist – kann ich dann unter diesen Vorbehalten nicht trotzdem noch zu Oberwertungen kommen, die in bestimmten Anwendungsbereichen alle Möglichkeiten ausschöpfen helfen, sinnvoll zu werten und zu handeln?
Grundsätzlich ist darauf wohl zu antworten, daß in vielen Fällen schon der Begriff des »Anwendungsbereiches« Fragen offen-

läßt. Was bedeutet denn »Anwendungsbereich«? Ich stehe beispielsweise vor einem Wald. Ist es dann sinnvoll, nach Wertungen aus dem Anwendungsbereich »Holzhandel« zu fragen? Oder nach Wertungen aus dem Bereich des »Schönen«? Oder nach Wertungen aus dem Bereich der »lebensnotwendigen Umwelt und ihres Schutzes«?

Mit dem »Anwendungsbereich« ist bereits so viel vorentschieden, daß die Verantwortung für diese Vorentscheidung niemals im Dunkeln bleiben darf. Schon in diesem Vorfeld dürfen Denken und Werten keinen Freibrief erhalten, schon hier sind sie »im Dienst« – im verantwortlichen Dienst am höchstmöglichen Lebensreichtum insgesamt.

In seinen verfügbaren und anwendungsbereiten Auffassungen und Wertungen zeigt sich bei jedem Menschen seine Denkart und der Gesamtzuschnitt seines Wertens. In hohem Maße bedingen sich das Auffassungs- und das Wertungsgefüge eines Menschen gegenseitig. Die Gegebenheiten der Lebenslage, in der sich ein Mensch befindet – das ist das eine. Das andere aber ist, »mit welchen Augen er das alles sieht«, welche Übersicht er hat, unter welchem Blickwinkel (welcher Perspektive) er die Gegebenheiten betrachtet, welchen »Raster« er seinem Urteil zugrunde legt, welche Verbindungslinien er zieht. Davon hängt dann auch ab, ob er die Tatsachen dem »Anwendungsbereich« dieser oder dem jener Wertungen zuordnet.

Vielfach kann hier auch ein Rückkoppelungsverhältnis wirksam werden. Wer sich etwa mit den Oberwertungen des Kaufmanns den Wald ansieht, denkt eher an den Holzwert. Und wer den Wald mit den Augen des Künstlers sieht, urteilt eher nach künstlerischen Gesichtspunkten. Wer schließlich sein Werten und Handeln auf den »höchstmöglichen Lebensreichtum« auszurichten bestrebt ist, für den können sich die Gegebenheiten des Augenblicks – auch gleichzeitig – sehr verschiedenen »Anwendungsbereichen« zuordnen lassen.

Verantwortet werden muß nicht nur jede Einzelwertung, sondern auch, welchem »Anwendungsbereich« man etwas überhaupt zuordnet. Welchen gewerteten Begriff oder Oberbegriff man »heranzieht«. Nur unter diesem grundsätzlichen Vorbehalt können wir einen Schritt weitergehen und die Oberwerte untersuchen, die den einzelnen Anwendungsbereichen zuzuschreiben sind.

Daß die Gegebenheiten des Augenblicks im Anwendungsbereich verschiedener Wertungen liegen können, spricht dafür, möglichst viele »Anwendungsbereiche« dadurch zu erschließen, daß entsprechende Oberwertungen und Einzelwertungen auf-, aus- oder umgebaut werden. Stehen nicht auch beispielsweise alle Überlegungen über die Lehrpläne unserer Schulen vor dieser Schwierigkeit, hier größtmögliche Vielfalt zu erreichen und – rein zahlenmäßig – bis an die gerade noch sinnvolle Grenze zu gehen?

Der allgemeine Vorbehalt bleibt stets: Ob die Gegebenheiten eines Augenblicks dem Anwendungsbereich dieser oder jener Wertung zuzuordnen sind, ob also diese oder jene Wertung oder Oberwertung »heranzuziehen« ist, muß im Hinblick auf »das große Leben« jeweils neu überprüft werden und bis zu dieser Überprüfung offenbleiben.

Und im besonderen gilt dieser Vorbehalt der Auswechselbarkeit auch für alle Oberwertungen und Einzelwertungen innerhalb eines bestimmten Anwendungsbereiches: Auch dort muß bis zur Prüfung aus der jeweiligen Lage heraus immer offenbleiben, welches Mittel dem in diesem Anwendungsbereich sinnvollen umfassenden Ziel am besten dient.

Nehmen wir als Beispiel das, was der Gesundheit dient. Dies ist ein Anwendungsbereich des Wertens, der grundsätzlich für jeden Menschen von Bedeutung ist; auf die Gesundheit keine Rücksicht zu nehmen dürfte schließlich äußerstenfalls nur dann Sinn haben, wenn es um die Rettung aus Lebensgefahr geht oder um die Freiheit im Sinne eines lebenswerten Lebens. Die reine Beziehungswertung des »Zweckmäßigen«, die ja für alle Bereiche des Mitteleinsatzes überhaupt grundlegend ist, findet in diesem Anwendungsbereich »Gesundheit« ihre sinnvolle Ausprägung in der umfassenden Mittelwertung des »Gesundheitsgemäßen«.

Was aber das »Gesundheitsgemäße« in der jeweiligen Bedingungslage ist, dafür lassen sich keine bestimmten Einzeldinge oder einzelnen Verhaltensweisen angeben. Keine Einzelwertung gehört unter allen Umständen aufgrund festliegender Merkmale zur Gruppe gesundheitsgemäßer Mittelwertungen. Was in einer bestimmten Bedingungslage der Gesundheit eines bestimmten Menschen dienen mag, schadet ihr vielleicht zu einem anderen Zeitpunkt, wenn sich die Bedingungslage geändert hat. Oder es ist unter bestimmten Umständen überhaupt nicht zu verwirklichen. Trotzdem wird immer wieder uneingeschränkt zu bestimmten Gesundheitsmitteln geraten. Sei es zu bestimmten Speisen oder zu einer bestimmten Art der Zubereitung von Speisen. Sei es zu Solbädern oder zur Hochgebirgsluft, sei es zum Zehn-Stunden-Schlaf oder zum morgendlichen Frühsport[99].

Solchen Rat, sich bestimmte Dinge zu beschaffen oder sie von sich zu weisen, bestimmte Sachverhalte zu suchen oder zu meiden, bestimmte Verhaltensweisen zu verwirklichen oder zu unterlassen, gibt es nicht nur auf dem Gebiet der Gesundheit, sondern ganz allgemein auf all den verschiedenen Teilgebieten menschlichen Verhaltens und Tuns. Ob der Rat sinnvoll ist, ergibt seine Prüfung am Maßstab des höchstmöglichen Lebensreichtums. Rat in der Gestalt von Oberwertungen und Einzelwertungen finden wir etwa — um nur einige wenige Beispiele herauszugreifen — für die Berufsausbildung und -ausübung ebenso wie für Freizeittätigkeiten, für die Feld- und Gartenbestellung oder die Tierhaltung ebenso wie für Kochen und Backen, Zubereiten und Haltbarmachen von Speisen und Getränken, für das Einrichten der Wohnung ebenso wie für das Anfertigen von Kleidungsstücken, für Sport und Spiel ebenso wie für Körper- und Schönheitspflege, fürs Selbermachen und Basteln ebenso wie für das Sammeln von allen möglichen Dingen, fürs Reisen und Wandern ebenso wie fürs Musizieren, Malen und Gestalten überhaupt, fürs Briefschreiben und freie Reden ebenso wie für den Umgang mit Taschenrechnern und mit Hochleistungsgeräten jeder Art, nicht zuletzt für die sinnvollste Zeiteinteilung und Planung ebenso wie für den Umgang mit

dem Geld, diesem vielseitigen »Mittel für die Mittelbeschaffung«, dieser einen von mehreren Gestalten, die der »Ertrag vorgeleisteter Arbeit« (das »Kapital«) annehmen kann.
Diese Oberwertungen und Einzelwertungen nun übermitteln uns Lehrer oder Lehrmeister, Ausbilder oder Übungsleiter von Fortbildungsveranstaltungen, Berater oder Menschen, die uns Auskünfte und Hinweise geben. Oder wir übernehmen sie von anderen, die für uns Beispiele oder Vorbilder sind — sei es, daß wir selbst mit diesen Menschen Verbindung haben, sei es, daß sie mittelbar auf uns einwirken durch Lehrbücher und Nachschlagewerke, durch Ratgeberbücher, Lebens- und Erfahrungsberichte oder eine der vielen anderen Formen der Gedankenübermittlung.

Das »Was« ausschöpfen: (5) Fachwissen, Auskünfte, Anweisungen, Rat, Beispiele, Vorbilder — und wie man sinnvoll damit umgeht

Was uns, wenn wir Rat suchen, als Rat übermittelt wird, kann mehr oder weniger streng *sachbezogen* sein. Es können fast »wertfreie« Erkenntnisse über Bedingungszusammenhänge sein. Diese Erkenntnisse und dieser Rat können sodann jedoch wesentliche Bestandteile von Wertungen werden, die auf Lebensbedingungszusammenhänge ausgerichtet sind. Was uns als Rat übermittelt wird, kann aber auch schon *von vornherein auf Ziele und Maßstäbe bezogen* sein. Dies können entweder die Ziele und Maßstäbe anderer Menschen sein, etwa die der Ratgeber selbst. Oder der Rat hält vom Ansatz her schon danach Ausschau, wie die Erkenntnisse als mögliche Ziele und Richtlinien auf mich als den Ratsuchenden und auf meine Lebensverwirklichung abgestimmt werden können.
Wann immer uns eine Beratung zuteil wird, ist dringend zu empfehlen, auf möglicherweise darin enthaltene *Voraussetzungen* zu achten, die der Ratgebende mehr oder weniger bewußt macht und die im Hinblick auf die Bedingungslage des Rat-

suchenden möglicherweise wenig angemessen und vielleicht sogar völlig sinnlos sind. Warum sollten wir etwa Speisen so nährwertreich zubereiten wie zu Urgroßmutters Zeiten, als noch viel mehr Menschen schwere körperliche Arbeit zu leisten hatten? Warum sollten wir die Gefahren einer bestimmten Säuglingsimpfung auf uns nehmen, wenn die Gefahr, daß die betreffende Seuche auftritt, weitestgehend gebannt ist?

Die eingebauten Vorbedingungen können aber auch bloße Vorurteile sein. Man braucht nur an »Freitag, den Dreizehnten« zu denken.

Oft läßt sich eine versteckte Vorbedingung auch ans Tageslicht bringen, wenn man fragt: »Wem kommt das zugute?« (»Cui bono?«); denn das Schwergewicht kann durchaus auf handfesten Vorteilen für den Ratgebenden liegen, denen kein entsprechender Gewinn für den Ratsuchenden gegenübersteht. Auf diese und andere Fragen des »Wer« im Werten wird aber im Teil »5.0« noch näher einzugehen sein. Als weiterer Hinweis hier nur soviel: Wird der Rat selbstherrlich und selbstgerecht erteilt oder werden Begründungen gegeben oder wenigstens gesucht? Und wieweit setzt sich der Ratgebende mit Gegengründen, mit anderen Meinungen auseinander? Wieweit versucht er überhaupt, sich in den Menschen hineinzuversetzen, den er berät? Wieweit gelingt ihm das?

Wenn wir ganz allgemein daran anknüpfend noch einmal fragen, ob sich das »Was« eher durch die Übernahme der Wertungen anderer ausschöpfen läßt oder durch selbst erarbeitete Wertungen, durch eigene Erfahrungen und Einsichten, dann gibt es keine Antwort, die unter allen Umständen richtig ist. Erst aus der augenblicklichen Bedingungslage ergibt sich, wo der sinnvollste Ansatzpunkt liegt: bei der Fremdsteuerung, bei der Selbststeuerung oder bei welcher Zwischenstufe zwischen beiden? Manches kann ich selbst besser beurteilen, manche Erfahrung bereichert das Leben, wenn man sie — zum Beispiel im Rahmen eines großen Wettbewerbs wie »Jugend forscht« — selbst macht, oder sie bleibt dadurch schlichtweg besser im Gedächtnis haften. In anderen Fällen ist es hingegen sinnvoller, sich von einem Fachmann, einem Sachverständigen oder Ortskundigen beraten zu lassen, sich beispielsweise einem Bergführer, einem Rechtskundigen oder einem Arzt anzuvertrauen. Die fremde Dienstleistung, Wertungen zu übermitteln, kann dazu beitragen, daß ich gefahrloser oder mit geringerem Aufwand mein Ziel verwirkliche. Oder sie kann mir in solchen Dingen helfen, in denen ich mir überhaupt nicht selbst zu helfen vermag — wie es etwa bei ärztlichen Bemühungen der Fall sein kann oder in sonstigen Notfällen.

»Freiheit« als Selbststeuerung in der Richtung auf »das große Was«

Auf Rat und Hilfe zurückgreifen kann also meine Lebensverwirklichung in vielen Fällen fördern; ein solches Zusammenwirken mit dem Rat oder Hilfe Gebenden darf in diesen Fällen keineswegs, von einem mißverstandenen Freiheitsbegriff aus, als »Unselbständigkeit« herabgesetzt werden.

Darüber hinaus liegt es vielen Menschen nahe, auch dort schon »grundsätzliche« Grenzen der Lebensverwirklichung zu sehen, wo lediglich bestimmte Bedingungen in mir oder um mich herum als »Sperrungen sinnvollen Handelns« wirken, die ich als Einzelmensch zwar nicht überwinden kann, die aber durch das Zusammenwirken von Menschen heute bereits überwunden werden können. Ein solches Zusammenwirken anzustreben und zu wollen ist also ein Schritt in die Richtung sinnvoller Lebensverwirklichung und in die Richtung auf »Freiheit«.

Eine altehrwürdige Begriffsbestimmung der »Freiheit« setzt voraus, daß »Anfang und Grund« (»Prinzip«) des Wollens und Handelns *in mir* liegen. Mit dieser Begriffsbestimmung hat man allerdings seine liebe Not, sobald man Ernst macht mit dem Weltbegriff des »beziehenden Denkens«, das heißt mit der Anerkennung eines alles umfassenden Gesamtbedingungszusammenhanges. Bedeutet »Freiheit« für einen Menschen soviel wie »Selbstbestimmung«? Bedeutet »Freiheit«, daß »eine« oder sogar »die« ausschlaggebende Bedingung des Wollens beziehungsweise des Handelns in dem betreffenden Menschen selbst liegt? Eine solche »Bedingung des Wollens beziehungsweise Handelns« wäre ja *die Wertung, die zum Wollen und zum Handeln führt.* Aber auch mit dieser Aussage kann man noch nicht so recht froh werden, sie ist nicht ausreichend; gibt es denn nicht genug Wertungen, die zwar — leider — »in mir« liegen mögen, die aber nichtsdestoweniger den Rahmen meines Wollens und Handelns lebenshemmend einengen und in dieser Enge festlegen? Haben wir in solchen Wertungen nicht geradezu ein Zerrbild, ja ein Gegenbild der »Freiheit«? Bin ich nicht um so freier, je mehr Möglichkeiten der Lebensverwirklichung ich habe? Und diese Möglichkeiten erschließen sich mir ja gerade durch eine Selbststeuerung in der Richtung auf »das große Was«. Und je sinnvoller mir die Selbststeuerung in dieser Richtung gelingt, durch desto größere Zustimmung ist auch mein Werten gekennzeichnet.

Wir sind also gut beraten, von einer unzureichenden Begriffsbestimmung der »Freiheit« Abschied zu nehmen und uns mit der Erkenntnis vertraut zu machen, daß es verschiedene *Stufen des Freiseins* (»Freiheitsgrade«) gibt. Jede sinnvolle Selbststeuerung ist gebunden an den Bedingungsrahmen, dessen unüberschreitbare Grenzen einerseits von den eigenen Anlagen, andererseits durch die Kulturhöhe der Zeit vorgegeben sind. Innerhalb dieses Rahmens aber liegt der Spielraum, den es zu nutzen und auszuschöpfen gilt: Das *unmittelbare Werten* etwa läßt sich beeinflussen erstens durch absichtliche Förderung ererbter Fähigkeiten zu Lebensvorgängen, indem wir diese Fähigkeiten beispielsweise durch Übung ausbilden, und zweitens durch die absichtliche Nichtentwicklung dieser Fähigkeiten, indem wir sie durch Nichtgebrauch verkümmern lassen. Indem wir unser unmittelbares Werten beeinflussen, vermögen wir auf diese Weise auch unser Verhalten »selbstwählend« zu beeinflussen.

Das *mittelbare Werten* dagegen läßt sich auf verschiedene Weise auf-, aus- und umbauen: Eine ganze Reihe solcher Möglichkeiten haben wir uns bereits in diesem Abschnitt vergegenwärtigt. Nehmen wir hier die Wahl eines Fahrzeuges noch einmal als Beispiel: Richtet sich meine Wertung auf eine bestimmte Automarke, bei welcher der Kauf eines Wagens vielleicht meine geldlichen Mittel übersteigt oder aber mangels Angebot oder Liefermöglichkeit scheitert, dann habe ich mir die Verwirklichung meiner Wertung sozusagen selbst verbaut; richtet sich dagegen meine Wertung auf »das größere Was«, hier also etwa auf einen »fahrbaren Untersatz« überhaupt, dann bin ich schon ein gutes Stück freier in meiner Lebensverwirklichung.

Dies eine Beispiel steht jedoch für viele, viele Wertungen auf allen Teilgebieten der Lebensentfaltung. Jede Trugwertung und jede Trughaltung verkleinert meine Freiheit. Die »Freiheit« als Selbststeuerung in der Richtung auf »das große Was« – und letztlich in der Richtung auf den höchstmöglichen Lebensreichtum – ist ein bedingter und keineswegs ein für allemal gegebener Beziehungszusammenhang. Das bedeutet nicht zuletzt: Wir können uns die Freiheit – die erreichte Stufe freien Wollens und Handelns – nur bewahren, wenn wir sie uns jeden Tag neu erobern[100].

5.0 Das große WER

Wer wertet? (Die Frage nach dem *Wertungssubjekt.)* Auf den ersten Blick scheint — nach allem, was wir bisher über das Werten erörtert haben — die folgende Antwort nahezuliegen: Welche Wertung es auch sei, die wir gerade untersuchen, als Wertender, das heißt als das »Wer« des Wertens (das Wertungs-»Subjekt«), ist doch wohl derjenige anzusehen, dessen Wertung — als Wertung dieses einzelnen Menschen — in diesem Augenblick jeweils Gegenstand der Untersuchung ist. Gilt das nicht für mittelbare Wertungen ebenso wie für unmittelbare Wertungen?

Vom Lebensvorgang des Wertens her gesehen, ist daran offenbar nicht zu zweifeln; denn in der Tatsache, daß im Bewußtsein irgendein »Gegenstand« mit einem Wertton verschmolzen »gegeben« ist, wirkt sich selbstverständlich die augenblickliche Leistung des Gehirns dieses betreffenden einzelnen Menschen aus.

Und doch läßt sich bei einer Wertung die Frage »Wer wertet?« noch in einem anderen Sinne auffassen. Wir brauchen die Frage nur um ein Wort zu erweitern: »Wer wertet so?« oder »Wer wertet dies?«. Wenn wir auf solche Weise fragen, wird sofort ganz deutlich, daß ein Mensch in einer Wertung auch über sein eigenes augenblickliches Werten hinaus ein anderes Werten mit zu Wort kommen lassen kann. Er kann in seiner Wertung etwa sein eigenes zukünftiges Werten mitsprechen lassen. Er kann aber auch das Werten eines anderen Menschen mit einschließen. Das Werten eines Menschen und das Werten eines anderen Menschen können übereinstimmen: Beide werten »so«, beide werten diesen »Gegenstand« — dieses Ding, diesen Sachverhalt, diese Verhaltensweise.

Das »Wer« meines Wertens kann größer oder kleiner sein: Ich kann es mehr oder weniger »ausweiten«

Ich kann in meinem Werten entweder nur mein augenblickliches Ich berücksichtigen, oder ich kann das »Wer« meines Wertens über die Gegenwart hinaus, genauer: über einen nur begrenzten Zeitraum hinaus, ausweiten — »zeitlich ausweiten«. Sei es, daß ich in meine Wertung auch mehr oder weniger von meinem zukünftigen Werten mit einbeziehe, soweit ich das heute schon in Gedanken vorwegnehmen kann. Sei es, daß ich — etwa in der Erinnerung — mehr oder weniger von meinem vergangenen Werten mit hineinnehme. In beiden Fällen weite ich das »Wer« meines Wertens der Zeit nach aus: über einen Zeitraum hinaus und in diesem Sinne sozusagen *»überzeitlich«*.
Außerdem kann ich aber auch das Werten eines anderen Menschen oder einer kleineren oder größeren Anzahl anderer Menschen in meiner Wertung mitberücksichtigen. Ich weite dann das »Wer«, das in meiner Wertung zur Geltung kommt, *»über mein Ich hinaus« (»überpersönlich«)* aus.
Und wenn ich zudem auf die Zukunft anderer Menschen oder etwa auf ihre Erinnerungen wertend Rücksicht nehme, dann verbinde ich die Ausweitungsrichtung »über mein eigenes Ich hinaus« zugleich mit der Ausweitungsrichtung »über die Gegenwart hinaus«.

5.1 Bedingungszusammenhänge

Unter welchen Bedingungen erfolgt bei einer Wertung eine umfassendere oder geringere Ausweitung des »Wer«?

Was sind die Bedingungen dafür, daß ich das »Wer« meines Wertens umfassender ausweite oder enger halte? Unter welchen Bedingungen kommt es dazu, daß meine Wertung nicht nur von meinem augenblicklichen Werten bestimmt ist, sondern auch noch von meinem zukünftigen – oder vergangenen – Werten oder daß sie das Werten anderer Menschen mitberücksichtigt? Welche Bedingungen sind es, unter denen das Werten eines Einzelmenschen einmal auf ein kleineres »Wer«, ein anderes Mal aber auf ein größeres »Wer« ausgerichtet ist?

Fälle, in denen wir dieses »Wer« über unser eigenes Augenblicks-Ich hinaus ausweiten, das heißt »zeitlich ausweiten«[101], sind beispielsweise gegeben, wenn eine schwere Arbeit bejaht wird, mit der man einen Vorrat für Notzeiten anlegen will, oder wenn jemand wohlüberlegt und absichtlich die Mühe als Mittel bejaht, die nötig ist, um eine neue Fähigkeit, ein neues Können zu erwerben, etwa sich eine neue Arbeitsweise (Arbeitstechnik) anzueignen. Bedingungen für die zeitliche Ausweitung des »Wer« sind die sich aus Erfahrungen und Überlegungen ergebenden Vorstellungen des Möglichen und das Wissen um sichere, wahrscheinliche oder mögliche Folgen gegenwärtigen Verhaltens, um Voraussetzungen für das in der Zukunft Angestrebte.

Fälle, in denen wir das »Wer« des Wertens über unser eigenes Ich hinaus (»überpersönlich«) ausweiten, können wir uns in den folgenden Beispielen vergegenwärtigen.

Geben wir einem Kind ein Spielzeug zurück, das ihm vielleicht außer Reichweite gefallen war, dann beobachten wir seine Freude. Diese Freude »steckt uns an«. Wir freuen uns mit ihm. Dieses Miterleben der Freude ist eine Art des Erlebens, die wir selbst zustimmend werten. Liegt es daran, daß wir uns »vorstellen können«, was das Kind empfindet? Oder wirkt dabei ein ursprünglicherer Lebensvorgang? Hier scheint offenbar etwas zugrunde zu liegen und vor sich zu gehen, das über das »Vorstellen« hinausgeht. Tiere haben ja wohl in unserem Sinne keine »Vorstellungen«, trotzdem können sich auch unter Tieren »Stimmungen« ausbreiten. Der Weg dürfte über die wahrgenommenen »Ausdrucksbewegungen« gehen und über so etwas wie »Nachahmung«. Lassen nicht nachgeahmte Ausdrucksbewegungen auch das Ausgedrückte »nachahmen«, das heißt: gleichartig empfinden?

Oder: Wir machen einem Kind eine besondere Freude, wir erfüllen ihm einen bestimmten Wunsch. Wir fördern ein Kind ganz allgemein. Denken wir daran, was jemand dabei erlebt — miterlebt. Wenn etwa eine Mutter oder eine Lehrerin dem Kind etwas beibringt, eine Tätigkeitsmöglichkeit, ein Tätigkeitsfeld eröffnet, auf dem es dann mit Eifer und Ernst tätig wird: Warum tut das die Mutter? Warum tut das die Lehrerin? Doch nicht oder nicht nur um des wie auch immer gearteten Lohnes in Worten oder etwa in Geld willen, sondern sie tun es »für das Kind«. Und sie tun es zugleich »gern« für das Kind. Das Bewußtsein, dem Kind neue, von ihm zustimmend gewertete Lebensmöglichkeiten eröffnet zu haben, ist ihnen Lohn in sich selbst.

»Einfühlungsvermögen«? »Mutterliebe« oder »Liebe zum Kind?« »Nächstenliebe«? »Verantwortungsbewußtsein«?

Soll man dabei von »Einfühlungsvermögen« sprechen? Von »Mutterliebe« oder »Liebe zum Kind«? »Von Nächstenliebe«? Von »Verantwortungsbewußtsein«?

Um über diese Bedingungszusammenhänge mehr Klarheit zu gewinnen, stellen wir uns zum Vergleich vor, wir würden uns gegenüber einem erwachsenen Menschen in ähnlicher Weise verhalten. Sicherlich fällt es uns nicht schwer, Beispiele zu nennen, in denen es um die Hilfe für den Schwächeren geht: einer kranken oder alten und gebrechlichen Mitbewohnerin desselben Hauses den Mülleimer die Treppen hinunterzutragen oder ihr einen Einkaufsweg abzunehmen.

Aber wenn der andere Mensch nun weder Kind noch sonstwie hilfsbedürftig ist? Denken wir wirklich bei jeder »Dienstleistung« an ein Entgelt? Oder an strikte »Gegenseitigkeit«?: Gieße ich während deines Urlaubs deine Blumen, nimmst du während meines Urlaubs meinen Wellensittich in Pflege. Oder daran, daß etwas »Sitte« ist? Daß es zur »Rolle« gehört? Oder handle ich aufgrund eines Befehls, der aus meinem »Überich« kommt? Oder macht es mir ganz einfach Freude?

Hierbei gibt es sicherlich Unterschiede von Mensch zu Mensch. Der eine ist umgänglich, höflich, zuvorkommend, freundlich, hilfsbereit, liebenswürdig, aufmerksam, verbindlich, behilflich, wohlwollend, nachbarschaftlich, freundschaftlich, brüderlich, gütig oder herzensgut. Der andere dagegen ist eher lieblos, kaltherzig, gleichgültig. Oder er ist ungezogen und unhöflich. Oder verschlossen und abweisend.

Es ist eingehender Untersuchung wert, wieweit die Fähigkeit zum umgänglichen und freundlichen Miteinander, zum Sich-freuen-Können, wenn sich der andere freut, ein anlagebedingter Lebensvorgang ist. Und wieweit das entsprechend auch bei der Unfähigkeit, sich mitzufreuen, bei der »Gefühlskälte«, der Fall ist.

Bei gesunden Kindern kann man es in einem bestimmten Lebensalter immer wieder beobachten, daß sie gern teilen, daß sie sich mit dem anderen freuen können, daß das Fühlen und Erleben des anderen gewissermaßen in das eigene Fühlen und Erleben »hineingenommen«, einbezogen wird, daß es hineinwirkt. Im eigenen Erleben erklingt ein Widerhall, es kommt zu einem Mitschwingen. Oder anders ausgedrückt: Das eigene Erleben wird auf das des anderen ausgeweitet. Das Erleben des anderen wird zum mitbestimmenden Bestandteil des eigenen Erlebens, es bereichert das eigene Erleben. Daß es sich bei diesem Zusammenklang, diesem Einklang und Gleichklang des Erlebens um eine allgemeine menschliche Fähigkeit handelt, bestätigen zahllose Lebensberichte und findet besonders eindrucksvoll in vielen dichterischen Werken seinen Niederschlag.

Im Erleben – und in der Folge davon dann auch im Werten – gibt es also diese Ausweitung des »Wer«, wenngleich in verschiedener Weise und in verschiedenem Ausmaß. In manchen Gesellschaften finden wir sie ausgeprägter, in anderen weniger ausgeprägt. Das belegen die Ergebnisse der Wissenschaft von kulturbedingten Unterschieden menschlichen Denkens, Wertens und Verhaltens (der Kulturanthropologie). Sie berichtet von freundlichen Stämmen, aber auch von einem Stammesverhalten, das durch gegenseitiges Mißtrauen geprägt ist[102].

Ein Gleichklang des Fühlens ist auch als Erscheinung, die nur eine gewisse Zeit hindurch Bestand hat, zum Gegenstand vieler Untersuchungen geworden. Wenn mehrere Menschen zu einer »Masse« werden, kann der Funke der Begeisterung — etwa für die Fußball-Heimmannschaft — oder aber der des Hasses überspringen und sich wie ein Lauffeuer ausbreiten.

Auch so etwas wie ein »Nachahmungstrieb« wird an manchen Erscheinungen dieser Art mehr oder weniger beteiligt sein. Das Mitgerissenwerden durch das beobachtete Verhalten des anderen ist eine wichtige allgemein menschliche Gesetzmäßigkeit. Vom Nachahmungslernen des Säuglings bis zum Übermut kindlichen Nachmachens und schließlich bis zum »Versuchen wir es auch einmal so« der Erwachsenen können wir dies durch alle Lebensstufen hindurch feststellen. Daß wir irgendein Verhalten zu einem bestimmten Zeitpunkt zustimmend werten und gegebenenfalls auch ausführen, dafür ist oft auf den ersten Blick kein weiterer Anlaß zu sehen, als daß jemand anders uns ein solches Verhalten vormachte.

Die Erkenntnisse über die Vorgänge der Wertbildung mahnen uns jedoch, die Ausweitung des »Wer« begrifflich noch genauer zu bestimmen. Ist Miterleben immer schon Mitwerten? Muß nicht etwa zwischen einem Anflug unmittelbaren Mitwertens einerseits und einem — möglicherweise durch Oberwertungen und das Einschalten des Denkens beeinflußten — mittelbaren Mitwerten andererseits schärfer unterschieden werden?

Vergessen wir nicht: Die Verführung eines Kindes, eines erwachsenen Menschen, ja eines ganzen Volkes gelingt um so leichter, je besser sich der Verführer in das Erleben und Werten des Kindes, des Erwachsenen, des Volkes hineinversetzen und »einfühlen« kann. Sprechen wir von »Verführung« aber letztlich nicht nur dann, wenn der Verführer *gegen* den höchstmöglichen Lebensreichtum der verführten Menschen wertet?

Die Einfühlungsfähigkeit, ja das Mitschwingen des Erlebens muß nicht zugleich von einem gleichlaufenden »Mitwerten« begleitet sein[103]. Selbst wenn man sich in das »Glück« eines anderen hineinversetzen kann, treten vielleicht Gefühle des »Neides«

und der »Mißgunst« auf und führen zu einer ablehnenden Wertung: Man gönnt dem anderen das Glück nicht. Und selbst wenn man Ärger und Sorge eines anderen »nachfühlen« kann, wendet man sich wertend vielleicht gar nicht gegen die Ursachen, sondern läßt das eigene Werten letztlich vom »Vergeltungsdrang« oder von der »Schadenfreude« bestimmen.
Unabhängig von jeder Einfühlung muß also begrifflich gesondert scharf herausgearbeitet und deutlich festgehalten werden, wie weit beim jeweiligen Vorgang des *Wertens* die Ausweitung des »Wer« (die Ausweitung des Wertungssubjektes) geht. Wie groß jeweils der berücksichtigte Kreis der Wertenden ist.
Nichtsdestoweniger kann jedoch die Einfühlung — im Laufe der seelischen Entwicklung des Einzelmenschen — unterstützend daran mitwirken, daß sich die Fähigkeit ausbildet, das »Wer« des Wertens auszuweiten.

Geteiltes Leid ist halbes Leid. Geteilte Freude ist doppelte Freude.

In dieser Richtung wirken die Erfahrungen, daß die mitfühlende Anteilnahme anderer am eigenen Leid und in eigener Not helfen kann, die schwere Last zu tragen — ja mitunter überhaupt ertragen zu können, ohne unter ihr zu zerbrechen. Wo dieses *Zusammenrücken* und *Zusammenstehen in Not,* (diese »Solidarität«) erfahren wird, kann daraus eine Stärkung erwachsen für die Haltung des »Mitwertens« für andere.
Aber auch wo Glück, Begeisterung und Freude einfühlend miterlebt werden konnten und durch dieses gemeinsame Erleben nur noch gesteigert wurden, kann daraus eine Stärkung erwachsen für die Haltung des »Mitwertens« mit anderen.

Welche anderen Bedingungen führen beim Werten zu einer umfassenderen oder geringeren Ausweitung des »Wer«?

Gibt es außer der »Einfühlung« und dem »Mitfühlen« noch andere Bedingungen, die eine »Übereinstimmung im Werten«, ein »Mitwerten« bewirken oder zumindest fördern?

Übereinstimmung meines Wertens mit dem Werten anderer Menschen – und ohne weitere Bestimmung sei das erst einmal gleichbedeutend mit einer »Ausweitung« des »Wer« meines Wertens – kann auf verschiedenen Wegen der *Werttonübertragung* zustande kommen:

- Aus meinen zustimmend gewerteten Erfahrungen heraus etwa, die ich mit einem bestimmten Menschen gemacht habe, kann sich der Wertton der Zustimmung mit diesem Menschen verknüpfen und von da aus auch auf alles übergehen, was dieser andere sagt und tut. Ich habe auf diese Weise eine »Sammelwertung« gebildet – »das von diesem Menschen Gewertete« – und bin damit vielleicht sogar unter den Einfluß einer »Schein-Beziehungswertung« geraten. Eine solche Wertbildung wird mitunter auch dort in Bewegung gesetzt, wo der andere der Stärkere ist, ja sogar dort, wo er der Angreifer (Aggressor) ist.
- Im Zusammenhang mit meinem Streben nach Geltung, meinem Verlangen, von anderen anerkannt zu werden, überträgt sich der Wertton der Zustimmung auf alles, wodurch ich Geltung und Anerkennung erlangen kann. Und oft genug kann ich ja Geltung und Anerkennung ernten, wenn ich so werte und handle, wie es den Wertungen der anderen entspricht, deren Anerkennung ich ersehne. Zum Streben nach »Geltung« gehören auch die verschiedenen Erscheinungen des Strebens nach einem bestimmten, nach einem möglichst hohen »Rang«.
- Dasselbe gilt für ein Streben nach Gemeinschaft, für das Verlangen, zu einer Gruppe gehören zu dürfen, überhaupt dabei sein zu dürfen, auch wenn kein besonderer Geltungsgewinn dabei für mich abfällt. Kein Wunder dann, daß ich bald so werte, wie »man« wertet, wie es allgemein »Sitte« ist.
- Dem äußeren Anschein nach liegt eine Übereinstimmung meines Wertens mit dem Werten eines anderen Menschen auch vor, wenn ich eine bestimmte Wertung bekunde, um von dem anderen Menschen dafür eine bestimmte Gegenleistung zu er-

halten. Äußerliches »Entgegenkommen«, Zum-Munde-Reden, ja Schmeicheleien werden eingesetzt, um einen bestimmten Zweck zu erreichen. Sei es, daß der andere mir etwas schenken soll, sei es, daß er mir etwas abkaufen soll, oder sei es, daß ich irgendein sonstiges Verhalten bei ihm auslösen möchte. Es sind Tauschgeschäfte des Wertens. Viele Lernvorgänge prägen uns viele solcher Wenn-dann-Zusammenhänge ein: Ich gebe dir ein »Mitwerten«, damit du mir ein Verhalten gibst, das ich zustimmend werte.

Eine Übereinstimmung meines Wertens mit dem anderer Menschen durch Werttonübertragung kann aber auch auf dem Umweg zustande kommen, daß ich durch »Übereinstimmung im Werten« etwas, das ich ablehnend werte, vermeiden will:

- Der Vorgang der »Eingliederung in die Gesellschaft« (der »Sozialisation«) wird auch unterstützt durch die Drohung mit dem »Liebesentzug«, der für den Fall angedroht und dann auch ausgeübt wird, wenn das Kind nicht so wertet und handelt, wie etwa die Eltern das wollen. Dieser Zusammenhang hilft zu erklären, wie sich aus dem zweigleisigen Erleben, »den Vater zu fürchten und zu lieben«, das »Überich« herausbilden kann.
- Ich werte so, wie ich meine, werten zu müssen, um keine »Geltung« einzubüßen.
- Ich werte so, wie ich meine, werten zu müssen, um nicht aus der Gemeinschaft ausgestoßen zu werden.
- Ich werte so, wie ich meine, werten zu müssen, um bestimmte Vorteile oder Rechte oder ein bestimmtes sonstiges Verhalten anderer mir gegenüber nicht zu gefährden oder gar zu verlieren.

Die Übereinstimmung meiner Wertungen mit den — sinnvollen oder sinnwidrigen — Wertungen anderer kann aber auch gar nicht erst zustande kommen oder wieder verloren gehen, wenn beispielsweise die Beziehungen zu anderen Menschen auf irgendeine Weise grundlegend gestört sind, wenn sehr schlechte Erfahrungen mit anderen Menschen dazu führen, daß man sich gegen andere wehrt oder sich zurückzieht, oder wenn auf Seiten der anderen krasse Ich-Sucht oder gar Feindseligkeit vorgelebt werden und wenn dies auf meiner Seite eine bedauerliche »Anpassung« an das vorgelebte »Nicht-Mitwerten« zur Folge hat. Sosehr in der letztgenannten Einstellung ein Widerspruch zu liegen scheint, sosehr veranlaßt uns doch die tatsächliche Verbreitung dieser Verhaltensausrichtung des »Nicht-Mitwertens«, zusätzlich zwischen »sinnvollen« und »sinnwidrigen« Übereinstimmungen zu unterscheiden. Eine wertende Übereinstimmung als Anpassung an die vorgelebte Feindseligkeit (Aggressivität), an den »Kampf aller gegen alle« liegt jedenfalls nicht in der Richtung auf den höchstmöglichen allgemeinen Lebensreichtum. Auch dann nicht, wenn die »Ich-Haltung« (der »Egoismus«) zwar überwunden, aber nur zu einer »Ich-Wir-Haltung« (einem »Gruppenegoismus«) erweitert wird und an der Grenze des »Wir« dann vielleicht nur um so heftiger in eine Haltung feindlicher Entgegensetzung gegen eine andere Gruppe, etwa ein anderes Volk, umschlägt.

Ein »Mitwerten«, das den allgemeinen Lebensreichtum nicht mindert, sondern steigert, bedarf demgegenüber noch anderer Bedingungen. Zu den bereits erörterten Bedingungen für ein »Mitwerten« muß unter Umständen das Gespräch und der Gedankenaustausch (die Kommunikation) hinzukommen, nicht nur um die Auffassungen und die Wertungen der anderen Menschen kennenzulernen, sondern auch damit jeder der Beteiligten seinerseits prüfen kann, wieweit die eigenen Wertungen zum höchstmöglichen allgemeinen Lebensreichtum beitragen.

Da die bloße »Ausweitung« des »Wer« allein nicht gewährleistet, daß das eigene Werten und Handeln einen Beitrag zum höchstmöglichen allgemeinen Lebensreichtum leistet, sei die Betrachtung der Bedingungszusammenhänge vorläufig ausgesetzt. Im Abschnitt »5.3« werden erst noch zusätzliche Voraussetzungen zu erörtern sein.

Anhand des Abschnittes »5.5« lassen sich dann Schlußfolgerungen im Hinblick auf Bedingungszusammenhänge ziehen, die das Werten zu einer möglichst sinnvollen Ausweitung des »Wer« führen.

5.2 Wertungsgefüge

Im Wertungsgefüge eines Menschen finden sich Wertungen mit einer größeren Ausweitung des »Wer« neben Wertungen mit einer geringeren Ausweitung des »Wer«. Und unter meinen Wertungen wird in den einen etwa dieses fremde »Wer«, in den anderen jenes fremde »Wer« mitberücksichtigt.
Das Werten des kleinen Kindes hängt — nehmen wir den Regelfall an — noch weitgehend an der »Nabelschnur« des mütterlichen Wertens, und das »Wer« seines Wertens muß sich erst Schritt für Schritt dem elterlichen »Wer« gegenüber verselbständigen. Es entfaltet sich auf Seiten des Kindes aus dem gegenseitigen »Mitfühlen« als einer Vorstufe des »Mitwertens«.
Das Werten des Schulkindes nimmt dann in den über die Familie hinausgehenden zwischenmenschlichen Beziehungen der Kameradschaftlichkeit und der Freundschaft etwa auch schon eine Anzahl anderer Kinder in das »Wer« seines Wertens mit hinein[104].
Der Erwachsene ist schließlich in ein vielmaschiges Netz zwischenmenschlicher Beziehungen hineingebunden: Die Bedingungszusammenhänge verschiedener stärkerer oder geringerer Ausweitungen des »Wer«, die sich zudem auch auf verschiedene andere Menschen beziehen können, haben das Wertungsgefüge des Erwachsenen als ein Gefüge verschiedener »Wer«-Beziehungen mitgestaltet.

Das Netz zwischenmenschlicher Beziehungen:
Mit A. Neben B. Unter C. Über D. Vor E. Hinter F. Ohne G. Gegen H.

Nehmen wir als Beispiel zwei Menschen, die zusammen und füreinander leben. Der eine lebt mit dem anderen. Nennen wir es: Er lebt *mit* A. Zugleich aber lebt er in seinen Arbeitsstunden *neben* B: Er sieht diesen anderen Mitarbeiter B täglich am Nebenarbeitsplatz, ohne daß er weiter mit ihm zu tun hätte. Drittens lebt er *unter* C: unter seinem »Vorgesetzten«, dem Abteilungsleiter C. Viertens *über* D: Eine Aushilfskraft D wird für einige Wochen eingestellt, um ihm als sein »Untergebener« bei einer umfangreichen Aufgabe zur Hand zu gehen. Fünftens lebt er *»vor«* E: Was sein Einkommen und bestimmte Vorrechte betrifft, hat er sich gegenüber einem anderen Sachbearbeiter mit ähnlichem Aufgabengebiet, nämlich E, einen bevorzugten Platz in der Rangordnung erobert. Sechstens lebt er *»hinter«* F: Ein älterer Mitarbeiter F verdient mehr als er und hat auch größere Vollmachten. Siebentens lebt er *ohne* G: Viele andere Menschen, die vielleicht täglich seinen Weg kreuzen, etwa G, nimmt er als einzelne Menschen gar nicht besonders wahr. Und achtens lebt er vielleicht *gegen* H: Er will dem von ihm ablehnend gewerteten Einfluß eines »Gegners«, nämlich H, nach Kräften entgegenwirken.

Das »Wer« des Wertens wird beeinflußt von der Zugehörigkeit zu Gruppen

Wenn das Verhalten mehrerer Menchen einer wechselseitigen Steuerung unterliegt, spricht man von einer »Gruppe«: Was in einer Gruppe der eine tut, beeinflußt in besonderem, oft sehr weitgehendem Ausmaß das, was alle oder einzelne andere tun, und wird durch das Tun anderer seinerseits beeinflußt. Dieser Einfluß erstreckt sich auch auf das Werten. Was die Mutter oder der Vater werten, hat Einfluß auf das Werten der Kinder und umgekehrt. Was der Freund wertet, hat Einfluß auf das Werten seines Freundes und umgekehrt. Was der Leiter eines Unternehmens oder einer Arbeitsgruppe wertet, hat Einfluß auf das Werten seiner Mitarbeiter und umgekehrt. Was die Staatsführung wertet, hat Einfluß auf das Werten der Staatsbürger und umgekehrt. Und wir sind zugleich und nebeneinander Kind, Freund, Mitarbeiter und Staatsbürger. Man spricht von verschiedenen *»Rollen«*, die ich »als Kind«, »als Freund«, »als Mitarbeiter« und »in meiner Eigenschaft als Staatsbürger« zu spielen habe und spiele.

Das »Wer« des Wertens wird beeinflußt von der gegenseitigen Einwirkung der Gruppenmitglieder aufeinander (von der »Gruppendynamik«)

Diese »Rollen« sind aber keineswegs für jeden, der »als Kind«, »als Freund«, »als Mitarbeiter« oder »als Staatsbürger« wertet und handelt, die gleichen. Denn die Zusammenhänge der »gegenseitigen Einwirkung der Gruppenmitglieder aufeinander« (der »Gruppendynamik«) sind von Gruppe zu Gruppe verschieden: von Familie zu Familie, von Freundschaft zu Freundschaft, von Unternehmen zu Unternehmen beziehungsweise von Arbeitsgruppe zu Arbeitsgruppe, von Staat zu Staat.
In der »Rolle«, die ich in einer Gruppe spiele, kann je nach dem Staat, je nach dem Unternehmen usw. Verschiedenes von mir erwartet werden; die »Rolle« als *Gesamtheit der von mir erwarteten Verhaltensweisen, auf die das Verhalten der anderen abgestimmt ist,* kann sehr viele Einzelheiten umfassen oder nur wenige, kann mir einen größeren oder kleineren Auslegungsspielraum lassen, kann meine Selbstbestimmung und Selbststeuerung mehr oder weniger fördern oder unterdrücken. Denken wir etwa an die Rollen von »Mann« und »Frau«, von »Schüler« und »Lehrer« oder beispielsweise an die Rolle des »Fahrgastes« im Flugzeug, in der Bahn oder in einem anderen Fahrzeug und an die Gegenrolle eines anderen Menschen, der als eigener Unternehmer oder als Beauftragter für einen zweckentsprechenden Ablauf des Fluges oder der Fahrt Sorge tragen will oder soll

und dem man dafür bestimmte Befugnisse zuerkennt. Wir sehen an dem letztgenannten Beispiel recht gut, wie verschieden die »Rolle« durch das Wechselspiel zwischen den eigenen Wertungen und den Wertungen anderer bestimmt sein kann, insbesondere auch, was das »Wer« des Wertens betrifft: Derselbe Mensch, der sich während des Fluges den Anweisungen des Flugzeugführers widerspruchslos fügt, gibt vielleicht dem Fahrer seines eigenen Wagens ganz bestimmte Anordnungen.

Einer »Rolle« entsprechend zu werten kann den allgemeinen Lebensreichtum steigern oder mindern

Der Begriff der »Rolle« hat in der Gesellschaftswissenschaft (Soziologie) wohl auch deswegen eine so weitgehende Verbreitung gefunden, weil er es erlaubt, im Hinblick auf Wert oder Unwert einer zwischenmenschlichen Verhaltensweise ohne Stellungnahme (neutral) zu bleiben. Die Beschreibung von »Rollen« stellt nur fest, daß *irgendetwas, das von anderen Menschen wahrgenommen wird, das in ihr Leben hineinwirkt,* in bestimmter Weise gewertet wird. Bei diesem zwischenmenschlichen Verhalten erwarte ich, daß die anderen – ihrer »Rolle« entsprechend – mit einem bestimmten Verhalten darauf antworten, das ich zustimmend oder zumindest nicht ablehnend werte. Und ich berücksichtige, daß die anderen von mir ein bestimmtes Verhalten erwarten, das sie zustimmend oder zumindest nicht ablehnend werten. Wir sehen hier einmal ab von dem abgelehnten »Rollen«-Verhalten des »Feindes«. Die Tatsache aber, daß mir für mein zwischenmenschliches Verhalten durch das zu erwartende Antwortverhalten der anderen »Belohnung« – oder andernfalls »Bestrafung« – in Aussicht gestellt ist, sagt noch nichts darüber aus, ob mein zwischenmenschliches Verhalten den allgemeinen Lebensreichtum steigert oder mindert.

In meinem Wertungsgefüge kann sich also manches »Rollen«-Verhalten, das sinnwidrig ist, neben manchem anderen »Rollen«-Verhalten finden, das durchaus sinnvoll ist. Ob es jeweils sinnvoll oder sinnwidrig ist, hängt zudem von Fall zu Fall davon ab, ob das »Rollen«-Verhalten in einer gegebenen Bedingungslage dem Lebensreichtum dient. Und es hängt davon ab, ob nur der Lebensreichtum eines engen »Wer« dadurch gefördert wird oder der eines größeren »Wer«.

Verschiedene Möglichkeiten des Gegensatzes zwischen einem »Wer« des Wertens und einem anderen »Wer«

Wenn wir es einmal noch offenlassen, wie sinnvoll oder sinnwidrig die einzelnen Wertungen jeweils sind, dann ergeben sich begrifflich verschiedene Möglichkeiten des Gegensatzes zwischen einem »Wer« des Wertens und einem anderen »Wer«:

- Die Wertung für die Gegenwart kann beispielsweise der Wertung für die Zukunft widersprechen: Wenn mein beziehungsweise unser gespartes Geld schon jetzt vollständig ausgegeben wird, können die für das nächste Jahr gefaßten Pläne nicht mehr verwirklicht werden. — Dürfen wir heute mit Kraft- oder Rohstoffen darauf loswirtschaften, dürfen wir unsere Umwelt zerstören, wenn dies aller Voraussicht nach Jahrzehnte oder Jahrhunderte später verheerende Folgen hat? — Wie lassen sich sinnvolle Wege finden?
- Die Wertung eines anderen Menschen kann meiner eigenen Wertung widersprechen. Wieweit läßt sich die Wertung des anderen mitberücksichtigen?
- Ein Widerspruch kann sich beispielsweise ergeben, wenn ich die Wertung des einen Freundes und zugleich die Wertung des anderen Freundes berücksichtigen will. Wie läßt sich ein sinnvoller Weg finden?
- Meine Wertung »für mich allein« — sei es für die Gegenwart, sei es über die Gegenwart hinaus — kann meiner Wertung »als Mitglied der Gruppe A« widersprechen. Wieweit lassen sich beide Wertungen zugleich berücksichtigen?
- Meine Wertung »als Mitglied der Gruppe A« kann meiner Wertung »als Mitglied der Gruppe B« widersprechen. Dabei kann A, etwa die »Familie«, wiederum eine Teilgruppe von

B, etwa dem »Volk«, sein. Wieweit lassen sich beide Wertungen zugleich berücksichtigen?

- Meine Wertung »als Mitglied der Gruppe A« kann der Wertung der Mitglieder einer anderen Gruppe widersprechen. Wieweit läßt sich die Wertung der anderen Menschen mitberücksichtigen?

5.3 Richtungsweiser

Je belastender sich diese Gegensätze auswirken, desto drängender stellt sich die Frage nach einem übergeordneten Maßstab und Prüfstein (Kriterium), um damit – wenigstens grundsätzlich – den Weg zu einer sinnvollen Entscheidung öffnen zu können.

»Das große Leben« als neuer Maßstab läßt mich in meinem Werten »überzeitlich« und »über mich als Einzelmenschen hinaus« (»überpersönlich«) anderes Werten mitberücksichtigen

Bei der Suche nach einem solchen Maßstab sprechen für den Richtungsweiser *»höchstmöglicher Reichtum an Lebensvorgängen«* alle jene Gründe, die bereits im Abschnitt »4.3« im einzelnen dargelegt wurden.
Auf der inzwischen erreichten Stufe der Erörterung ist jedoch die begriffliche Bestimmung des Richtungsweisers durch folgende Gedanken zu ergänzen: Wenn ich mir die Eingliederung meines augenblicklichen Ichs in umfassendere Bedingungszusammenhänge vor Augen führe, dann sehe ich zum einen, daß mein Ich nicht zuletzt bedingt ist durch die vergangenen Gegebenheiten und Vorgänge in mir und um mich herum – also durch mein früheres Ich und seine Lebensumstände. Zum anderen sehe ich: Wie immer mein augenblickliches Ich auch beschaffen ist und sich verhält, wirkt es wiederum stets als Bedingung ein auf mein zukünftiges Ich, auf meine zukünftigen Lebensumstände, auf das zukünftige Geschehen überhaupt. Aber mehr noch: In

Vergangenheit, Gegenwart und Zukunft ist mein Ich jeweils eingegliedert in die mitmenschlichen (sozialen) Bedingungszusammenhänge; mein Leben und mein Lebensreichtum sind mitbedingt durch das Einwirken anderer Menschen auf mich, und umgekehrt wirkt mein eigenes Verhalten auf das Leben und den Lebensreichtum anderer Menschen ein.
Wann immer also vom »Reichtum an Lebensvorgängen« die Rede ist, müssen wir mithin genauer fragen, *wessen* Lebensvorgänge gemeint sind. Fragen wir deshalb stets: *Wer* ist jeweils gemeint, wenn von Lebensvorgängen die Rede ist? *Wer* ist gemeint, wenn — von den Lebensvorgängen ausgehend — vom »unmittelbaren Werten« die Rede ist? Und *wer*, wenn vom »mittelbaren Werten« — das ja mehr oder weniger auf Lebensvorgänge zurückbezogen sein kann — die Rede ist? Ist das »Wer« des Wertens nur mein augenblickliches Ich? Oder ist dieses »Wer« ausgeweitet? Ist es ein größeres »Wer« als mein augenblickliches eigenes Ich? Ist — in zeitlicher Ausweitung, sozusagen »überzeitlich« — mein zukünftiges Ich mit einbezogen? Oder mein vergangenes? Oder wird »über mich als Einzelmenschen hinaus« (»überpersönlich«) das Werten anderer Menschen mitberücksichtigt, mit einbezogen in meine Wertung? Oder als äußerste Stufe der Ausweitung: Wirken in meinem Werten die Wertungen meines Ich und die Wertungen aller Menschen — und zwar beidemale die vergangenen, gegenwärtigen und zukünftigen Wertungen — zusammen in der Weise, daß ich auf sie Rücksicht nehme, daß sie mitbestimmend sind, daß ich sie in mein Werten mit hineinnehme? Das wäre die größtmögliche Ausweitung des »Wer«, die ich im Werten erreichen kann.

»Für andere« werten? »Mit anderen« werten? — Eine sinnvolle Ausweitung des »Wer« richtet sich auf den allgemeinen Lebensreichtum, nicht auf sinnwidrige Wertungen anderer

Wenn ich mein Werten auf »das große Wer« ausrichte, richte ich es aber nur dann auch zugleich auf »das große Leben« aus, wenn das mitberücksichtigte Werten anderer Zeitabschnitte oder anderer Menschen seinerseits auf Lebensvorgänge und Lebensreichtum bezogen ist. Das ist jedoch keineswegs selbstverständlich. Darum müssen wir bei der Frage der Ausweitung »Lebensreichtum« und »Wertung« begrifflich scharf unterscheiden, und wir dürfen diese Unterscheidung niemals aus dem Auge verlieren. Prüfstein (Kriterium) bleibt bei jeder Ausweitung stets der »höchstmögliche Lebensreichtum«, und zwar der des wertenden Menschen selbst in Verbindung mit dem seiner Mitmenschen.

Macht sich also derjenige »unbeliebt«, der sein Werten mit Blick auf den höchstmöglichen allgemeinen Lebensreichtum auf das größere »Wer« ausrichtet? Das wird immer nur in dem Maße der Fall sein, in dem beispielsweise die Mitmenschen ihr Werten auf ein sinnwidriges »Was« oder auf ein zu enges »Wer« ausrichten. »Das große Leben« als Maßstab des Wertens wird immer demjenigen Verhalten Vorrang geben, das die Bedingungen für den höchstmöglichen Reichtum an zustimmend gewerteten Lebensvorgängen für mich und andere bewahrt oder bewirkt.

Da für unser Werten sowohl die Ausweitung des »Was« als auch die Ausweitung des »Wer« von grundlegender Bedeutung sind, sei versucht, mit Blick auf beide Ausweitungsrichtungen diese Beziehungszusammenhänge des Wertens überschaubarer zu machen. Dazu sollen die folgenden stark vereinfachenden zeichnerischen Darstellungen dienen.

Mit den Zeichnungen in den einzelnen kleinen Viereck-Feldern sind Lebensvorgänge angedeutet, auf die sich unser Werten richten kann. Der Einfachheit halber beschränkt sich die Darstellung auf das Nebeneinander und Miteinander von Einzelwertungen; sinnvolle umfassende Oberwertungen stellen ja letztlich nur sicher, daß unsere Einzelwertungen dann zum Zuge kommen, wenn dies im Sinne des höchstmöglichen Lebensreichtums liegt. *Wessen* Lebensvorgänge werden in meinem Werten berücksichtigt? Seite 221 veranschaulicht ein Werten für mein eigenes ICH; Seite 222 ein solches für das WIR, dem ich mich zugehörig fühle; Seite 223 dagegen mein über die »Wir«-Grenze hinaus ausgeweitetes Werten für ALLE, das heißt für alle Menschen, auf die sich mein Werten und Verhalten auswirkt.

Auf jeder dieser drei Seiten versinnbildlicht der obere Block aus Einzelfeldern ein *kleines* »Was« meines Wertens, das heißt ein in der jeweiligen augenblicklichen Lebenslage fester an einzelne wahrnehmbare »Gegenstände« gebundenes, engstirnigeres, ärmeres »Was«. Der untere Block steht dagegen für ein *größeres* »Was« meines Wertens, und das ist gleichbedeutend damit, daß mir in meinem Werten ein reicherer Bestand an Wertungen zur Auswahl steht beziehungsweise daß ich in der Lage und bereit bin, mir eine größere Vielfalt eigener und fremder Wertungen überhaupt bewußt zu machen. Diese »Übergegenständlichkeit« macht es mir möglich, der augenblicklichen Lebenslage jeweils den höchstmöglichen Lebensreichtum abzugewinnen, sei es für mich selbst, sei es für uns, sei es für alle.

In der zeichnerischen Darstellung soll die Ausdehnung in die Tiefe darauf hinweisen, daß mein Werten entweder vordergründig nur die Gegenwart berücksichtigt und kaum ein paar Tage weiter blickt oder daß es über einen eng begrenzten Zeitraum hinaus auch zukünftiges Werten mitberücksichtigt.

Durch die Darstellung der Beziehungszusammenhänge, die mein Werten »klein« bleiben lassen, und derjenigen, in denen sich mein Werten auf »das große Was« für »das große Wer« ausrichtet, wird anschaulich vor Augen geführt und leichter verstehbar: Je sinnvoller die Ausweitung des Wertens auf den höchstmöglichen Lebensreichtum, d. h. auf Fülle, Mannigfaltigkeit und Höhe der eigenen Lebensvorgänge, der Lebensvorgänge in anderen Zeitabschnitten und der Lebensvorgänge anderer Menschen, desto mehr wird mein Werten *überdurchschnittlich in der Stärke der Zustimmung* sein. Man kann sogar die nur scheinbar ungereimte Feststellung wagen, daß selbst der eng ichsüchtig wertende Mensch (der Egoist) zur Steigerung seines Erlebens keinen besseren Weg einschlagen kann, als seine eng ichsüchtige Einstellung aufzugeben und für andere zu werten; selbst wo er zurücksteckt und eigene Erfahrungen drangibt, gewinnt er in der Regel unvergleichlich mehr durch das Miterleben mit anderen Menschen[105].

Beispiele für Lebensvorgänge, auf die sich mein Werten richten kann:

Autofahren

Gießen

Malen

Tanzen

Ballspielen

Gitarrespielen

Rechnen

Telefonieren

Dominospielen

Hämmern

Riechen

Tennisspielen

Duschen

Hören

Rollschuhlaufen

Tippen

Einkaufen

Klavierspielen

Schaukeln

Trinken

Essen

Kochen

Schreiben

Umgraben

Fernsehen

Lernen

Sehen

Wäscheaufhängen

Fotografieren

Lesen

Sprechen

Weitspringen

ICH

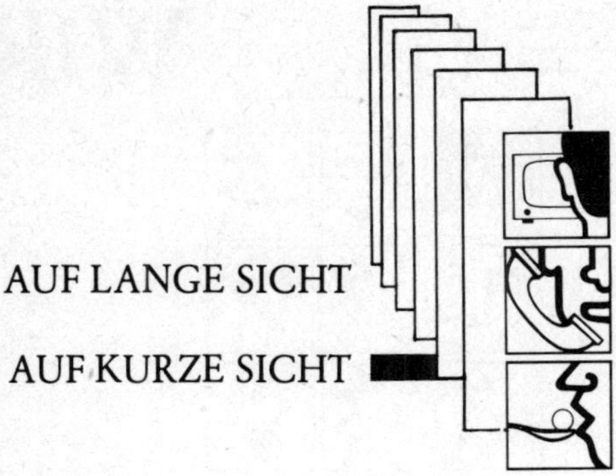
AUF LANGE SICHT
AUF KURZE SICHT

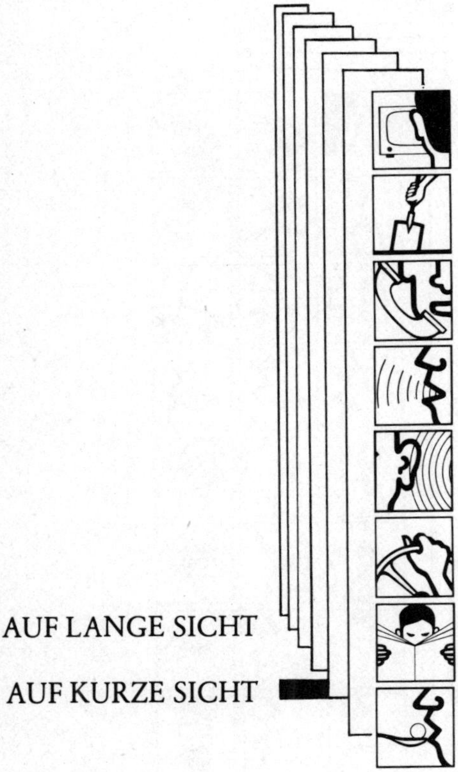
AUF LANGE SICHT
AUF KURZE SICHT

WIR

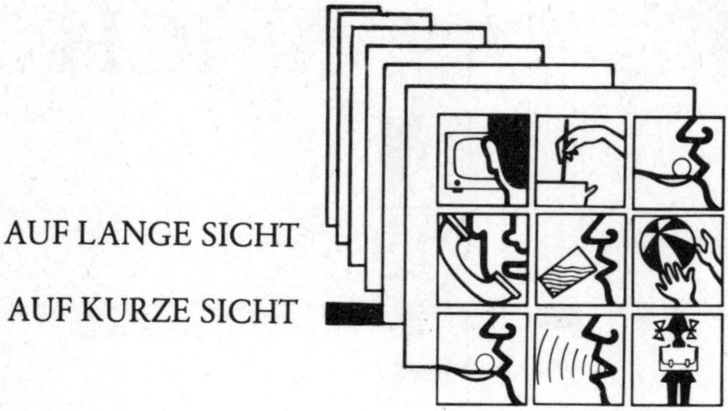
AUF LANGE SICHT
AUF KURZE SICHT

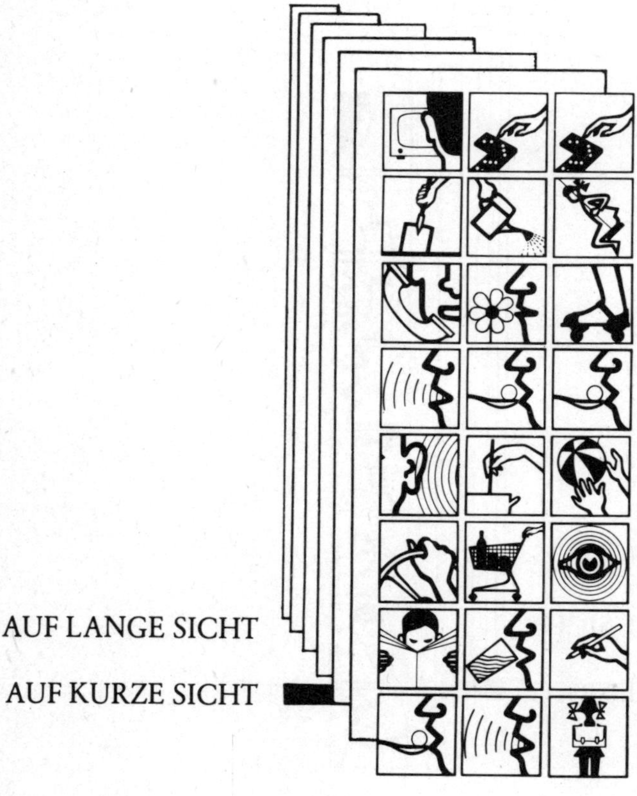
AUF LANGE SICHT
AUF KURZE SICHT

ALLE

Was bedeutet »Gleichheit« für den höchstmöglichen allgemeinen Lebensreichtum?

Vor besondere Schwierigkeiten stellt uns in diesem Zusammenhang immer wieder der Begriff der »Gleichheit«. Der »höchstmögliche Lebensreichtum« ist zweifellos mehr als nur mein eigener Lebensreichtum. Folgt nun aus der Ausweitung des »Wer« im Werten die »gleiche Steigerung des Lebensreichtums« für mich und für andere Menschen? Ist es sinnvoll, daß ich mich nach der alten »Goldenen Regel« einem anderen Menschen gegenüber in »*gleicher*« Weise verhalte, wie ich wünsche, daß er sich mir gegenüber verhält? Sagt diese Regel nicht: Werte für deinen Mitmenschen, er ist wie du, er ist dir gleich? Ist dieser Gleichheitsschluß tragfähig? Und was würde »gleicher Lebensreichtum« und »gleiche Steigerung des Lebensreichtums« im einzelnen bedeuten?

Kann von den Gesetzmäßigkeiten des einzelmenschlichen Lebensreichtums auf die Gesetzmäßigkeiten des allgemeinen Lebensreichtums geschlossen werden?

Versuchen wir herauszufinden, wie weit uns ein Vergleich mit den Gesetzmäßigkeiten des einzelmenschlichen »höchstmöglichen Lebensreichtums« führt. Wie oben auf Seite 189 erörtert, scheitert eine »gleiche« Verwirklichung und Förderung aller anlagemäßigen Lebensvorgänge an der Endlichkeit des einzelnen Menschenlebens. Wirklich alle Anlagen bis zur Stufe meisterlichen Könnens auszubilden, das Können dann durch ausreichendes Üben auf der Höhe zu halten und alle Lebensvorgänge schließlich in gleicher Dichte auszuüben, übersteigt die menschlichen Möglichkeiten. Die »Enge des Bewußtseins«, verbunden mit der Grundtatsache – dem »Nadelöhr« –, daß ich nicht alles zugleich tun kann und nicht gleichzeitig an mehreren Orten zu sein vermag, erzwingt eine *Auswahl* im jeweiligen Augenblick. Aus dem unmöglichen »Alles zugleich« wird bestenfalls ein »Vieles nacheinander« und »Vieles immer wieder«. Ein Mensch zu sein setzt mir diese Schranke.

Zu dieser Bedingtheit in mir kommen die äußeren Bedingungen: Viele Lebensvorgänge sind auf Voraussetzungen in der Umwelt angewiesen — auf andere Menschen, auf Dinge, auf Sachverhalte. Doch gehören nicht auch diese Schranken zur menschlichen Bedingtheit (zur »condition humaine«)?

Wie regelt sich die Verwirklichung und Nichtverwirklichung von Lebensvorgängen? Das Wertungsgefüge »steuert sich« durch die Stärke der einzelnen Wertungen und durch ihre Abhängigkeitsbeziehungen. Die Entscheidung fällt nach Maßgabe des zustimmenden Wertens. Als Einzelmensch kann ich vergleichen und gegeneinander abwägen, welcher Lebensvorgang, welches Zusammenwirken und welches Nacheinander meiner Lebensvorgänge im unmittelbaren Werten von dem stärksten und anhaltendsten Wertton der Zustimmung begleitet ist. Und ich kann dann durch Erfahrung und Denken hinarbeiten auf eine Ausweitung des »Wer« über mein Augenblicks-Ich hinaus. Der Weg, zu einer Entscheidung zu kommen, ist damit in der Regel vorgezeichnet und — grundsätzlich — eindeutig.

Man kommt in der Regel letztlich auch dann zu einer klaren Entscheidung, wenn man wählen muß zwischen dem Weg des »mäßig, aber regelmäßig« und dem Weg eines kurzen, aber starken zustimmenden Wertens, dem eine lange Zeit des Verzichts folgt. Das Überwiegen einer Wertung über eine entgegenwirkende Wertung ist Voraussetzung alles entschiedenen Verhaltens. Ja das Sichentscheiden besteht geradezu darin. Es geschieht in uns. Und je besser wir eine Entscheidung vorbereiten, desto weniger Anlaß haben wir, sie irgendwann zu bedauern. Wir werden dabei solche Lebensvorgänge, die außerordentlich stark auf ihre Verwirklichung dringen, nicht sinnlos unterdrücken und ständig ver-drängen, da sie doch nur Unruhe stiften und irgendwann in irgendeiner Weise wieder zum Durchbruch kommen würden. Wir haben dann »nach bestem Wissen und Gewissen« entschieden.

Die Gesetzmäßigkeiten, die beim einzelmenschlichen Werten die verschiedenen Lebensvorgänge betreffen, lassen sich beim zwischenmenschlichen Werten nicht in gleicher Weise auf die verschiedenen Menschen übertragen. Der Fall liegt eben doch anders, wenn das »Wer« des Wertens nicht nur einen einzelnen Menschen, sondern mehrere Menschen umfaßt. Die gedanklichen Schwierigkeiten des unmöglichen einzelmenschlichen »Alles zugleich« sind anderer Art als die des »Alle Menschen in gleicher Weise«.

Sehen wir dabei einmal ab von der krassen Zwangslage, daß die Mittel zum nackten Überleben gar nicht für alle Menschen, die von dem in Frage stehenden Werten und Handeln betroffen sind, ausreichen.

Ungezählte Entscheidungen gingen und gehen in die Richtung, daß sich einige Menschen einen höheren Lebensreichtum verschaffen und sichern — auf Kosten anderer Menschen. Diesen anderen blieb und bleibt oft nur gerade genug, um nicht zu verhungern, wenn überhaupt soviel.

Dieses Gefälle zwischen dem höheren Lebensreichtum der einen und dem geringeren Lebensreichtum der anderen läßt sich auf jede denkbare Stufe des Lebenszuschnitts übertragen. Grob gesagt: Wo hundert Suppenhühner herumlaufen, können sie unter hundert Menschen auf sehr unterschiedliche Weise aufgeteilt werden. Entweder erhalten alle einen gleichen Anteil oder aber: wenige viel, viele wenig. Entweder bekommt jeder einmal ein Suppenhuhn in den Topf oder beispielsweise bekommen zehn Menschen zehnmal ihr Suppenhuhn, neunzig Menschen überhaupt keins.

Leider hat man sich oft genug ausschließlich nach diesem Muster mit der Frage der »Gleichheit« auseinandergesetzt. Doch es gab auch andere gedankliche Ansätze, um die Schwierigkeiten der Gleichheitsfrage zu lösen. Der Richtungsweiser »höchstmöglicher allgemeiner Lebensreichtum« erlaubt uns, unter neuen Gesichtspunkten nach der Gleichheit zu fragen.

Die richtigen Fragen zu stellen — darin liegt schon der halbe Erfolg beschlossen. Darum lohnt es sich, darüber nachzudenken, ob die Fragen zur Gleichheit in der folgenden Weise richtig gestellt sind.

Die Frage nach der Gleichheit — bezogen auf Rang und Geltung sowie auf Macht-Verzicht

Vermeiden wir den Widerspruch zwischen der Wertung der »Gleichheit« und der Tatsache der Ungleichheit der Erbanlagen nicht schon durch die Begriffsklärung, daß sich die Wertung der »Gleichheit« vor allem auf die »Gleichstellung«, die gleiche Geltung, den gleichen Rang, die gleiche Würde und auf den gleichen Macht- und Gewalt-Verzicht jedes Menschen bezieht? Liegt die Ablehnung der Rang- und Macht-Ungleichheiten nicht allein schon deshalb nahe, weil sich die Überlegenheits-, Macht- und Unterlegenheitswertungen als Eigenwerte — wie im Abschnitt »5.4« noch genauer zu zeigen ist — ausnahmslos als Trugwerte erweisen? Wie läßt sich jedoch Ranggleichheit und Machtverzicht erreichen, wenn im Rang- und Machtstreben noch Verhaltensmuster nachklingen, die auf tierischen und auch auf bestimmten menschlichen Entwicklungsstufen voll wirksam sind? Wie läßt sich die Schwierigkeit lösen, allen Menschen gleiche Geltung zuzuerkennen, auch wenn ihr Beitrag zum allgemeinen Lebensreichtum unterschiedlich ist — nicht nur in dem für sich betrachteten (absoluten) Ertrag für die Gesamtheit, sondern auch im Verhältnis (relativ) zur Leistungsfähigkeit des einzelnen Beitragenden?

Die Frage nach der Gleichheit — bezogen auf die Entfaltung der Erbanlagen

Kann man nicht bei den Lebensvorgängen zweier Menschen unterschiedliche Mannigfaltigkeit, Fülle und Höhe des Tuns und Erlebens feststellen und trotzdem von einem — gemessen an den ererbten Anlagen jedes dieser Menschen — verhältnismäßig-»gleichen« Lebensreichtum sprechen? Kann man nicht allen Menschen nur dann in gleicher Weise ihren »höchstmöglichen Lebensreichtum« gewährleisten, wenn man jedem von ihnen die Zulassung (Chance) sichert, seine Anlagen zu entwickeln und zu entfalten?

Die Frage nach dem Ausgleich für äußere (objektive) Sperrungen, die der Einzelmensch allein nicht überwinden kann

Ist es nicht sinnvoll, durch ausgleichende (kompensatorische) Förderung solchen äußeren (objektiven) Sperrungen entgegenzuwirken, welche durch Bedingungen um mich herum, die ich allein nicht überwinden kann, entstanden oder gegeben sind?

Die Frage nach dem Ausgleich für die Begrenzung des Lebensreichtums durch die Erbanlagen oder erworbene Behinderungen

Mehr noch: Sind nicht die Möglichkeiten zu untersuchen und ist nicht anzustreben, ein Gegengewicht zu schaffen auch gegen die Begrenzung des Lebensreichtums, die dem einzelnen mit seiner ererbten Veranlagung unüberschreitbar vorgegeben ist? Und zwar mittels einer ausgleichenden (kompensatorische) Förderung – nicht um die Unterschiede zwischen Mensch und Mensch einzuebnen, sondern um für jeden ein möglichst stark zustimmendes Werten zu erreichen? Wieweit muß das auch für erworbene schwere Behinderungen gelten, die der Betroffene nicht mehr selbst auszugleichen vermag? Und müßte der Ausgleich bei geringerer Ausstattung mit Erbanlagen nicht dadurch ergänzt werden, daß bei einer besonders reichen Ausstattung mit Erbanlagen deren Entfaltung wiederum überdurchschnittlich gefördert wird? Gibt es im übrigen im Hinblick auf die Erbanlagen eigentlich nur diese beiden Wege: entweder im weiteren Verlauf der Menschheitsentwicklung immer mehr Mittel aufzuwenden zur ausgleichenden Beratung und Förderung erbmäßig benachteiligter Menschen oder immer mehr für Beratung und Förderung aufzuwenden, um die erbmäßige Benachteiligung in der Aufeinanderfolge mehrerer Menschengeschlechter schrittweise abzubauen? Oder gibt es einen dritten Weg?

Die Frage nach der Hilfe bei inneren (subjektiven) Sperrungen, die der Einzelmensch allein nicht überwinden kann

Ist ferner nicht anzustreben, solchen inneren (subjektiven) Sperrungen, die ein einzelner allein nicht überwinden kann, allgemein vorzubeugen, entgegenzuwirken oder dem einzelnen gegebenenfalls — soweit das durch »Fremdsteuerung« möglich ist — zu helfen beziehungsweise die seelische Störung zu heilen?

Die Frage nach einem unterschiedlich starken Einfluß von Menschen auf andere Menschen

Würde nicht ein unterschiedlich starker Einfluß einzelner Menschen auf andere Menschen — und zwar ein um so stärkerer Einfluß, je mehr das Erkennen, Werten und Handeln eines Menschen zum allgemeinen höchstmöglichen Lebensreichtum beiträgt und auch sein Einfluß in dieser Richtung wirkt — eben diesem allgemeinen höchstmöglichen Lebensreichtum dienen?

5.4 Hindernisse

Was sind die Hindernisse für eine Ausweitung des *»Wer«, auf das eine Wertung bezogen ist* (des »Wertungssubjektes«)? Was hindert uns daran, zukünftiges Werten in unserem gegenwärtigen Werten mitzuberücksichtigen? Was hindert uns daran, in unserem eigenen Werten für andere Menschen mitzuwerten? Ist es eine Beschränktheit, die nicht über den »Tellerrand« des Heute, des Ich, des Wir hinaussieht? Ist es Dummheit? Ist es ein Übelwollen aus Feindschaft oder Bosheit, aus Groll oder Haß, aus Mißgunst oder Neid? Ist es Gemütlosigkeit oder Lieblosigkeit? Oder was sonst hindert uns am Mitwerten?

Wort-Wertungen sind nicht Tat-Wertungen

Wollte man jemanden danach fragen, so würde er vielleicht die Unterstellung von Feindschaft oder Lieblosigkeit weit von sich weisen. Vielleicht würde man sogar zu hören bekommen, daß dieser Jemand die Zukunft und die anderen Menschen sehr wohl mit im Blick habe, aber durch »Dringenderes« immer wieder aus den Augen verliere. Was immer auch sich da vordrängen mag: Liegt nicht schon ein mögliches Hindernis — versteckt meist, aber leicht zu entlarven — darin, daß bloße »Wort-Wertungen« noch lange keine »Tat-Wertungen« sind? Die vielen »guten Vorsätze« sind Wertungen, die uns zwar in ihrer Wort-Gestalt immer wieder deutlich bewußt werden, denen es jedoch an Stärke und Kraft fehlt, so daß die Verwirklichung ausbleibt; ihre Stellung im Wertungsgefüge des Einzelmenschen ist zu schwach, als daß sie zu Tat-Wertungen würden.
Auch ein bloßes Wert-Wissen — sei es als Wissen um die Wertungen anderer Menschen, sei es als Ergebnis eigener Überlegungen und vielleicht sogar schon mit einem schwachen Wertton verknüpft — bleibt *unterhalb der Schwelle* verhaltensbestimmenden Wertens.

Unüberschreitbare Grenzen sinnvoller Selbststeuerung:
1. die ererbte Veranlagung,
2. die Kulturhöhe der Zeit

Bei der Suche nach den Hindernissen der Ausweitung des »Wer«, auf das sich eine Wertung bezieht, läßt sich ein äußerster Rahmen abstecken, über den eine sinnvolle Selbststeuerung ohnehin nicht hinausgelangen kann. Letzte gegebene Grenzen sind erstens die — durch die Lebensentwicklung gesetzmäßig bedingte — »ererbte Veranlagung« und zweitens die »Kulturhöhe der Zeit«, die — durch die menschliche Kulturentwicklung — ebenso gesetzmäßig bedingt ist.

Die Fähigkeit, *über den Augenblick hinaus* zu denken, Begriffe zu bilden, Zusammenhänge zu erkennen und Schlüsse auf das zukünftige Werten zu ziehen, kann von den Erbanlagen her eingeschränkt sein. Aber auch die Fähigkeit zum *Mitfühlen* und *Mitwerten* mit anderen Menschen kann erbmäßig mehr oder weniger gering sein.

Ebenso unüberschreitbar sind die Grenzen, die uns die Kulturhöhe unserer Zeit setzt. Vergegenwärtigen wir uns beispielsweise das Hordendenken der Steinzeitjäger — würden wir von ihnen je so etwas wie »Völkerverständigung« erwarten oder das Bewußtsein allgemein verbindlicher »Menschenrechte«?

»Augenblicks-Ich«[106]

Fragen wir bei unmittelbaren Wertungen bestimmter Lebensvorgänge »Wer wertet?«, dann kommt als Wertender, auf den sich die betreffende Wertung bezieht, doch wohl nur der Einzelmensch in Betracht, der dieses Werten im Augenblick verwirklicht; denn er ist es ja, der den augenblicklich ablaufenden Lebensvorgang seines Tuns oder Erlebens unmittelbar wertet. Das »Wer« dieses Wertens ist gewissermaßen ein »Augenblicks-Ich«. Dieses »Wer« und sein Werten kann schon im nächsten Augenblick von einem anderen »Augenblicks-Ich« und einem anderen Werten abgelöst werden.

Rauschgiftgenuß, aber z. B. auch Fieberzustände bestimmter Krankheiten können von einem Gefühl starker innerer Beschwingtheit, inneren Gehobenseins begleitet sein und trotzdem schwere Schädigungen nach sich ziehen[107]. Das unmittelbare Werten bleibt von diesem »Danach« unberührt, es ist an den augenblicklichen Ablauf der Lebensvorgänge gebunden.

Haftwerte haben keinen Bezug auf ein »Wer«

Alle frühen Stufen menschlicher Wertbildung sind dadurch gekennzeichnet, daß durch Werttonübertragungen »Haftwerte« entstehen. Bei Haftwerten bleibt der Wertton am gewerteten Gegenstand haften; jeder Bezug auf einen wertenden Menschen, auf ein »Wer« des Wertens fehlt. Trotzdem hat selbstverständlich jeder Haftwert in dem Werten eines mehr oder weniger engen Kreises von Wertenden seinen Ursprung. Auch jeder Haftwert geht letztlich auf ein »Wer« zurück, selbst wenn man diesen Herkunftszusammenhang aus dem Auge verliert und der gewertete »Gegenstand« weder ein Lebensvorgang ist noch sonstwie dem Lebensreichtum dient.

Einfältig-unbefangene Ich-Haltung (naiver Egoismus)[108]

Soweit dieser Rückbezug nicht verloren geht, kann das »Wer«, auf das sich eine Wertung bezieht, mehrere Menschen einschließen; das »Wer« kann sich aber auch auf das »Ich« des Wertenden beschränken.
Ein Mensch mit einfältig-unbefangener Ich-Haltung ist meist frei von Feindseligkeit oder Boshaftigkeit gegen andere. Er ist überzeugt, daß er tun muß, was er für richtig hält. Daran, daß er mit seinem Verhalten unter Umständen andere schädigt, denkt er nicht.
Lebt er in günstigen Verhältnissen, so kann er durch sein »Leben und Lebenlassen« vielleicht sogar ausgesprochen beliebt sein. Man weiß, woran man bei ihm ist. Er vergißt nur, daß die Verhältnisse für die meisten Menschen nicht so günstig liegen.

Krasse Ich-Sucht (Krasser Egoismus)[109]

Ein Mensch aber, dessen Werten und Handeln von krasser Ich-Sucht gekennzeichnet sind, sieht nur auf seinen gegenwärtigen

oder zukünftigen Vorteil. Er sucht seine Fehlhaltung, die von seinen Mitmenschen keineswegs gebilligt wird, zu verbergen, oft unter dem Mäntelchen angeblichen Mitwertens für andere.
Er verrät sich jedoch immer dann, wenn sich jemand seinen Plänen widersetzt. Der Kreis des »Wer wertet?« ist bei seinen Wertungen auf *ihn selbst* eingeengt, und sein Werten schlägt an der »Grenze« dieses »Wer« bei Widerspruch sehr leicht in *feindliche Entgegensetzung* um. Für ihn wird der andere dann zum Feind, ja er hält eigentlich den Kampf »aller gegen alle« für richtig. Er erkennt nicht den Widerspruch, der schon darin liegt, daß er selbst erst einmal weitgehend frei von Gegensätzen und Kämpfen aufwachsen muß, um überhaupt den Kampf gegen andere führen zu können[110]. Als Kind ist er auf Menschen angewiesen, die ihn betreuen, braucht er liebevolle Zuwendung. Wie auch der heranwachsende Mensch nicht ohne gemüthafte Verbundenheit mit anderen seelisch gesund bleiben kann.

Ich-Wir-Haltung (Gruppenegoismus)[111]

Selbst wenn die Überwindung des eng ichbezogenen Wertens gelingt, droht immer noch – unter dem Einfluß des bruchstückhaft-herauslösenden Wirklichkeitsdenkens, wie es uns das Weltbild der Wahrnehmungswelt nahelegt – eine neuerliche Begrenzung des »Wer«. Aus der Ich-Haltung wird dann lediglich eine Ich-Wir-Haltung (ein Gruppenegoismus), das »Wer« beschränkt sich auf das »Wir«, zu dem sich das »Ich« zugehörig fühlt. Die einzig sinnvolle Ausweitung auf alle wertenden Lebewesen wird auch dabei verfehlt.
Zumal dann, wenn sich diese irrige wertende Grundhaltung nicht nur auf eine kleine Menschengruppe – etwa Familie oder Freundeskreis – bezieht, sondern auf eine sehr umfassende, wie zum Beispiel das Volk oder die Glaubensgemeinschaft, gilt sie vielfach sogar noch als eine ganz besondere Tugend.
Eine einfältig-unbefangene Ich-Wir-Haltung wird durch viele Wir-Erlebnisse, etwa das des *Zusammenhaltens in Not* (das der

»Solidarität«), gestärkt und setzt freimütig bei anderen Gruppen eine gleiche Einstellung voraus.
Bei einer krassen Ich-Wir-Beschränktheit aber kommt es zu einer *feindlichen Entgegensetzung* und Herabsetzung alles Fremden, oft scheint sogar »zum Besten der eigenen Gruppe« jedes sonst verwerfliche Mittel gerechtfertigt.
Streben wir danach, die Belange unserer Gruppe — »unsere Sache« — gegenüber der Allgemeinheit, etwa gegenüber dem Staat, ohne Rücksicht auf andere zu verwirklichen, dann bewegen wir uns in Richtung auf eine »Steinbruch-Gesellschaft«, in der jede Gruppe herauszubrechen und für sich beiseite zu schaffen versucht, was sie nur kann. Gleichgültig, wieweit das auf Kosten anderer geht. Und wenn eine Gesellschaft insgesamt nicht über sich als »Gegenwarts-Gesellschaft« hinaus in Richtung Zukunft weiterdenkt — wenn sie beispielsweise ihre Rohstoffvorräte regelrecht »ausplündert« —, kann man sie geradezu als »Raubbau-Gesellschaft« bezeichnen. Wehe den Enkeln!

Nur eigenes Werten zum Maßstab machen: »Selbstgerechtigkeit«[112]

In vielen Fällen scheint es, als sei der Kreis der Wertenden über das »Ich« beziehungsweise über das »Wir« hinaus ausgeweitet, und doch steckt hinter diesem Schein nur die »Selbstgerechtigkeit« im Werten — entweder als »Ich-Gerechtigkeit« oder als »Wir-Gerechtigkeit«. »Ich selbst« oder »Wir selbst« — darauf bleibt in diesen Fällen das »Wer« des Wertens letztlich eingeengt.
Um die Scheinausweitung zu erkennen, braucht man nur nachzuforschen, wer wirklich zum Maßstab des Wertens gemacht wird — wer beispielsweise überhaupt nach seinen Wertungen, nach seiner Meinung gefragt wird. Das Ergebnis? »Für Meyer gibt es nur einen Maßstab: Meyer«. »Für Schulze gibt es nur einen Maßstab: Schulze«. Dabei braucht das Werten und Handeln nicht einmal besonders oder etwa ausschließlich auf den

Vorteil des Menschen oder der Familie X oder der betreffenden Gruppe ausgerichtet zu sein. Der Selbstgerechte urteilt durchaus — stellvertretend — für ein »Wir«. Sein Werten schließt vielleicht sogar noch ganz bestimmte andere Menschen mit ein. Nur machen die so Wertenden ihre eigenen Wertvorstellungen — und eben auch ihre eigenen Ausweitungs-Vorstellungen: Was für wen von Nutzen sei — zum alleinigen Maßstab. Es ist eine Art wertenden »Besitzergreifens« und Verfügens über andere Menschen. Die Selbstgerechtigkeit — das »Oberlehrerhafte«, wie man auch zu sagen pflegt — verzichtet auf die Rückfrage bei den betreffenden Wertenden selbst. Wie es etwa auch die Frau tut, die dem Kellner, der mit der Bratenschüssel kommt, den Bescheid gibt: »Mein Mann dankt!« Und auch der Mutter oder dem Vater, die die Fürsorge für ihr heranwachsendes Kind ausschließlich zu einer Sache ihres eigenen Wertens machen, gelingt nur eine Scheinausweitung; denn im Falle des Widerspruchs hört das Werten für das Kind sofort auf.

Auch Gruppen, beispielsweise Weltanschauungsgemeinschaften, sind in der Gefahr, ihre Wertungen mit einem abschließenden Unbedingtheitsanspruch zu vertreten und für »allgemeingültig« zu erklären. Nicht selten sind ihre Mitglieder verwundert, wenn nicht sogar wütend, daß die von ihnen »Beglückten« alles andere als glücklich sind.

Die Trughaltung verselbständigter »Opferfreudigkeit«[113]

Ist es sinnvoll, die Haltung des »Nur ich!« (des Egoismus) oder des »Nur wir!« (des Gruppenegoismus) durch die entgegengesetzte Haltung des »Nur andere!« (des Altruismus) zu ersetzen? Für das unmittelbare Werten erübrigt sich diese Frage; denn niemand ist fähig, so zu werten, daß an die Stelle des eigenen unmittelbaren Wertens ein unmittelbares Werten für andere tritt. Doch starke, erst erworbene mittelbare Wertungen können das unmittelbare Werten so weitgehend überdecken, daß die Rücksicht auf den eigenen Lebensreichtum immer wieder hinter der Rücksicht auf andere zurücktritt und auf manchen Gebieten ganz fortfällt.

Die Trughaltung der »Opferfreudigkeit« beispielsweise läßt deutlich werden, wie sich das »Nur andere!« sinnwidrig auswirken kann. Wer nicht nur für sich wertet, sondern auch für andere Menschen mitwertet, wird eine Einbuße an eigenem Lebensreichtum zugunsten eines anderen Menschen nur dann als »Opfer« auffassen, wenn der andere dabei nicht gleich viel oder gar mehr an Lebensreichtum gewinnt. Ein solches »Opfer«, das nicht in einer Zwangslage gebracht wird, wäre allerdings sinnwidrig, da es insgesamt nichts zur Sicherung oder Steigerung des Lebensreichtums beitragen würde.

Jede Art von Opferwilligkeit ist nur dann sinnvoll, wenn eine Notlage nur durch das Opfer und nicht auf andere Weise zu beheben ist. Man spricht dabei besser von »Opferfähigkeit« oder »Wahl des kleineren Übels«.

Wer aber der Trugwertung des Sichopferns verfallen ist, fragt sich niemals, ob denn sein Opfer lohnt. Wer etwa unter dieser Wertung absichtlich die Ausbildung seiner Anlagen und die Schulung seiner Kräfte hintanstellt, geht sicherlich den Weg einer Fehlentwicklung, seine Leistungsfähigkeit verkümmert, sein Werten für das eigene zukünftige Ich kommt zu kurz. »Das größere Wer« des Wertens schließt aber nicht nur die anderen Menschen als Wertende, sondern auch das eigene zukünftige Ich und sein Werten mit ein.

Bedingungen möglicher Hindernisse

Warum sich aber das »Wer« des Wertens auf das »Heute«, das »Nur ich!«, das »Nur wir!« oder auch auf das »Nur andere!« einengt — dafür lassen sich eine Reihe von Bedingungen ermitteln.

Sofern nicht die ererbte *Veranlagung* oder die *Kulturhöhe der Zeit* oder aber der *Druck einengender Fremdsteuerung* — von der Kindererziehung bis zur Erwachsenenbeeinflussung — dafür verantwortlich ist, können die folgenden Bedingungen im Spiel sein:

- **Mangelndes Wissen um Zusammenhänge**

  Weiß ich denn in jungen Jahren wirklich, welchen Ertrag die Mühen des Lernens und der Ausbildung mir später bringen? Weiß ich selbst als Erwachsener, welche Folgen mein Handeln – beispielsweise wirtschaftlich – für andere Menschen im eigenen Land oder in fremden Ländern hat? Oder: Wieweit erkenne ich überhaupt die Zusammenhänge menschlichen Wertens?

- **Mangelnde Kenntnis anderer Verhaltensmuster**

  Welche Lebensentwürfe und Verhaltensmuster, die in anderen Kulturen, Völkern, Bevölkerungsgruppen oder Familien den Lebenslauf und den Alltag bestimmen, kennen wir und können wir zum Vergleich heranziehen?

- **Zu wenig Einblick in das Leben anderer Menschen**

  Was wissen wir von der Lebensbedingungslage – den Anlagen und der Umwelt – anderer Menschen, ihrem Weltbild und ihrem Auffassungsgefüge? Was wissen wir von ihrem Lebenslauf?

- **Mangelnde Einfühlung**

  Was ist uns denn von den Gefühlen anderer Menschen zugänglich? Wieweit können wir uns überhaupt in sie hineinversetzen?

- **Mangelnde Rückfrage**

  Der Gedankenaustausch (die Kommunikation) über Auffassungen und Wertungen reicht kaum über die Grenzen unserer engeren Lebensgemeinschaft hinaus. Oft gelingt er nicht einmal innerhalb dieses engen Rahmens.

- **Verführbarkeit**

  Drängt sich nicht oft das Auffallende in den Vordergrund? Lassen wir uns nicht häufig durch das verführen, was auf unsere Sinneswahrnehmung den stärkeren Eindruck macht? Geben wir nicht oft den Wertungen nach, die uns den *schnellen* und *spürbaren* Gewinn versprechen? Lassen wir uns nicht auch geistig zu Einstellungen — auch zu mitmenschlichen Einstellungen — verlocken, die uns eine kurzfristig erreichbare, mühelose, »sichere« und »erfolgreiche« Bewältigung von Fragen verheißen? Unsere Verführbarkeit ist um so größer, je kleiner unser »Spannungsbogen« ist, das heißt: Je kürzere Zeit wir einen Verzicht oder eine Belastung um eines lohnenden Zieles willen durchzuhalten vermögen, je geringer unser »Kraftvorrat« in dieser Hinsicht ist.

- Scheu vor Auseinandersetzungen

  Zu den Auseinandersetzungen gehören sowohl das Austragen von Meinungsverschiedenheiten (Konflikten) als auch alle Bemühungen, sich geistig mit schwierigen Fragen auseinanderzusetzen. Oft flieht man davor, Schwierigkeiten des Lebens und des Zusammenlebens geistig durchzuarbeiten, nur weil es »denkungewohnt« ist.

- In der Not hilfsbereit, in besseren Zeiten gleichgültig

  Fühlen sich nicht viele Menschen nur dann aufgerufen, für andere mitzuwerten und mitzuhandeln, wenn ihnen eine Notlage vor Augen steht? Läßt dieses Angesprochensein, diese Aufforderung zu helfen nicht rasch nach, wenn sich die Lage bessert? Weicht die Hilfsbereitschaft dann nicht oft einer zunehmenden Gleichgültigkeit?

Weitere Bedingungen für Fehlbildungen beim »Wer« des Wertens liegen im Rang- und Geltungsstreben, im Machtstreben und im Streben des Unterlegenen, sich anzupassen. Das sei im folgenden etwas ausführlicher dargestellt.

Die Überlegenheitswertungen des Wettbewerbers (des Konkurrenten)[114]

Gelingt es, einen Gegner — wenn schon nicht zu unterwerfen — doch wenigstens unschädlich zu machen, ihn aus einer günstigen Stellung zu verdrängen, jedenfalls sich ihm im Kampf überlegen zu erweisen, dann ist das ein Weg, eigene Pläne durchzusetzen, den eigenen Lebensreichtum zu steigern – freilich auf Kosten eines anderen. Sich überlegen zu erweisen ist allerdings für sich allein noch kein Maßstab für den tatsächlichen Wert der gegnerischen Vorhaben; den Plänen des Wettbewerbers kann durchaus – im Sinne des allgemeinen Lebensreichtums – der Vorrang vor meinen eigenen Plänen gebühren. Werden die »Überlegenheitswertungen des Wettbewerbers« (des Konkurrenten) und ihre Nebenwerte zu Eigenwerten, dann haben wir es ausnahmslos mit Trugwerten zu tun.

Der einer solchen Trugwertung verfallene Mensch sieht beispielsweise in anderen Mitarbeitern nur noch »Wettbewerber« (»Konkurrenten«), die es um jeden Preis zu übertreffen gilt. Schaffensfreude und Leistungswille verwandeln sich in haßgeladene Kampfeswut und rücksichtsloses Siegenwollen. Marktwirtschaft entartet zum Verdrängungswettbewerb. Im sportlichen Wettkampf treten an die Stelle der Willensschulung und des plötzlichen »Alles-aus-sich-herausholen-Könnens« allzuleicht falscher Ehrgeiz, oberflächliche Ruhmsucht und Eitelkeit.

Trugwertungen dieser Art schlagen sich auch nieder in der »Freude am Übertrumpfen anderer«, in der Sucht nach Rangbezeichnungen (Titelsucht), in der Anwendung von Mitteln, die geeignet erscheinen, dem Menschen auf irgendeinem Gebiet den Vorrang vor seinen Mitmenschen zu sichern: Besitz teurer und erlesener Dinge, Besitz überhaupt; Aufwand der allgemeinen Lebensführung, »vornehme« Art des gesellschaftlichen Auftretens, sorgfältiges Mitmachen jeder Modeströmung, Sichwichtigmachen mit echter oder auch vorgetäuschter Bildung. Oder auch: stets »das letzte Wort behalten« müssen.

Da die Trugwertung des Überlegenseins weit verbreitet ist, finden immer wieder Menschen, die auf einem besonderen Gebiet Hervorragendes geleistet haben, über die berechtigte Anerkennung ihrer fachlichen Leistungsfähigkeit hinaus Bewunderung und Ansehen in solchem Maße, daß von ihnen tiefe Einsichten

selbst zu fachfremden Fragen erwartet werden. Schon der Umgang mit solchen Menschen wird als Auszeichnung gewertet.
Die Trugwertung der Überlegenheit äußert sich auch in der »Wertung der großen Zahl«, und man wertet zustimmend den Massenbesuch einer Veranstaltung, die Bezwingung des »höchsten« Gipfels einer Bergkette, die Einwohnerzahl einer Stadt und sogar: die Höhe der Schulden, die einer gemacht hat.
Überlegenheitswertungen können einen ungesunden Ehrgeiz wachrufen, sie können den Menschen zum höchsten Einsatz aller Kräfte anspornen – sogar auf Kosten der Freude am eigenen Tun. Das Vorhandensein dieser Trugwertungen haben bedenkenlose Ausbeuter seit langem dazu ausgenutzt, um fremde Arbeitskraft für ihre eigenen Ziele einzuspannen.

Die Machtwertungen des Herrn[115]

Der Begriff »Macht« ist zweideutig. Versteht man darunter »Einfluß auf andere Menschen« – etwa im Sinne von »sein Wort gilt viel bei anderen«, »sein Rat wird gesucht«, »ihm werden Rechte des Führens eingeräumt, da er volles Vertrauen genießt« usw. –, dann bedeutet eine derartige Macht über Menschen erhöhte Wirkungsmöglichkeit und kann nicht nur von großem Wert, sondern völlig unentbehrlich sein. Das ist etwa der Fall, wenn es gilt, in bestimmten Lebenslagen umfassende Aufgaben und weitgespannte Pläne zu fördern. »Macht« in diesem Sinne – als vertrauensvoll entgegengenommener oder gar begehrter »Einfluß auf andere« – ist als Mittel sinnvoll.
Versteht man aber unter »Macht« nichts anderes als die »Gewalt, den anderen auch zu einem Tun zu zwingen, das dieser andere nicht nur ablehnend wertet, sondern das auch keineswegs dem höchstmöglichen Lebensreichtum dient«, dann ist die Wertung dieses Mittels eine Trugwertung. Diese Trugwertung finden wir bei vielen Menschen, denen Gewalt über andere Menschen zukommt. Etwa bei Machthabern und Alleinherrschern, die es in einem »Machtrausch« genießen, anderen ihre Befehle auf-

zwingen zu können — ohne Rücksicht auf das Wohl der von ihnen unterjochten Menschen.
Aber auch ein Mensch, dem im Alltag — in Familie, Betrieb, Schule oder sonstwo — mehr oder weniger Macht über andere Menschen zukommt, erliegt häufig der Versuchung, sinnwidrig »seine Macht zu zeigen«, »seinen Willen durchzusetzen«, die anderen »ihre Abhängigkeit fühlen zu lassen« oder »stets der zu sein, dessen Wort gilt«. Mitunter auch: einen weniger beschlagenen (naiveren) Menschen durch spitzfindige Überredungskünste hereinzulegen.
Vielfach ist es so, daß gerade Menschen, die als »Abhängige« eines beliebigen »Gewalthabers« unter dessen Machtwertung zu leiden haben, die »Trugwertung des Gewalthabens über andere« besonders stark entwickeln, sobald ihnen Macht über andere in die Hand gegeben wird. Der Volksmund spricht von »Radfahrern«: nach oben buckeln, nach unten treten.
In der geschichtlichen Entwicklung bildeten immer wieder Gruppen von Mächtigen oder »Herren« einen besonderen »Stand«. Dazuzugehören bedeutet allein schon eine »gehobene gesellschaftliche Stellung« und ein besonderes »Ansehen«. Dieser hohe »Rang und Stand« erhielt sich als Nebenform der Trugwertung des »Herrn«. Die Lebensgewohnheiten der »Mächtigen« gelten als »vornehm«, ihre Art sich zu kleiden als erlesen (elegant).
Den Mächtigen und Herrschenden kommt zugute, daß diese Trugwerte auch in weiten Kreisen völlig unabhängiger Menschen verbreitet sind, und sie helfen dem noch dadurch nach, daß sie ihre Macht und ihren hohen Rang durch das Zurschaustellen von Prunk und Reichtum jeder Art bekunden. Verbunden mit der Trugwertung des Wettbewerbers, sind daraus verschiedene Trugwerte des »Aufwandes« erwachsen, denen man in einzelnen Bevölkerungsschichten und Berufskreisen nachkommen »muß«, wenn man seine Standeszugehörigkeit nicht verlieren will.
Weit verbreitet ist heute eine Abart der Trugwerte des Aufwandes: der Wert alles »Kostbaren«, der nicht nur als Nebenwert der »Machtwerte des Herrn«, sondern auch von seiten der

»Trugwerte sachlicher Mittel« ständig neu verstärkt wird. Wir wissen zwar, daß etwas nicht deswegen, weil es teuer ist, auch gut sein muß; aber neigen wir nicht auch aufgrund unserer Alltagserfahrungen dazu, jede Sache nach der Mühe und dem Aufwand einzuschätzen, die wir dafür aufbringen mußten?

Die Anpassungswertungen des Unterlegenen[116]

In einem Machtverhältnis kann sich ein Mensch auch mit seinem Unterlegensein abfinden und auf selbstständige Stellungnahme und eigenständiges Handeln verzichten, so daß es schließlich zu völliger Unterwürfigkeit dem Machthaber gegenüber kommt. Der Unterlegene gibt dann jeden Widerstand, jeden Kampf gegen den »Herrn« auf. Er versucht, sich ihm gegenüber eine möglichst günstige Stellung zu verschaffen, indem er sich anpaßt. Was immer seine Lage verbessern kann, wertet er zustimmend. Es ist die Haltung »strikten Gehorsams« oder eines »beflissenen Diensteifers«, der dem Herrn »jeden Wunsch von den Augen abliest«. Der Untergebene nimmt jede Laune des Herrn kriecherisch hin, unterwirft sich blind dessen Urteil, paßt sich den Ansichten des Herrn rückgratlos an.

Auch wo kein Herrschafts- und Untergebenenverhältnis oder Herr- und Dienerverhältnis im engeren Sinne vorliegt, finden wir derartige »Anpassungswertungen des Unterlegenen«. Überall, wo ein Mensch von einem anderen tatsächlich abhängig ist, kann bei dem Unterlegenen eine solche Mittelwertung entstehen und sich weiterentwickeln zur Eigenwertung des Sichanpassens. Die Folge ist, daß der Unterlegene nicht nur in seinem Tun, sondern auch in seinem Werten und Meinen einem anderen hörig wird. Das kann so weit gehen, daß der Unterlegene sein Sichanpassen als »Haltung« zustimmend wertet. Daß er stolz darauf ist, Werkzeug in der Hand des Mächtigen zu sein. Daß er in dieser Richtung gar nicht genug tun kann und andere an Unterwürfigkeit zu überbieten versucht. Diese Stufe der völligen Verbiegung der wertenden Grundhaltung ist erst erreicht, wenn jemand sich nicht nur den äußeren Umständen nach gezwungen sieht, den Anordnungen und Wünschen eines Mächtigen Folge zu leisten, im übrigen nur auf den günstigen Augenblick wartet, seine Fesseln zu sprengen, sondern wenn er seine Abhängigkeit wertend bejaht, wenn er auf die Stufe der Versklavung des Wertens absinkt. Solange er auf Befreiung hofft, ist er zwar augenblicklich machtlos, aber nicht in seinem Werten versklavt. Die Trugwertungen des Unterlegenen finden wir nicht nur bei dem im Kampf unterworfenen oder bei einem im allgemeinen Lebenskampf zu kurz gekommenen »Menschen in abhängiger Stellung«. Wir finden diese Trugwertungen in versteckteren Formen auch sonst – sie äußern sich beispielsweise auch in einer Abhängigkeit vom Urteil anderer, in Anpassungsfähigkeit, Bescheidenheit, Vorsichtigkeit, Nachgiebigkeit.

Auch die Eigenwertung des »Beliebtseins« ist Ausdruck einer Anpassung.

Eine Abart der Trugwertungen des Unterlegenen ist auch die Eigenwertung alles dessen, »was man tut«, »was sich gehört« (»was korrekt ist«). Man braucht nur an den großen Einflußbereich der Mode zu denken, nicht nur auf dem Gebiet der Kleidung oder der Wohnung, sondern auch auf dem der Weltanschauung, der Stellungnahme zu Gesellschaft und Staat, zur Kunst, ja sogar zu Wert und Unwert menschlicher, insbesondere mitmenschlicher Verhaltensweisen. Wo Ehrbarkeit Mode ist, wertet man einen äußerlich musterhaften, ehrbaren Lebenswandel; wo die Modemacher hingegen ausgefallene Verhaltensweisen, etwa Leichtfertigkeit, vorleben, versucht man sich in einer ebensolchen Lebensführung. Die den Tagesströmungen Verfallenen kommen gar nicht auf den Gedanken, daß sie sich auf dem falschen Wege befinden könnten. Fordern aber unerwartet auftauchende Schwierigkeiten eines Tages von ihnen eine mutige, selbständige Stellungnahme, dann zeigt ihnen ihre eigene Unsicherheit, daß sie ohne jeden eigenen Halt dastehen, daß sie nicht gelernt haben, schwierige Lebenslagen wertend zu beurteilen, daß sie überhaupt keinen Mut haben, selbständig zu werten.

Außerhalb des Einzelmenschen begründete Sperrungen (objektive Sperrungen) als Hindernisse für eine sinnvolle Verhaltenssteuerung[117]

Sinnvolles Werten und Handeln kann durch Sperrungen gehindert werden, die außerhalb des Einzelmenschen liegen und vom betreffenden Einzelmenschen auch nicht allein überwunden werden können. Solche Sperrungen sinnvollen Handelns erfolgen zum einen durch einen Mangel an »Arbeitskraft«, »Boden« oder an »Mitteln aus vorgeleisteter Arbeit« (an »Kapital«), zum anderen durch »Fehler in der Ordnung wirtschaftlichen Zusammenwirkens« (in der »wirtschaftlichen Organisation«) und schließlich durch »Gewalt«.

Dabei kann der Mangel an Arbeitskraft, an Boden und Bodenschätzen oder an Mitteln aus vorgeleisteter Arbeit »naturgegeben« sein, oder er kann in menschlichem Erkennen, Werten und Verhalten begründet sein. »Überbevölkerung« beispielsweise ist sinnwidrig, ja für die Menschheit lebensgefährdend, wenn das Verhältnis zwischen Lebensspielraum und Bevölkerungszahl — etwa dadurch, daß eine absichtliche Geburtenregelung versäumt wird — immer verheerender gestört ist und wenn die Menschen die Verantwortung verkennen, die sie dafür haben, daß die nach ihnen Lebenden ausreichend mit »Arbeitskraft«, »Boden« und »Mitteln aus vorgeleisteter Arbeit« ausgestattet sind.

Mängel im Erkennen und Wissen sowie Mängel im Werten führen zu »Fehlern in der Ordnung wirtschaftlichen Zusammenwirkens«. Weniger im Erkennen und mehr im Werten liegen die Bedingungen für »Gewalt« als Fehlverhalten und Sperrung sinnvollen Handelns.

Gewaltsperrungen oder Sperrungen durch Fehler in der Ordnung wirtschaftlichen Zusammenwirkens können ihrerseits dazu beitragen, daß »Arbeitskraft«, »Boden« und »Mittel aus vorgeleisteter Arbeit« nicht zur Verfügung stehen beziehungsweise nicht erschlossen werden. Zwangsarbeit oder staatliche Lenkung des »Arbeitseinsatzes« können zum Beispiel durch Gewaltsperrung verhindern, daß ein Mensch über seine eigene Arbeitskraft frei verfügt oder auf die Arbeitskraft anderer zurückgreifen kann. Führen Wirtschaftsfehler hingegen zu einem großen Börsenkrach und zum Zusammenbruch vieler Banken, dann bringt dies viele Menschen um ihre Ersparnisse und bewirkt eine Sperrung ihrer Mittel aus vorgeleisteter Arbeit (ihres Kapitals).

5.5 Rat

Das Werten überprüfen: Wie eng, wie weit ist das »Wer« des Wertens?

Werte ich nur für mich, werte ich nur für uns, werte ich für alle? Werte ich nur für die Gegenwart oder werte ich über die Gegenwart hinaus? Erst wenn diese Fragen ganz von selbst immer wieder bewußt werden, wenn diese Gesichtspunkte schon in Fleisch und Blut übergegangen sind, wenn dieser Rückbezug sozusagen zu einer »guten Gewohnheit« geworden ist — erst dann liegen die Voraussetzungen dafür vor, daß »das große »Wer« als Gedanke und Wertung an ausschlaggebender Stelle im Wertungsgefüge wirkt.
Die Einstellung auf »das große Wer« ist um so gefestigter und wirksamer, je mehr es dem betreffenden Menschen gelingt, das »Wer« seines Wertens über die Gegenwart hinaus auszuweiten sowie über sein »Ich« hinaus auf das »Wir« und über das »Wir« hinaus auf alle verhaltensbetroffenen Menschen, ja auf alle »wertenden« Lebewesen überhaupt.
Hinzu kommt: Es ist keineswegs selbstverständlich, daß der betreffende Mensch die genannten Ausweitungen des »Wer« ohne weiteres auf der einmal erlangten Höhe hält. Keineswegs erreicht ein entsprechend ausgeweitetes Werten in jeder neuen Bedingungslage wieder die Schwelle der Zustimmung. Keineswegs bleibt es ein für allemal stärker als die immer wieder neuen

Versuchungen, einem entgegenwirkenden »Heute!« oder »Nur ich!« oder »Nur wir!« zu folgen.
Oder aber auch: Wer dem engen, dem engherzigen Werten, das nur ans Heute oder nur an einen kleinen Kreis von Menschen denkt, vielleicht aufgrund eines erschütternden Erlebnisses einmal »abgeschworen« hat, kann möglicherweise schon bei der nächsten Versuchung, »eng« zu werten, sein »ungutes Gefühl« nicht mehr bis zur verhaltensbestimmenden Ablehnung verstärken. Das »Wer« des Wertens wird wieder so eng wie zuvor.
Die Ausweitung des »Wer« läßt sich in dem Maße aufbauen, sichern und stärken, in dem man einerseits die Mängel im Erkennen der Zusammenhänge sieht und überwindet und andererseits die Wege zu einem sinnvollen, ausweitenden Werten kennt und beschreitet.

Das Werten überprüfen: Ist das Erkennen, das das »Wer« des Wertens bestimmt, wirklichkeitsgetreu und ohne Denkfehler?

Haben wir uns überhaupt Gedanken gemacht, was ein bestimmtes Vorhaben oder Verhalten für andere Zeitabschnitte und für andere Menschen bedeutet? Das Weltbild der Wahrnehmungswelt verführt uns immer wieder zu einem bruchstückhaft-herauslösenden Wirklichkeitsdenken: »Heute ist heute«, »ich bin ich«, »wir sind wir«. Die Dinge und Sachverhalte aber sind, wie sie heute sind, bedingt durch das Gestern, und sie bedingen das Morgen. Was ich bin, bin ich nicht allein aus mir, sondern auch durch andere Menschen. Und ich bin es nicht für mich, sondern auch für andere Menschen. Nicht viel anders ist es um jede Gruppe von Menschen bestellt.
Dieses Bedingtsein und Bedingen begreifen wir um so besser, je mehr Zusammenhänge uns bewußt sind. Das »beziehende Denken«, das die Zusammenhänge erkennt, mußte sich aber im Laufe der menschlichen Geistesentwicklung erst Schritt für Schritt über die Stufe des wahrnehmungsgebundenen Denkens hinaus emporarbeiten. Der Weltbegriff des einen allumfassen-

den, einheitlichen, gesetzmäßigen Bedingungszusammenhanges ist noch ein recht junger Begriff. Die Gefahr, in das wahrnehmungsgebundene Denken zurückzufallen, ist stets gegeben. Und das Weltbild der Wahrnehmungswelt zersplittert das Weltgeschehen in ungezählte einzelne Ursache-Wirkungs-Zusammenhänge.

Zugegeben: Manche meiner Handlungen haben wirklich nur Folgen für wenige Stunden. Manche meiner Handlungen haben nur für mich und meine Freunde Bedeutung. Aber sind das nicht Ausnahmen? Erschrecken nicht viele Menschen, wenn sie im fortgeschrittenen Alter die Folgen ihres eigenen früheren Verhaltens tragen müssen? Vielen werden allerdings Bedingungszusammenhänge, die sich über Jahre oder Jahrzehnte auswirken, nicht einmal bewußt. Viele Menschen sehen darüber hinaus auch Land und Leute eigentlich nur so weit, wie man vom Kirchturm aus schauen kann. Gewiß, man lernt auf weiten Reisen fremde Menschen kennen, aber das Kennen und Erkennen beschränkt sich allzu leicht auf die »Merkwürdigkeiten« und »Sehenswürdigkeiten« und auf die Beziehungen des »Fremdenverkehrs«. Wie verbreitet ist denn das Wissen um die Bedingungszusammenhänge zwischen den einzelnen Volkswirtschaften? Oder sehen wir uns im eigenen Lande selbst um: Wie schwer tun wir uns etwa, uns auch nur die Bedingungszusammenhänge zwischen der Leitung und den Mitarbeitern eines Unternehmens in allen Einzelheiten — und im wirtschaftlichen Gesamtzusammenhang — zu verdeutlichen!

Je ungewohnter es ist, desto mühsamer erscheint es uns, Wissen um die zeitlichen und die zwischenmenschlichen Zusammenhänge zu erwerben. Aber es ist ratsam, nach mehr Wissen zu streben: über körperliche und seelische Gesundheit, über die Gesetzmäßigkeiten des Zusammenlebens, über wirtschaftliche und viele andere Zusammenhänge.

Wie leicht ist es allerdings, den Rat zu geben, größere Zusammenhänge zu berücksichtigen, das heißt: über die Grenzen des Bekannten hinaus weiterzufragen! Liegt nicht allein schon im Begriff der »Grenze« die große Schwierigkeit, daß man eine

Grenze eigentlich nur erkennt, wenn man das darüber hinaus Liegende bereits irgendwie im Blick hat? Wir tun darum gut daran, unser Denken offenzuhalten für neue Erklärungen der vorliegenden Bedingungslage und lernbereit zu sein für neue Erkenntnisse und Vorschläge, wie sich aus der Bedingungslage heraus das »Höchstmögliche« an Lebensreichtum verwirklichen läßt. Auch hier sei noch einmal hingewiesen auf die Ausführungen im Abschnitt »4.5« zur Frage, ob unser Erkennen wirklichkeitsgetreu und ohne Denkfehler ist.

»Das größere Wer«: Wie läßt sich das Werten über die Gegenwart hinaus ausweiten?

»Das größere Wer« ist gegenüber dem »Augenblicks-Ich« schon im »zeitlich ausgeweiteten Ich« zu sehen. Und gegenüber dem »Augenblicks-Wir« im »zeitlich ausgeweiteten Wir«. Die vollkommene zeitliche Ausweitung berücksichtigt letztlich alle Menschen und macht selbst an dieser Grenze noch nicht halt.

Zwar wird kaum ein Mensch — mittelbar wertend — das eigene Werten auf sein vergangenes und zukünftiges Ich von der Geburt bis zum Tod beziehen, dennoch finden wir eine weitgehende »zeitliche Ausweitung« des Wertens bei den meisten Menschen[118]. In diese Richtung muß im Laufe der Menschheitsentwicklung allein schon die »natürliche Auslese« gewirkt haben: Die »Vorsorge für die eigene Zukunft« verbessert die Voraussetzungen für das Überleben.

Gefühle wie Vorfreude oder Hoffnung steigern den Lebensreichtum auf dem Gebiet des Erlebens — als Folge der Ausweitung des Wertens auf das eigene künftige Ich oder auf das künftige Wir.

Entsprechendes erfahren wir aber auch, wenn wir uns früher gewertetes Erleben wieder ins Bewußtsein rufen. Sei es, daß wir uns im Gespräch oder anhand des geschriebenen Wortes erinnern. Sei es, daß wir uns durch Erinnerungsstücke oder durch das, was im Bild, in einer Tonaufzeichnung oder auf andere Weise festgehalten worden ist, wieder zurückversetzen lassen.

Vorausdenken und Vorauswerten können den künftigen Lebensreichtum in dem Maße sichern und erhöhen, in dem sinnvolle Wertungen mit wirklichkeitsgetreuer Erkenntnis von Bedingungszusammenhängen Hand in Hand gehen. Vorausdenken und Vorauswerten können den gegenwärtigen Lebensreichtum durch Vorfreude steigern und durch die Tätigkeit etwa des — möglichst gemeinsamen — vernünftigen Planens.

»Das größere Wer«: Wie läßt sich das Werten über das »Ich« und das »Wir« hinaus ausweiten? . . .

Wenn das Zusammenleben gelingen soll — dann muß alles daran gesetzt werden, jede Möglichkeit auszuschöpfen, um ein sinnvolleres Werten und Handeln zu erreichen. Der Rahmen des Möglichen ist auch hierbei von vornherein lediglich gesteckt durch die unüberschreitbaren Grenzen der ererbten Veranlagung und der Kulturhöhe der Zeit.

Je größer jedoch der Kreis, innerhalb dessen das Zusammenleben gelingen soll, desto schwieriger werden die Fragen, wie sinnvolles Werten und Handeln verwirklicht werden kann und wie alle Möglichkeiten dafür auszuschöpfen sind.

Hier seien einige Mittel und Wege zusammengestellt. Diese Mittelwertungen können in anderen Untersuchungen zu anderen Zeiten angesichts unterschiedlicher Bedingungslagen durchaus anders gesehen, anders geordnet, anders gewichtet werden. Einem Steinzeitmenschen etwa müßte man wohl erst einmal nahebringen, daß es nicht genügt, einzelne Naturgeister zu besänftigen oder zu bemühen. Wenn dagegen einer unserer Zeitgenossen den Menschen als Menschen in »Leib« und »Seele« zwiegespalten sieht, sollte man ihn wohl erst einmal auf die Sackgasse aufmerksam machen, in die sich sein Denken und Werten damit verrennen muß. Im folgenden wird der Weltbegriff des »beziehenden Denkens« vorausgesetzt, der einen allumfassenden, einheitlichen, gesetzmäßigen Bedingungszusammenhang anerkennt.

Hinzu kommt: Keiner der nachfolgend aufgeführten Mittelwerte darf verselbständigt werden, keiner kann beziehungslos für sich allein dazu dienen, sinnvolles Werten und Handeln zu verwirklichen. Trotz aller Bedenken, den gesamten Bedingungszusammenhang zu zerlegen, sei er hier zum besseren Verständnis aufgegliedert — eingedenk der Warnung, niemals den umfassenderen Zusammenhang aus dem Auge zu verlieren.

(1) ... was meine eigene zwischenmenschliche (soziale) Einstellung betrifft

Betrachten wir an erster Stelle Mittel und Wege, Möglichkeiten auszuschöpfen, wie sinnvolleres Werten und Handeln zu verwirklichen ist — soweit es um das Werten und Handeln des *Einzelmenschen* geht, also um meine eigene zwischenmenschliche (soziale) Einstellung.

Mittel und Wege der Erfahrung: Wie bereits bei den Überlegungen über »das große Was« erörtert, stehen uns unter anderem die folgenden Wege der Erfahrung offen:

- Das absichtliche Herbeiführen von Erfahrungen auf dem Gebiet der Ausweitung des »Wer«. Dazu gehört — da der »einmalige Entschluß« kaum ausreicht — das Üben und Wieder-Üben!
- Gleichsam als »stellvertretende Erfahrung« kann der Weg bezeichnet werden, Wertungen und Haltungen anderer Menschen zu übernehmen. So folgen wir Beispielen anderer, etwa Beispielen bewunderter Menschen. Oder solchen Beispielen, die eigentlich nichts anderes beweisen als die — allerdings ausschlaggebende — »Tatsachen-Möglichkeit« einer bestimmten Ausweitung des »Wer«.

Mittel und Wege des Denkens: Die Einschaltung des »beziehenden Denkens« eröffnet uns die folgenden Wege:

- Wir können Erfahrungen in Gedanken vorwegnehmen. Und das geschieht auch dann, wenn wir aus Beispielen lernen.

- Wir können Einzelwertungen unter tiefverankerte Oberwertungen unterordnen.
- Und wir können dem Wertungsgefüge Einheitlichkeit und Geschlossenheit geben, indem wir danach streben, denkend Widersprüche zwischen Wertungen zu überwinden.

Was Erfahrung und Denken im einzelnen an verschiedenen Mitteln und Wegen erschließen, davon sei hier einiges in einer Aufzählung zusammengefaßt, die jedoch keinen Anspruch auf Vollständigkeit erhebt:

- Sich die Ausweitungsrichtungen bewußt machen und sich ihrer bewußt bleiben.

  Außer den Menschen, die wahrnehmbar von meinem Verhalten betroffen werden beziehungsweise auf mein Verhalten antworten, gibt es andere, auf die sich mein Verhalten sofort oder später ebenfalls mehr oder weniger auswirkt.

- Anderssein kennen.

  Die Fülle verschiedener Verhaltensmuster, die im Laufe der Menschheitsentwicklung gelebt worden sind und werden, kann ein einzelner wohl kaum überblicken. Groß ist auch die Zahl der Zukunftsentwürfe. Trotzdem ist dringend zu raten, sich wenigstens in eine Reihe anderer Verhaltensmuster zu vertiefen. Diese Bemühung wirkt um so nachhaltiger, je mehr es gelingt, »das Leben mit den Augen des anderen zu sehen«. Wer weiß denn schon beispielsweise, von welchen Plänen, Gedanken und Vorurteilen, Freuden und Sorgen der Nachbar seinen Alltag und sein Leben bestimmen läßt?

- Anderssein anerkennen – ranggleich und machtfrei.

  Der Schritt vom Kennen zum Anerkennen fällt oft sehr schwer. Je mehr der andere seinerseits sein Verhalten – nach seiner Bedingungslage – auf den höchstmöglichen Lebensreichtum ausrichtet, desto sinnvoller ist es, das Anderssein des anderen Menschen ranggleich und machtfrei anzuerkennen.

- Sich in das Erleben und Werten anderer einfühlen.

  Als Mittel und Wege zur Einfühlung haben sich die folgenden Verhaltensweisen bewährt: Verständnisvoll zuhören; das Gesagte in eigenen, anderen Worten wiedergeben; den Gefühlsanteil des Gesagten in Worte fassen.

- Den Weg des Miterlebens wagen. Und umgekehrt: Andere Menschen am eigenen Erleben teilhaben lassen.
- Vertrauen schenken und Vertrauen wecken. Der Umgang miteinander auf der Grundlage der »Echtheit«[119]
- Die eigene Starrheit des Denkens, Wertens und Handelns lockern, die eigene Enge weiten.
- In selbständigem vernünftigem Denken unterscheiden: hier sinnwidrige Gleichgültigkeit, gedankenlose Nachahmung, fremdwertende Hörigkeit – dort sinnvolles Geltenlassen, Verstehen, Übereinstimmen.
- Die eigene Selbstverwirklichung in die größere Lebensverwirklichung eingliedern: In diesem Sinne sich selbst behaupten – auch gegen Gleichgültigkeit, Vorrangstreben und Machtstreben anderer.

  Gegensätze entschärfen, bewältigen, sinnvoll nutzen.
- In vielen Fällen über die üblichen Wege hinaus schöpferisch neue Wege sehen und gehen, um für alle von einem Verhalten betroffenen Menschen von ihren inneren und äußeren Bedingungen her den höchstmöglichen Lebensreichtum zu verwirklichen.
- Einheit trotz Verschiedenheit:

  Anerkennung des *einen* Richtungsweisers über der Fülle verschiedenartiger Wertungen vieler Menschen.
- Auf dem *Gefühl der Verbundenheit in Not* aufbauend erkennen und werten: die gegenseitige Bedingtheit und miterlebende Verantwortung aller Menschen.

Das Erkennen und Werten der Richtung auf »das größere Wer« hat die Menschen auch schon vor unserer Zeit und auch in anderen Kulturen als der unseren bewegt. Uns vielleicht weniger vertraut, aber dennoch beispielhaft scheint dies wie mit einem

Brennspiegel eingefangen in der indianischen Glaubensvorstellung, der Große Manitu werde allen Menschen nach ihrem Tode die Richterfrage stellen: »Wieviele Menschen sind glücklich geworden dadurch, daß du gelebt hast?«

(2) ... was die zwischenmenschliche (soziale) Einstellung anderer Menschen betrifft

Sinnvolleres — und damit ist hier gemeint: umfassender über das »Ich« und das enge »Wir« hinaus ausgeweitetes — Werten und Handeln auch *bei anderen Menschen* zu stärken ist ein Ziel, dem viele Versuche und Entwürfe gewidmet wurden. Damit beschäftigte sich die Arbeit vieler Wissenschaftler. Die Weisesten der Weisen und die großen Menschheitslehrer haben Entscheidendes dazu beigetragen. Was Erfahrung und Denken hierfür an Mitteln und Wegen erschlossen haben, davon sei einiges in einer Aufzählung zusammengefaßt.

Was ist also zu tun, wenn ich bei anderen oder wenn andere bei mir ein solches sinnvolleres Werten und Handeln erreichen wollen? Wie geht ein solches Einwirken vor sich? Die Hauptwege sind *Neubau und Ausbau von sinnvollen Wertungen*

1. durch Entfaltungsspielraum für ein den Erbanlagen entsprechendes zwischenmenschliches Verhalten,
2. durch Nachahmen,
3. durch Werttonübertragung.

Entfaltungsspielraum für anlagemäßiges zwischenmenschliches Verhalten bieten beispielsweise dem Säugling die enge Pflegebeziehung, in der Regel zwischen seiner Mutter und ihm, dem Kleinkind vor allem die Familie und die Nachbarschaft, dem Schulkind die Freundesgruppe, die Klasse und nicht zuletzt auch die Klassenreise. Im zwischenmenschlichen Verhalten des Erwachsenen schließlich haben sich im Laufe seiner Entwicklung immer mehr erworbene Verhaltensweisen mit den anlagemäßigen verbunden: Entfaltungsspielraum für beide Arten des Verhaltens bieten unter anderem Ehe, Freundschaft, Verwandtschaft sowie die Ausbildungs-, Mitarbeiter- und Freizeitgruppen. Selbstverständlich wird das den Erbanlagen entsprechende, unmittelbar gewertete Verhalten vom Lebensbeginn an immer auch zugleich verstärkt durch zustimmend gewertete Begleit- oder Folgeerfahrungen, geschwächt oder gehemmt dagegen durch ablehnend gewertete Erfahrungen.

Wer anderen Menschen den genannten Entfaltungsspielraum gewährt, sichert, erweitert, kann also viel dazu beitragen, sinnvolleres zwischenmenschliches Verhalten bei ihnen auf- oder auszubauen.

Nachahmen, Nachmachen, Sich-anregen-Lassen, Sich-nach-anderen-Richten kann unter Umständen nur eine andere Bezeichnung sein für ein Lernen durch Beobachtung und am Beispiel (Modell), und zwar am wahrgenommenen[120] ebenso wie an dem »aufgrund sprachlicher Beschreibung nur vorgestellten«[121]. Dies ist eine besonders schnelle und wirksame Art, sich Verhaltensweisen anzueignen, auch solche, die der »Lernende« noch niemals zuvor verwirklicht hat. Entwicklungsgeschichtlich gesehen, ist eine solche Art des Lernens wohl schon seit Urzeiten im Erbgut verankert. Wenn der Klügste die Gruppe anführt und sich sein Verhalten auf seine engste Umgebung und dann weiter vom einen zum anderen Gruppenmitglied fortpflanzt, wird die Gruppe besser überleben.

Ganz allgemein werden unserem Verhalten auf diese Weise Wege gezeigt, neue Gedanken, Einfälle, Entwürfe. Die Bereitschaft, sich anregen zu lassen, erweitert den Spielraum für eine Steigerung des Lebensreichtums. Dieses Offensein für anderes, Neues ist Ausdruck unserer Umstellungsfähigkeit. Vielleicht sind wir im Einzelfall lediglich neugierig und wollen ein wahrgenommenes oder berichtetes Verhalten auch einmal versuchen, erhoffen einen Erfolg, nehmen einen Irrtum, einen Mißerfolg in Kauf. Daß ein solches »Erfahrungslernen durch Erfolg oder Mißerfolg« auch bei der Nachahmung von Anfang an mitspielen kann, darauf werden wir im folgenden nach einmal zurückkommen. Auf dem Sich-anregen-Lassen kann bei mir zum Bei-

spiel das Hauptgewicht liegen, wenn ich zu Hause auch einmal ein offenes, klärendes und nach Lösungen ohne Niederlagen suchendes Familiengespräch (eine »Familienkonferenz«) einrichte[122].
Möglichkeiten, sinnvolleres zwischenmenschliches Werten bei anderen Menschen auf- und auszubauen, liegen danach ganz besonders darin, ein entsprechendes Verhalten selbst vorzuleben, selbst ein Beispiel zu geben oder dem anderen Menschen sonstwie Gelegenheit zu bieten, ein Beispiel (Modell) mit seinen Sinnen wahrzunehmen oder sich aufgrund sprachlicher Beschreibung vorzustellen.
Der Nachahmung begrifflich benachbart ist der *Widerhall* (das Echo) in der Wechselwirkung von Gefühlseinstellungen und -haltungen (reziproken Affekten)[123]. »Wie man in den Wald hineinruft, so schallt es heraus«: Feindseligkeit ruft beim Gegenüber ebenfalls Feindseligkeit hervor, Unruhe weckt Unruhe, Freundlichkeit andererseits wird mit Freundlichkeit beantwortet. Es handelt sich mehr um ein unmittelbares »Antwortverhalten« (»Reagieren«), weniger um Lernvorgänge; längerdauernde Auswirkungen zeigen sich beispielsweise bei Heimkindern[124].
Werttonübertragung bewirkt eine erstmalige oder verstärkte Zustimmung zu erworbenen Verhaltensweisen, und zwar dann, wenn wir dabei zustimmend gewertete Begleit- oder Folgeerfahrungen machen[125]. So haben wir etwa zum erstenmal das im Fremdsprachenunterricht Gelernte mit einem Freund zusammen wiederholt und gegenseitig abgefragt. Die bessere Bewältigung des Lernstoffes und das Einander-helfen-Können werten wir zustimmend. Diese Zustimmung überträgt sich dann nicht nur auf das erste Lernen zu zweit, sondern verbindet sich mit dieser Art, gemeinsam zu lernen, beim nächsten und bei jedem folgenden Mal immer fester. Die wiederholte Erfahrung verstärkt unser zustimmendes Werten. Ein anderes Beispiel: Es läuft gerade der Versuch, eine wöchentliche Zusammenkunft von zehn leitenden Mitarbeitern aus unterschiedlichen Unternehmensbereichen zur ständigen Einrichtung zu machen. Den erfreulichen Verlauf

und die guten Ergebnisse des lebendigen, ungezwungenen Meinungsaustausches werten wir jedesmal wieder zustimmend. Diese Zustimmung überträgt sich dann auf die Einrichtung der wöchentlichen Zehner-Zusammenkunft.

Wovon kann eine solche Werttonübertragung, die selbstverständlich beim ablehnenden Werten ganz entsprechend abläuft, ausgehen? Zum einen von unmittelbar gewerteten Lebensvorgängen, die im Zusammenhang mit den in Frage stehenden Verhaltensweisen verwirklicht werden, etwa beim gemeinsamen Lernen von der besseren Gedächtnisleistung oder bei der Zehner-Zusammenkunft vom Gefühl, am gleichen Strang zu ziehen, oder vom Erlebnis, gemeinsam leichter zu Lösungen zu kommen. Zum anderen kann die Werttonübertragung ausgehen vom mittelbar Gewerteten, zum Beispiel vom guten Zeugnis im Fremdsprachenunterricht oder von Besprechungsergebnissen, die für den Betrieb nützlich sind, weil sie Zeit oder Kosten sparen.

In vielen Fällen ist das, wovon bei mir eine Werttonübertragung ausgeht, nichts anderes als das unmittelbar zustimmend gewertete Empfinden, beachtet, für voll genommen, anerkannt zu werden, dazuzugehören, das Gefühl, daß ich verstanden werde, daß mir Achtung, menschliche Wärme, Rücksichtnahme entgegengebracht wird[126]. Dieses Empfinden, dieses Gefühl muß mir dabei nicht einmal unter einer dieser Bezeichnungen bewußt werden oder bewußt bleiben. Hier werden grundlegende Bedürfnisse angesprochen, deren Einfluß um so stärker wirksam wird, je mehr ich Anerkennung, Achtung und Rücksichtnahme — vielleicht auch nur zeitweilig — entbehren mußte.

Wem es gelingt, bei anderen diese Grundbedürfnisse zu erfüllen, der schafft damit zugleich auch eine tragfähige Grundlage, von der er ausgehen kann beim Aufbau, Aus- und Umbau weiterer Wertungen. Auf dieses Weise kann die Mutter oder der Vater, der Lehrer oder der Berater, kurz jeder, der die weitere Entwicklung eines Menschen fördern will, den Boden für helfende Gespräche bereiten. Auch wer seelische Störungen erkennen und heilen will, wird zunächst einmal diesen Weg beschreiten[127]. Es darf aber nicht verschwiegen werden, daß besonders bei dem

Bedürfnis und dem Streben nach Geltung, Anerkennung und Gruppenzugehörigkeit — und der Angst, dies alles wieder zu verlieren — oft genug und immer wieder auch in verantwortungsloser Weise der Hebel angesetzt wird, um Menschen dazu zu bewegen, Sinnloses zu ertragen oder Taten, ja die größten Untaten zu vollbringen, wobei dann den eigentlichen Nutzen am Ende oft genug nur andere haben.

Nichtsdestoweniger steht uns im Vorgang der Werttonübertragung, das heißt in den Mitteln der zustimmend gewerteten Begleit- oder Folgeerfahrungen, der Bestätigung und Anerkennung, der Bekräftigung und Verstärkung, des Lobes und der Belohnung, einer der Hauptwege offen, sinnvolleres zwischenmenschliches Verhalten bei anderen Menschen aufzubauen oder auszubauen[128].

Auch als Mittel gegen Angstzustände werden wir menschliche Wärme und Anteilnahme im folgenden noch einmal zu nennen haben. Wem sie entgegengebracht werden, der erlebt in den meisten Fällen, daß seine Angst abgeschwächt wird.

Wirkt Werttonübertragung aber nicht auch in einem ganz anderen Vorgang, nämlich in dem des *Überzeugens?* Die Übertragung des zustimmenden Werttones kann hierbei von verschiedenem ausgehen. Zum einen etwa, wie schon gesagt, vom Ernstgenommenwerden, vom Anerkanntwerden. Zuwendung zu erfahren fördert das Sich-überzeugen-Lassen. Zum zweiten auch davon, daß wir einen stärkeren oder sonstwie überlegenen Menschen besonders schätzen, wobei der Wertton, der ihm selbst zukommt, dann auch auf etwas, zum Beispiel ein Verhalten, übergeht, das wir von ihm übernehmen. Darauf ist im folgenden noch einmal einzugehen. Drittens wirkt aber der Vorgang der Werttonübertragung auch im Verlauf gedanklich-begrifflicher Verknüpfung, Zu- und Unterordnung; denn wo immer ein genügend starker Oberwert in unserem Werten eine tragende Rolle spielt und wo immer wir dann durch eigenes Nachdenken oder unter fremder Anleitung diesem Oberwert bestimmte Gegenstände als Ausdruck oder Mittel seiner Verwirklichung zu- oder unterordnen, dort geht der Wertton auch auf diese Gegenstände über. Diese Gegenstände im weitesten Sinne können Dinge oder Verhaltensweisen sein. Halten wir beispielsweise viel von dem Oberwert »Sachlichkeit«, dann werden wir uns im Falle einer Auseinandersetzung eher für ein nüchternes Vorgehen und weniger für ein vorurteils- und gefühlsbetontes entscheiden.

Und wenn wir zum Beispiel den Grundsatz der »Friedenspflicht« gutheißen, dann werden wir ernsthaft darauf hinwirken, einen Streit durch Aussprache und Übereinkommen zu schlichten, sei es nun ein Ehezwist oder sei es ein Arbeitskampf. Auch wenn ich mich vielleicht erst »überwinden« muß oder wenn es danach noch eine Zeitlang »in mir arbeitet«. »Sachlichkeit« und »Friedenspflicht« müssen mir allerdings zuvor — notfalls durch leidvolle Erfahrungen — zu einem wirklich starken umfassenden Wert geworden sein. Erst dann kann ich selbst oder kann jemand anders daran anknüpfen, darauf weiterbauen[129].

Mein Werten braucht nicht nur oft ein wenig Zeit, um sich zu festigen, sondern benötigt dafür mitunter sogar einen ziemlich langen Zeitraum. Darin unterscheidet es sich vom blitzartigen Erkennen neuer Zusammenhänge. Zwar braucht auch im Bereich des Erkennens das Vorstellungs-, Wort- und Sinngedächtnis seine Zeit, bis es zuverlässig arbeitet, aber hierbei steht das »Behalten« dem »Wiedervergessen« gegenüber, also lediglich einem »Verblassen« des Gelernten. Anders beim Werten: Ein neues zustimmendes Werten muß unter Umständen noch lange gegen einen Rückfall in die Gleichgültigkeit oder in die ursprüngliche Ablehnung ankämpfen, bis es sich mehr oder weniger durchgesetzt hat und schließlich das — oft doch wieder noch gefährdete — Übergewicht behauptet. Keine leichte Arbeit, zumal in den Fällen, in denen es darum geht, bei einem Menschen tiefverwurzelte Grundwerte (Motive) zu ändern[130]. Der Vorgang des Überzeugens kann deshalb unter Umständen längere Zeit und immer wieder neue Anläufe erfordern. Wie vergeblich ist jedoch alle Mühe, die auf scharfsinnige Begriffsunterordnungen, zwingende Schlußfolgerungen und Beweise verwandt wird, wenn sich der beim anderen als gegeben angenommene Oberwert dann schließlich doch als zu schwach erweist!

Man kann ganz allgemein sagen: Eine wichtige Rolle kommt beim Aufbau und Ausbau von Wertungen der *Beharrlichkeit* zu, dem Üben, der Geduld. Das gilt für unser Erfahrungswerten in gleicher Weise sie für unser Werten aufgrund von Überlegungen. Beides gelingt oft nicht auf Anhieb, nicht von heute auf morgen. Denken wir etwa an die Gesprächshaltung, bei der ich mich ganz auf den anderen einstelle (an die partnerzentrierte Gesprächshaltung). Oder denken wir an die vielen Jahre der Überzeugungsarbeit, die Hermann Gmeiner und seine Freunde leisten mußten, ehe sie genügend Förderer, Gemeinden und Behörden für die heutige große Zahl der SOS-Kinderdörfer gewonnen hatten.

Manche Verhaltensänderung sieht wie »Nachahmung« aus, obwohl das Schwergewicht doch wohl auf der Werttonübertragung liegt. Übernehme ich zum Beispiel von meinen Eltern eine bestimmte Verhaltensweise, dann vielleicht ja deswegen, weil ich mit diesem Verhalten bestimmte Aufgaben oder Schwierigkeiten besser bewältigen kann. Das ist eine Werttonübertragung, die entscheidend von der Oberwertung »bessere Lösung« ausgeht. Oder ich übernehme ein Verhalten einfach deshalb, weil ich meine Eltern schätze. Das ist eine Werttonübertragung, die von der Hochschätzung ausgeht, die ich meinen Eltern entgegenbringe. Und gibt es nicht auch so etwas wie eine unbewußte Gleichsetzung mit dem geschätzten Menschen, auch mit dem stärkeren, den wir mitunter vielleicht zugleich bewundern und auch fürchten?

Eine gewisse Überschneidung zwischen »Werttonübertragung« und »Widerhall« liegt vor, wenn ich beispielsweise Vertrauen mit Vertrauen beantworte. Oder wenn die Erwartungseinstellung des anderen mir vernünftiges Verhalten zutraut und mir allein dadurch schon außerordentlich hilft, entsprechend zu werten und zu handeln und mich der Erwartung würdig zu erweisen.

Die beschriebenen Möglichkeiten des Neubaus und Ausbaus

sinnvoller Wertungen sind die Hauptwege, um bei anderen Menschen sinnvolleres zwischenmenschliches Verhalten zu stärken. Ergänzende Wege stehen uns offen im *Abbau sinnwidrigen Verhaltens*

1. mittels Werttonabschwächung durch Verlernen,
2. mittels Gegensteuern durch ablehnend gewertete Erfahrungen (Folgen, Strafen).

Werttonabschwächung durch Verlernen ist einer der allgemeinen Wertbildungsvorgänge, die wir bereits bei der Betrachtung der Gesetzmäßigkeiten einzelmenschlichen Wertens kennengelernt haben. Diese Gesetzmäßigkeit findet sich auch da, wo ein Mensch auf das Werten eines anderen Menschen Einfluß ausübt[131].

Liegt das Schwergewicht unerwünschten Verhaltens in anlagemäßig unmittelbar gewerteten Lebensvorgängen, dann kann ein anderer in bestimmten Grenzen darauf hinwirken, daß diese Lebensvorgänge durch längeren Nichtgebrauch sozusagen allmählich »verkümmern«.

Liegt jedoch das Schwergewicht unerwünschten Verhaltens in einem erst erworbenen, gelernten Werten und Handeln, dann gibt es den Weg, diesem Werten und Handeln keine Beachtung zu schenken und ihm auch sonst keine neue Nahrung zu geben. Oft wird allein dadurch schon erreicht, daß es verblaßt, vergessen wird, und daß der Wertton der Zustimmung sich abschwächt.

In manchen Fällen mag es sogar angebracht sein, durch Abschirmung (Isolierung) von Reizen, Erfahrungen oder Belastungen dahin zu wirken, daß ein Mensch bestimmten Einflüssen und Versuchungen gar nicht erst ausgesetzt wird[132]. Möglicherweise kann er diese Einflüsse noch gar nicht vernünftig verarbeiten. Dies allein schon könnte ein ausreichender Grund sein für ein solches »Abschirmen«, zumindest solange, bis die Fähigkeit, mit solchen Reizen, Erfahrungen oder Belastungen fertigzuwerden, ausgebildet – oder wiederhergestellt – worden ist. Dem sinnwidrigen Werten und Verhalten eines anderen Menschen gegenüber haben wir weitere Möglichkeiten in einem *Gegensteuern* durch ablehnend gewertete Erfahrungen (Folgen, Strafen), die wir den anderen Menschen erleben lassen[133]. Sei es als nur vorgestellte, sei es als tatsächlich erlittene: »Wer nicht hören will, muß fühlen!«.

Bei der Betrachtung der Gesetzmäßigkeiten einzelmenschlichen Wertens haben wir bereits Mißerfolge und schlechte Erfahrungen als Einflußgrößen kennengelernt, die auf Wertbildung und Selbststeuerung einwirken. Für die Fremdsteuerung bieten sie darum ebenfalls Ansatzpunkte. Wo überall läßt sich ein ablehnend gewertetes Gegengewicht gegen geplantes oder ausgeübtes unerwünschtes Verhalten ins Spiel bringen? Ist es unter Gleichgestellten nicht schon dann der Fall, wenn ich einen Plan oder ein Verhalten des anderen überhaupt nicht beachte? Oder wenn er erfährt, daß ich sein Verhalten ablehne, daß es mich betrübt oder sehr traurig macht?

Gibt es hier nicht auch das weite Feld der Spielregeln bis hin zu verschiedenen »Vertragsstrafen« (Konventionalstrafen)? Wenn ich Spielregeln übertrete, muß ich im Sport zum Beispiel mit einem Strafstoß oder mit der Strafbank rechnen. Vielleicht wird in schweren Fällen sogar ein Vertrag gekündigt oder nicht verlängert.

Wo Rangunterschiede, Unterordnungs- oder Herrschaftsverhältnisse gegeben sind, können die ablehnend gewerteten Folgen und Strafen für den Unterlegenen in mehr oder weniger schmerzlichen Nachteilen bestehen – vom Entzug des Wohlwollens bis hin zur Gewalt[134]. Und wer wollte leugnen, daß Menschen die Schwelle zur Gewalt oft genug auch dort schon überschreiten, wo Gewalt noch lange nicht als das letzte Mittel für jemanden übrigbleibt, der sich zum Beispiel seinerseits der Gewalt eines Angreifers anders nicht erwehren kann?

Je »härter« die Strafe empfunden wird, desto größer ist die Gefahr, daß als Nebenwirkung sinnwidrige Wertungen aufgebaut oder verstärkt werden[135]. Der Strafende ist je selten ein angemessenes Beispiel für zwischenmenschliches Verhalten, sondern vielmehr ein Beispiel für den Gebrauch von Gewalt und für die Geringschätzung der Menschenwürde; Unaufrichtigkeit und Verstellung, Täuschung und Heimlichkeit werden gefördert; vielleicht denkt der Bestrafte auch an Vergeltung oder an Trennung, an Flucht. Außerdem vermindern Strafen die Selbstachtung; die zwischenmenschliche Beziehung wird in der Regel verschlechtert; unerwünschtes Verhalten wird zwar unterdrückt, sinnvolles aber nicht in gleicher Weise gefördert. Und wenn die Verhaltensänderung, die erzwungen werden soll, dem Bestraften Schwierigkeiten bereitet, kann bei ihm ein Anwachsen von Angst, Spannungen und Verhaltensstörungen ausgelöst werden. Übertreibungen, Angsteinjagen, *Aufreizen* (Provozieren)[136], etwa mit der Beschimpfung »Lügner!« oder mit einem verächtlichen »Das schaffst du nie!« sollen Verwunderung, Bloßstellung, Schock und Furcht hervorrufen. Dies alles hat überwiegend nur augenblickliche Wirkung, auf die Dauer gesehen jedoch eher wenig nützliche und vielmehr sinnwidrige Folgen.

Wo Angst die zwischenmenschlichen Beziehungen durchdringt, kann sinnwidriges Verhalten dadurch abgebaut werden, daß zunächst einmal die Angst abgeschwächt wird, indem man das Angstauslösende mit zustimmend gewerteten Begleiterfahrungen verbindet[137]. Die Angst mag zwischen Menschen in verdeckter Form häufiger eine Rolle spielen, als man meint, zum Beispiel auch dort, wo sie durch übertriebene Verteidigungs-, ja Angriffshaltung überspielt wird. Angst und Furcht, die mit einer zwischenmenschlichen Beziehung, einer Lebenslage oder mit einem Verhalten verknüpft sind, können vermindert werden, wenn die abgelehnten, angstauslösenden Vorstellungen — Schritt für Schritt wirklichkeitsnäher — mit körperlicher Entspannung verbunden werden oder mit Freundlichkeit und Wärme des Gefühls, mit Wertschätzung und verständnisvoller Zugewandtheit, mit der Sicherheit und Ruhe eines anderen, helfenden Menschen (z. B. eines Therapeuten). In vielen Fällen gewinnt das Gegengewicht, das im zustimmend gewerteten Erleben liegt, bald immer mehr Einfluß und kann die einengende Wirkung der Angst entscheidend auflösen.

Wertschätzung, Zuwendung und Verständnis bauen nicht nur

Angst ab, sondern sie schaffen darüber hinaus auch eine Gesprächsbeziehung, in der sich die Einstellung des einen zum anderen klären läßt und in der bessere Voraussetzungen gegeben sind, daß ein Rat angenommen wird.

Ein wichtiger Weg kann durch sogenannte *»Bewußtseinsänderungen«* beschritten werden[138]. Am Anfang unseres Jahrhunderts hielt man viel davon, Kindern und Jugendlichen die Unterschiede zwischen einem sinnvollen und einem sinnwidrigen zwischenmenschlichen (sozialen) Verhalten ausführlich bewußt zu machen. Einiges Wissen mag auf diese Weise vermittelt werden — beispielsweise Verkehrsregeln und Zahlen über Opfer des Straßenverkehrs. Heute dürfte anerkannt werden, daß ein solches Wissen zwar schon einiges, aber noch nicht genug bewirkt. Es bleibt immer dann ohne Einfluß auf das Werten und Verhalten, wenn die grundlegenden Oberwertungen, mit denen man das vorgetragene Wissen um Tatsachen und Zusammenhänge eigentlich verknüpfen will, nicht stark und tragfähig genug sind. Fordert beispielsweise die Verkehrspolizei bei schwieriger Wetterlage eine dem Straßenzustand angemessene Fahrweise, dann fruchtet das bei denjenigen Autofahrern herzlich wenig, denen der Oberwert eines vernünftigen gefahrenbewußtwachsamen (»defensiven«) Fahrens nichts bedeutet. Mitunter scheitert eine Verhaltensänderung durch Wissensvermittlung auch daran, daß der Vermittelnde selbst so stark ablehnend gewertet wird, daß sich diese Ablehnung schließlich auch auf das überträgt, was er übermitteln will.

Es kann aber für unser Werten von allergrößter Bedeutung sein, daß unsere Auffassungen berichtigt oder ergänzt, daß uns Widersprüche oder Denkfehler aufgezeigt werden. Doch nur wenn es gelingt, vorhandene Wertungen von ausreichender Stärke mit einer solchen »Bewußtseinsänderung«, d.h. mit neuem Tatsachenwissen oder neuen Zusammenhangserkenntnissen, zu verbinden, wird sich auch das Verhalten ändern.

Verführung (Manipulation) als Weg der Verhaltensänderung mißachtet die Würde des Menschen[139]. Abgesehen davon, daß jeder Mensch jeden anderen Menschen, mit dem sein Leben in irgendeiner Weise verbunden ist, mehr oder weniger beeinflußt, kann diese Einwirkung sinnwidrig werden, sobald absichtlich Täuschung im Spiel ist.

»Das große Wer« als Wechselwirkung zwischen »meiner Freiheit« und »deiner Freiheit«

Im Abschnitt »4.5« hatten wir davon gesprochen: Die »Freiheit« als Selbststeuerung in der Richtung auf »das große *Was*« — und letztlich in der Richtung auf den höchstmöglichen Lebensreichtum — ist ein bedingter und keineswegs ein für allemal gegebener Beziehungszusammenhang. Genau entsprechend gilt es auch, diese »Freiheit« im Hinblick auf »das große *Wer*« immer wieder neu zu bewahren beziehungsweise zu erobern. Denn das Werten und Verhalten eines Menschen wirkt als eine der Bedingungen immer auch in die Lebensverwirklichung anderer Menschen hinein, deren Leben mit dem seinen in irgendeiner Weise verbunden ist. Wie eng oder ausgeweitet die wertende Einstellung eines Menschen ist im Hinblick auf das gewertete »Was«, das hat unter Umständen weitestgehende Rückwirkungen auf das Leben seiner Mitmenschen, und das um so mehr, je stärker der eng wertende Mensch sich selbst zum Maßstab macht.

Wer im Hinblick auf das »Was« festgelegt und unbeweglich ist und wer außerdem noch außerstande ist, auf das Werten seiner Mitmenschen einzugehen und Rücksicht zu nehmen, beeinträchtigt mit seiner eigenen unfreien Haltung auch die Freiheit der anderen.

Denken wir etwa an den Grundeigentümer, der starrsinnig an seinem Haus mit Garten festhält und dadurch den Bau einer großen Straße oder einer Versorgungsleitung *für alle* unmöglich macht. Denken wir auch an den Mitbürger, der seinen Sitzplatz im öffentlichen Verkehrsmittel besetzt hält und dadurch einer schwangeren Frau die lange Fahrt zur Qual macht. Oder denken wir beispielsweise an eine Bevölkerungsgruppe, die auf Vorrechte aus einer Notzeit nicht wieder verzichtet, auch wenn die dafür verwendeten Mittel heute sinnvoller für andere Bevölkerungsgruppen verwendet würden. Denken wir schließlich an Staaten und Völker, die riesige Geldmittel für Rüstung ausgeben und damit wiederum andere Staaten zwingen, ihrerseits Geld für Waffen auszugeben statt für sinnvollere Mittel und Wege der Lebensverwirklichung.

Was geschieht, wenn eine weitgehende wertende Ausweitung des »Wer«, zu der ein Mensch ja grundsätzlich fähig ist, bei anderen Menschen auf deren »Ich«-Werten oder deren enges »Wir«-Werten trifft?

Entweder wird der Engherzige zum ewig Nehmenden. Oder es entwickelt sich eine Beziehung des Helfens, die den Engherzigen aus seiner Enge herausführen will. Oder es droht, wenn die Engherzigkeit sich durch unverschämte Forderungen oder gar Gewaltsanwendung ins Unerträgliche steigert, dem anderen Menschen trotz seiner sinnvollen Ausweitung des »Wer« ein weitgehender Verlust an »Freiheit«. Es sei denn, er findet Mittel und Wege, die Absichten des Engherzigen zu durchkreuzen, dessen Forderungen abzuweisen, dessen Angriffe unwirksam zu machen.

»Das große Leben« verwirklicht sich im Hinblick auf »das große Wer« in Wechselwirkung zwischen »meiner Freiheit« und »deiner Freiheit«: Je mehr ich mein Werten und Handeln auf den höchstmöglichen Reichtum an Lebensvorgängen bei mir und anderen ausrichte, desto mehr mache ich mich zur Bedingung für dein Leben in der gleichen Richtung. Und umgekehrt: Je mehr du dein Werten und Handeln auf den höchstmöglichen Lebensreichtum bei dir und anderen ausrichtest, desto mehr trägst du zu meiner Lebensverwirklichung bei.

6.0 Schlußwort

Zum Schluß sei über den Begriff des »höchstmöglichen Lebensreichtums« und darüber, was er für uns bedeutet, nur noch einmal so viel gesagt: Wenn man diesem Begriff, diesem Ausdruck zum erstenmal begegnet, erscheint es vielleicht schwierig, sich die damit gemeinten Beziehungen ohne weiteres zu vergegenwärtigen; gewiß ist es ein unanschaulicher (abstrakter) Begriff, und der Zugang zu ihm erschließt sich um so schwerer, je mehr das Denken und Werten noch vom Weltbild der Wahrnehmungswelt geprägt ist.

Aus diesem Grund war es auch geistesgeschichtlich ein langer Weg, bis die Bildung dieses Begriffes gelang. Nichtsdestoweniger ist *die Geschichte seiner Begriffsbildung* in diesem Begriff aufgehoben. Die wertvollen Ansätze jahrtausendelangen Bemühens um einen »Richtungsweiser« sind als Teilbeziehungen in das Beziehungsgefüge dieses Begriffes eingegangen. Von wesentlichen Denkern und Anregern hat der Begriff des »höchstmöglichen Lebensreichtums« entscheidende Grundgedanken in sich aufgenommen. Von Aristoteles eine zusammenfassende Fülle reifer Früchte Sokratischen, Platonischen, überhaupt griechischen Denkens, darunter nicht zuletzt seinen Begriff der »Richtung auf Selbstverwirklichung«, das heißt der Richtung darauf, in der Wirklichkeit der zu werden und zu sein, der man seiner Möglichkeit, seinen Anlagen nach ist. Von den Stoikern den Gedanken, aus Freiheit in Übereinstimmung mit der Natur zu leben. Von Epikur die Suche nach der richtigen Einsicht in die Bedingungen der wahren, auch geistigen Lust. Vom Christentum die Forderung, den Nächsten zu lieben und nicht nur ihn. Von der Nützlichkeitslehre (dem Utilitarismus) das Streben nach dem größten Glück der größten Zahl. Von Kant den Gedanken der Entsprechung, der Übereinstimmung zwischen dem Grundsatz meines Wollens und dem Grundsatz eines allgemeinen Gesetzes, ja Naturgesetzes. Von Nietzsche die Umwertung aller Werte vom Leben her und auf das Leben hin. Von Marx den Kampf gegen die Entfremdung des Menschen von sich selbst. Von Freud Überlegungen über die vernünftige Eingliederung (Integration) der Triebe in verfeinerter (sublimierter) Gestalt. Von Max Scheler und Nicolai Hartmann die Herausarbeitung von Bedeutung und Zusammenhang der vielen sich inhaltlich unterscheidenden Werte. Viele weitere Namen ließen sich nennen.

Immer wieder trat jedoch der Fall ein, daß entweder solche Teilbeziehungen, wie sie hier zusammengestellt wurden, oder aber andere Begriffe als »Richtungsweiser« sinnwidrig verselbständigt wurden: »Sichausleben ohne Rücksicht auf andere« beispielsweise oder »Dienst an der ›Gemeinschaft‹ ohne Rücksicht auf die eigenen Anlagen und Bedürfnisse«. Der Richtungsweiser »höchstmöglicher Lebensreichtum« dagegen vereinigt in sich sowohl »das große Was« als auch »das große Wer«. Er schließt als Einheit darüber hinaus auch zwei Seiten des Wertens in sich ein, die man beim Vorgang des Wertens gedanklich unterscheiden kann, nämlich die begrifflich-auffassende (kognitive) und die gefühlsmäßig-stellungnehmende (emotionale) Seite. Sieht man das Wortgehäuse des Richtungsweisers und seinen Begriffsaufbau erfüllt mit den Lebensbezügen, auf die hin er als umfassendster Beziehungsbegriff des Wertens angelegt ist, dann entfaltet sich seine Wirkung als die des lebensvollsten, als die des lebendigsten Richtungsweisers überhaupt.

Das »beziehende Denken«, das uns zu diesem Richtungsweiser geführt hat, macht aber zugleich mit der *Richtung* sinnvollen Wertens auch die *Hindernisse* deutlich, die – wenn sie nicht erkannt und überwunden werden – das Leben ein »kleines Leben« bleiben lassen. Das »Weltbild der Wahrnehmungswelt« verführt immer wieder zu »geschlossenen Begriffs- und Wertungsgefügen« (»Ideologien«): Bruchstückhafte, verbogene und verbohrte Auffassungen und Anschauungen nisten sich im Denken und Werten ein, fressen sich fest, saugen das Lebensblut aus. Gegen diese Art von Hindernissen und Gefahren wendet sich geradenwegs ein Werten, das auf den »höchstmöglichen Lebensreichtum« gerichtet ist. Die Verfestigungen werden aufgebrochen. Einzelwertungen werden überprüfbar und, wenn es nach der Bedingungslage sinnvoll ist, auswechselbar. Der »höchstmögliche Lebensreichtum« ist ein Richtungsweiser, der diese »Offenheit« begrifflich geradezu erzwingt. An die Stelle des verfestigten, verkrusteten Wertens tritt ein Streben, ein Sichbemühen, das sich immer wieder neu auf wirklichkeitsgetreues Erkennen der Bedingungen und die jeweils sinnvollste Lebensverwirklichung ausrichtet. So läßt der Richtungsweiser auch an die Stelle falscher Zufriedenheit eine »schöpferische Unzufriedenheit« treten. Andererseits: Was ich an Unzufriedenheit empfinde und was ich an Lebensschwierigkeiten sehe, durchleuchtet er daraufhin, ob all dies, was mein Denken und Fühlen erfüllt, überhaupt sinnvoll ist oder ob nicht stattdessen vielmehr ganz andere Gedanken und Einstellungen sinnvoller wären.

Die Erkenntnisse über das Entstehen von Wertungen machen Wege zur Änderung des Wertens und Verhaltens deutlich sichtbar. Das hat einen weitreichenden Einfluß auf unsere Grundeinstellung zu den Lebensbedingungen ganz allgemein. Als immer weniger angemessen erscheint uns jetzt eine nur erleidende (passive) und hinnehmende, bestenfalls auf das Geschehen bloß »antwortende« (»reagierende«) Haltung. Immer angemessener dagegen erscheint uns nun ein weithin tätiges (aktives) und gestaltendes, ja »schöpferisches« (»kreatives«) Werten und Handeln.

»Sicherheit« suchen wir immer weniger dort, wo wir sie bisher zu finden glaubten. Das Schwergewicht verlagert sich gewissermaßen von einer *Sicherheit des Standes und des Habens, des Bestandes und des Bestehenden, des Feststehenden* (einer »statischen Sicherheit«) zu einer *Selbstsicherheit des lebendigen Menschseins und der Lebenskraft, des Könnens und Vermögens* (einer »dynamischen Sicherheit«), zum Bewußtsein also und zur

Gewißheit, auch eine neue, andere Bedingungslage zu bewältigen, zu gestalten, zu meistern[140].

Eine entscheidende Aussicht und eine große Hoffnung liegt in den Möglichkeiten, die sich mit einer solchen Neuprägung des Wertens und Verhaltens eröffnen: Die Wertungen möglichst vieler Menschen auf den höchstmöglichen Lebensreichtum auszurichten hießt soviel wie die wertvollsten und ergiebigsten Schätze (Ressourcen) nutzbar zu machen, die wir überhaupt haben, die entwicklungsfähigsten Kraftquellen zu erschließen, die uns überhaupt zur Verfügung stehen, das fruchtbarste Land unter den Pflug zu nehmen.

Gewachsen sind diese Einsicht und Zuversicht auf dem Boden der Gedankenarbeit, der Erfahrungen und Forschungen im Laufe eines jahrtausendelangen Weges, den wir in der geschichtlichen Entwicklung durch Entwürfe und Gegenentwürfe hindurch bis in unsere Zeit verfolgen können: bis in jene große Zeit der Psychologie Mitte der ersten Hälfte unseres Jahrhunderts etwa, in der sich ein Kreis bedeutender Wissenschaftler mit besonderem Nachdruck den Fragen der »Ganzheit« und der »Gestalt« zuwandte[141]. Als Mitarbeiterin in diesem Kreis und von dieser Fragerichtung mitgeprägt hat Margarete Eberhardt (1886–1958) in ihrem Werk eine Fülle wesentlicher Denkansätze vereinigt und weiterentwickelt. Die übermittelten Gedanken lebendig zu erhalten und durch eigene Weiterarbeit für die geistige Auseinandersetzung der Gegenwart fruchtbar zu machen — das ist die Aufgabe, an deren Verwirklichung auch die 1971 gegründete Eberhardt-Gesellschaft mitwirken will. Dieser Aufgabe soll nicht zuletzt die in diesem Buch versuchte »umrißhafte« Darstellung dienen. Zu tun bleibt noch viel, insbesondere da es darum geht, daß immer mehr Menschen den Gedanken der »Richtung auf den höchstmöglichen allgemeinen Lebensreichtum« in ihrem Leben umsetzen in ein — auf die Bedingungen in ihnen und um sie herum bezogenes —wirkliches Denken, Werten und Handeln.

So fest auch der Ausblick in diese Richtung auf dem wirklichkeitsgetreuen Erkennen der Beziehungszusammenhänge und Gesetze menschlichen Wertens und Handelns gegründet ist, so wirklichkeitsfremd, ja unverantwortlich wäre es allerdings, auch nur einen Augenblick lang zu vergessen, wie stark und allgegenwärtig die Hindernisse und Gegenkräfte sind. Wer vom Sprung ins Reich der Vollkommenheit träumt, muß im Felde der Wirklichkeit zwangsläufig scheitern. Darin gerade liegt der Sinn des Richtungsbegriffes: Statt vom »Sprung« in einem Endzustand ist von *Schritten* die Rede, die jedem Menschen genau von dem Ort aus möglich sind, an dem er jetzt steht. »Das große Leben« darf als Begriff niemals vom Richtungsbegriff losgelöst werden. Jeder Schritt in der Richtung auf »das große Leben« ist ein sinnvoller Schritt.

Nur wenn wir diese begriffliche Voraussetzung stets mit im Blick behalten, können wir es dennoch wagen, gleichnisweise das folgende Bild zu zeichnen:

Das Tor zum »großen Leben« ist immer nur mit beiden Schlüsseln zugleich zu öffnen — mit dem des »Was« und mit dem des »Wer«: Ein nach dem »höchstmöglichen Lebensreichtum« strebendes Werten und Handeln ist einerseits auf »das große Was« gerichtet, das heißt, es ist »übergegenständlich« in der Auswechselbarkeit der Einzelwertungen, und es ist in der Folge davon dann allerdings auch »überdurchschnittlich« in der wertenden Zustimmung. Andererseits ist ein solches Werten und Handeln auf »das große Wer« gerichtet: Es ist — sozusagen »überzeitlich« — nicht nur auf die Gegenwart, nicht nur auf einen begrenzten Zeitraum ausgerichtet, und es ist über das enge »Ich« oder »Wir« hinaus (»überpersönlich«) auf alle vom jeweiligen Werten und Handeln betroffenen Menschen, ja wertenden Lebewesen überhaupt, ausgerichtet. Ein der Zeit nach beziehungsweise über das enge »Ich« und »Wir« hinaus ausgeweitetes Werten und Handeln steigert durch Nacherleben, Vorfreude und Mitfreude den Lebensreichtum und ist auch dadurch »überdurchschnittlich« in der wertenden Zustimmung.

Wer zu denen zählt, die von der Beschreibung des Weges ermutigt werden und es für eine gute Sache halten, ihn zu beschreiten, der wird erfahren: Jeder Schritt voran steigert für den einzelnen Menschen den Gewinn an eigenem Leben – und zugleich: Je größer die Zahl derer ist, die gleichen guten Willens sind, desto größer ist auch das Leben für alle.

Anhang

Der Gedankengang auf wenigen Seiten

1.0

Ziel des vorliegenden Buches ist es, den richtungweisenden Grundbegriff des »höchstmöglichen Lebensreichtums« zu erläutern und in der ganzen Fülle seiner Beziehungen zu entfalten.

2.0

Die Einleitung knüpfte an folgendes an: Sich mit der Frage nach einem »Richtungsweiser für menschliches Werten und Handeln« zu befassen oder mit der Frage nach einem obersten »Wert« — das ist ungewohnt, ja das mag bei dem einen oder anderen sogar Zweifel wachrufen. Wenn man aber durch die Nebelwand ungeläufiger, noch unklarer Begriffe — wie »das Werten« oder »der Wert« — hindurchstößt und auf die Sachverhalte selbst blickt, sieht man deutlich, daß es um nichts anderes geht als um menschliches Wünschen, Streben und Wollen, um Stellungnahmen und Zielsetzungen, um Antriebe und Beweggründe (um »Motive« und »Motivation«).
Die Vielgestaltigkeit des Nebeneinander, Miteinander und Gegeneinander verschiedener »Werte« im weitesten Sinne führt uns zu der Frage nach dem Entstehen, nach den Bedingungszusammenhängen des Wertens und zur Frage nach einem Maßstab bei Wertgegensätzen. Die letztere Frage verlangt um so dringender eine Antwort, je belastender die Wertgegensätze für uns sind. Für die Beantwortung beider Fragen hat Margarete Eberhardt (1886 — 1958) überlieferte bahnbrechende Denkansätze weiterentwickelt und selbst Entscheidendes geleistet.

Dank der Schlüsselrolle des »beziehenden Denkens«, bezeichnen wir sowohl die die von ihr herausgearbeitete Art des Herangehens an die Fragen als auch die daraus folgende Haltung als »von Verstand/Vernunft bestimmtes Denken und Werten« (»rationales Denken und Werten«).

3.0

»Werten — was ist das?«: Unter solcher Fragestellung wendet dieser Teil der Untersuchung die Blickrichtung vom »Gewerteten« zurück auf das »Werten« selbst und hält sich erst einmal an die vielgestaltigen Bewußtseinsgegebenheiten und Verhaltensweisen, die sich als Folge oder Ausdruck menschlichen Wertens auffassen lassen. »Werte« sind danach nichts *Besonderes,* sondern das *Alleralltäglichste.* Das belegen die vielen Ausdrükke, die nach dem fragen, was wir werten. Das belegen aber auch die außerordentlich zahlreichen nichtsprachlichen und sprachlichen Ausdrucksweisen und Wendungen der Zustimmung. Ihnen lassen sich ebenso viele Ausdrucksweisen und Wendungen der Ablehnung gegenüberstellen.
Als bedeutsam wird dabei sichtbar, daß der Ausgangspunkt der Wertaussagen sprachlich in vielen Fällen mehr beim *Gewerteten* — bei den »Werten« — liegt, in vielen anderen Fällen hingegen mehr beim *Wertenden,* beim Vorgang seines Wertens. Anhand einer Liste von zwei Dutzend stellvertretend willkürlich herausgegriffenen Beispielen gewerteter Dinge und Begriffe läßt sich dies noch einmal klar und deutlich zeigen: Oft sehen wir den Wertschwerpunkt mehr beim wertenden Menschen; bleibt es beispielsweise sozusagen »Geschmackssache«, wie ein bestimmtes Kleid gewertet wird, dann verlegen wir den Wertmaßstab so gut wie ausschließlich in den wertenden Menschen. In vielen anderen Fällen »hängt es davon ab«, wie die Umstände sind oder wie die Lage ist, oder es bleibt sozusagen »Ansichtssache«, etwa ob im Augenblick »Sparen« oder »Verbrauchen« wertvoller, sinnvoller ist. In diesen Fällen liefern bestimmte Be-

dingungen in mir und um mich herum den Maßstab für mein Werten. In anderen Fällen jedoch scheint der Wertschwerpunkt im Gewerteten selbst zu liegen, beispielsweise in einem Wert wie dem der »Gerechtigkeit«. Je mehr Menschen von den Folgen einer Wertung betroffen sind und je gewichtiger diese Folgen in ihr Leben hineinwirken, desto »verbindlicher« scheint eine solche Wertung zu sein. Oder desto »verbindlicher« schien sie wenigstens zu sein, ehe die Erforschung fremden Wertens und ehe bahnbrechende Denker immer mehr Bedingungszusammenhänge des Wertens, der Wertungen und der Werte durchschaubar machten.
Demzufolge liegt es heute nahe, die Untersuchung beim Vorgang des Wertens anzusetzen und zu fragen: 1. Wie entstehen Wertungen? 2. Wie stellt sich ihr Nebeneinander, Miteinander, Gegeneinander dar und wie wirkt es sich aus? 3. Gibt es einen Maßstab bei Wertgegensätzen? Und wenn es ihn gibt, ist zu ermitteln: 4. Welche Hindernisse und Gegenkräfte wirken dagegen? 5. Was ist zu raten, um sie zu überwinden?

4.0

»Das große Was«: Auf diesen Begriff läßt sich der gesuchte Richtungsweiser bringen, wenn man ihn von der Seite des Gewerteten (des »Wertungsobjektes«) her untersucht, das heißt wenn man hinsichtlich des Wertens fragt: »Was wird gewertet?«. Beim »Was« lassen sich die folgenden

4.1 *Bedingungszusammenhänge* erkennen. Nur bestimmte Lebensvorgänge – die des Tuns und die des Erlebens – werten wir anlagebedingt unmittelbar zustimmend oder ablehnend. Zum unmittelbar gewerteten »Tun« zählen die »Sinnesvorgänge«, die »Bewegungsvorgänge« und die »Denkvorgänge im weiteren Sinne«. Das unmittelbar gewertete »Erleben« umfaßt demgegenüber die vielen Gefühlszustände, in denen uns bewußt wird, wie wir von einer Lebenslage betroffen werden. Bei allem unmittelbar gewerteten Tun und Erleben können wir feststellen, daß wir in der Regel ein umfassenderes oder anspruchsvolleres Zusammenspiel mehrerer Lebensvorgänge, deren Ineinandergreifen gut aufeinander abgestimmt ist, stärker zustimmend werten, als wenn nur ein einfacher Lebensvorgang abläuft. Welches Kind würde es zum Beispiel nicht vorziehen, vier Stunden einen lustigen Kindergeburtstag mitzufeiern, statt vier Stunden vergnügt auf der Stelle zu hüpfen? Folgende weitere acht wichtige Bedingungen bestimmen Art und Stärke des unmittelbaren Wertens von Lebensvorgängen des Tuns und Erlebens: 1. Anlagen und Begabung, 2. Entwicklungsstufe, 3. Ausbildung, 4. Übung, 5. Gesundheit, 6. Frische, 7. das störungsfreie Zusammenspiel der Lebensvorgänge und 8. eine bestimmte Stufe der Schwierigkeit und Beanspruchung zwischen Überforderung und Unterforderung.

So wichtig und grundlegend diese Gesetzmäßigkeiten des unmittelbaren Wertens auch sind, den überwiegenden Anteil menschlicher Wertungen bestimmt der Bedingungszusammenhang, der vom unmittelbaren Werten her durch *Werttonübertragung* mittelbare Wertungen aufbaut: Was immer ich im Zusammenhang mit unmittelbar zustimmend oder ablehnend gewerteten Lebensvorgängen wahrnehme, begreife, erlebe, auf das — auf diesen Gegenstand selbst oder auf diesen Begriff selbst — überträgt sich dann, auch ohne meine bewußte Absicht, meine Zustimmung oder Ablehnung. Alles mittelbar stark Gewertete wirkt bei weiteren Werttonübertragungen wie unmittelbar Gewertetes. Was jedoch in solchen Zusammenhängen erlebt, begriffen, ja sogar was wahrgenommen wird, ist von den Auffassungen des betreffenden Menschen mitbestimmt. Das Wertungsgefüge eines Menschen hängt insgesamt weitgehend ab von der ganzen Art seines Wirklichkeitsdenkens. Vom »Weltbild der Wahrnehmungswelt« verführt, sieht man überall — wie unsere Wahrnehmung es uns nun einmal nahelegt — einzelne scharf abgegrenzte »Dinge« und einzelne »Ursache-Wirkungs-Zusammenhänge«. Demgegenüber setzt der »Weltbegriff des beziehenden Denkens« ein Zusammenwirken vieler Bedingungen voraus und geht davon aus, daß im durchgehenden Geschehenszusammenhang der Welt jeder einzelne Geschehensablauf vielfach bedingt ist und seinerseits vieles andere bedingt. Nach diesem »Weltbegriff des beziehenden Denkens« braucht man auch für die Vorgänge menschlichen Wertens, Wollens und Handelns keinen »Willen«, kein »Wollen« als besonderen abgrenzbaren Lebensvorgang eigener Art anzunehmen; es genügt, bei den Stufen des Wünschens, Strebens und Wollens von einem Zusammenwirken des Denkens und Wertens auszugehen. Und dieses Zusammenwirken wiederum ist Teil eines vielgliedrigen Bedingungszusammenhanges menschlichen Wertens, in dem sich drei Gruppen von Bedingungen unterscheiden lassen: 1. Die Bedingungen im einzelnen Menschen, 2. die Bedingungen in den Mitmenschen, in der Gesellschaft und 3. die außermenschlichen Bedingungen: der Rahmen von Bedingungen für menschliches Leben, Werten und Handeln, den die uns umgebende Natur, den unsere Umwelt darstellt.

4.2 Als *»Wertungsgefüge«* entsteht und wirkt aufgrund der genannten Bedingungen in jedem Menschen ein bestimmtes Nebeneinander, Miteinander und Gegeneinander von Wertungen. Darin ist einerseits das anlagebedingte Werten weiterentwickelt und überlagert von Wertungen, die sich aufgrund eigener Erfahrungen gebildet haben. Hinzu kommt andererseits eine noch größere Zahl von Wertungen, die ein Mensch von anderen Menschen übernommen hat.

In dieser sich unter inneren und äußeren Einflüssen entwickelnden und dementsprechend auch wechselnden Vielfalt lassen sich nach dem Begriffsumfang solche Wertungen unterscheiden, die sich als »Einzelwertungen« auf bestimmte einzelne »Gegenstände im weitesten Sinne« beziehen; diese gewerteten »Bewußtseinsgegenstände« können Dinge oder Vorgänge, Sachverhalte oder Begriffe sein. Und es lassen sich daneben gewertete Oberbegriffe unterscheiden, die sich als »Oberwertungen« auf eine mehr oder weniger umfassende Gruppe oder Klasse solcher »Gegenstände« beziehen.

Als weiteres Unterscheidungsmerkmal für die Wertungen ist im Hinblick auf die Stufe der Lebensbezogenheit von größter Bedeutung, ob sich Einzel- oder Oberwertungen erstens auf Lebensvorgänge beziehen oder zweitens auf Mittel zur Verwirklichung von Lebensvorgängen oder aber drittens — was der häufigste Fall ist — auf irgend etwas Auffallendes, das heißt als »Haftwert« auf einen wahrnehmungsmäßig hervorstechenden Gegenstand oder als »Sammelwert« auf irgendein betontes Merkmal — ohne jeden Rückbezug auf Lebensvorgänge. Faßt »das Rechte« als Oberwert etwa alles nur nach dem »Merkmal« zusammen, »daß es im Bürgerlichen Gesetzbuch steht«, dann kann es zum Beispielfall eines bloßen »Schein-Beziehungswertes« werden.

Mein Werten, über das ich teils mehr, teils weniger offen mit anderen Menschen zu sprechen bereit bin, kann sich auf Lebensvorgänge und »Gegenstände« richten, die nur mit mir selbst zu tun haben, oder aber auf Lebensvorgänge, die gewissermaßen auf andere Menschen hin angelegt sind (auf »soziale Lebensfunktionen«) und auf entsprechende »Gegenstände« und Sachverhalte. Die auf andere Menschen hin angelegten Lebensvorgänge haben für unser Werten ein so großes Gewicht, daß wir durch Werttonübertragungen von daher mehr Wertungen von anderen Menschen übernehmen — oder umgekehrt: Wertungen abgelehnter Menschen ablehnen —, als wir durch eigene Erfahrung oder Überlegung bilden.

Bei einer besonderen Gruppe von Wertungen geht es um das Erleben, um das Fühlen dem als sinnvoll bejahten Unerforschlichen gegenüber (um das »religiöse Fühlen«).

Von »schön« (»ästhetisch«) sprechen wir darüber hinaus bei ausgewogenen (harmonischen) Abläufen von Lebensvorgängen und bei »Gegenständen«, die Mittel dazu sind.

In der Rangordnung der starken, mittleren und schwachen Wertungen sind die stärksten nicht immer die Wertungen von Lebensvorgängen oder die auf Lebensvorgänge bezogenen Mittelwertungen. Vielmehr können auch Haftwerte, Sammelwerte und Scheinbeziehungswerte so stark sein, daß sie in den ungünstigsten Fällen das Werten und Handeln bis zur Sinnlosigkeit in die verschiedensten Sackgassen führen.

Manche Wertungen treten hartnäckig immer wieder ins Bewußtsein, andere Wertungen sind nachgiebiger. Die Auswechselbarkeit der Wertungen kann zu einer entscheidenden Voraussetzung werden, wenn es darum geht, sich auf die jeweiligen Gegebenheiten einzustellen und sinnvoll zu werten. Wenn etwa der gewertete Oberbegriff »Bewegung« unser Wollen und Verhalten leitet, ruft er darunter fallende Begriffe wie etwa »Gehen«, »Laufen«, »Springen« oder »Schwimmen« ins Bewußtsein, so daß wir überlegen können, was sich davon am besten verwirklichen läßt.

Unser Auffassungsgefüge ist mitbestimmend dafür, welche Gründe uns für (pro) oder gegen (contra) eine geplante Handlung bewußt werden. Wenn wir alle diese Gründe gegeneinanderhalten, ergibt sich in der Regel aus solchen Überlegungen unsere Entscheidung. Es sei denn, wir stehen vor Erkenntnisschwierigkeiten. Oder es sei denn, zwei Wertverwirklichungen schließen sich — nach der Überzeugung des Wertenden — gegenseitig aus, und die beiden Wertungen sind annähernd gleich stark. Wenn dann nicht wirkliche Überzeugung für die Entscheidung den Ausschlag gibt, sondern etwa nur Überredung oder Verführung, so kann sich eine unterlegene tiefverankerte Wertung in mehr oder weniger heftigen Selbstanklagen wieder zu Wort melden und zu »Gewissensbissen« führen. Ein Gewissenskampf (Gewissenskonflikt) ist immer ein Kampf zwischen Werten (ein Wertkonflikt).

4.3 Die Frage nach einem *Richtungsweiser* wird um so dringender, je grundlegender die Wertgegensätze sind, die auftreten und nach einem übergeordneten Wertmaßstab und Prüfstein (Kriterium) verlangen. Müssen wir nicht ein Streben und Tun stets dann als »sinnvoll« anerkennen, wenn es seiner Richtung nach mit der Richtung des Weltgeschehens übereinstimmt? Im einheitlichen, gesetzmäßigen Geschehenszusammenhang der Welt eine Richtung des Weltgeschehens insgesamt zu erkennen übersteigt zwar menschliches Erkenntnisvermögen, aber die Entwicklung des *Lebens* insgesamt als umfassendes, eingegliedertes Teilgeschehen zeigt durchaus eine Grundrichtung: nämlich die auf Steigerung der Fülle und Mannigfaltigkeit der Bauweisen und Lebensformen sowie der Leistungen und Lebensvorgänge. Dieser *»Steigerung des Lebensreichtums«* dienen auch die beiden anderen feststellbaren Hauptzüge der Lebensentwicklung: die »Erhaltung des Lebens in voller Kraft« und die »Höherentwicklung«. Mehr noch als in einem Reichtum an Bauweisen und Lebensformen zeigt sich die Grundrichtung der Lebensentwicklung in einer Steigerung des Reichtums an Lebensvorgängen (Lebensfunktionen). Überzeugender Ausdruck dafür sind die »freien Lebensvorgänge«, die frei von jeder Aufgabe der Lebenserhaltung ausschließlich um ihrer selbst willen ablaufen.

Die gleiche Richtung auf Steigerung des Reichtums an Lebensvorgängen, wie sie die viele Jahrmillionen durchlaufende Lebensentwicklung erkennen läßt, bestimmt auch den besonderen menschlichen Teilbereich der Kulturentwicklung, die sich über viele Jahrtausende, ja — wenn man die lange Anlaufzeit in frühen Menschenarten mitberücksichtigt — über noch längere Zeiträume erstreckt. Die »wie ein Gegenstand weiterreichbare« (»objektive«) Kultur ermöglicht dem Menschen, der sie übernimmt, eine reichere Betätigung und ein tieferes Erleben, als sie ihm aufgrund eigener Erfahrung je zugänglich gewesen wären. Ein Mittel des »großen Lebens«, den Reichtum an Lebensvorgängen insgesamt zu steigern.

Befragen wir außer den Grundrichtungen erstens der Lebensentwicklung und zweitens der Kulturentwicklung dann drittens auch noch die Eigenart und die Tatsachen des menschlichen Wertens, so kommen wir dabei zu einer völlig entsprechenden Bestimmung des Richtungsweisers: Der begleitende Wertton der Zustimmung ist desto stärker, je mehr wir an Lebensvorgängen und Fähigkeiten — im Rahmen der bereits herausgearbeiteten Bedingungszusammenhänge — einsetzen, verwirklichen, genauer: je mehr wir die Fülle, Mannigfaltigkeit und Höhe unserer Lebensvorgänge steigern können.

Beziehe ich diese in drei Denkansätzen herausgearbeitete

Grundrichtung der »Steigerung des Lebensreichtums« wirklichkeitsgetreu auf den Lebensrahmen und den Handlungsspielraum, der durch die Bedingungen in mir und um mich bestimmt wird, so gewinne ich für mein Werten und Handeln den Richtungsweiser in der begrifflichen Gestalt des »höchst*möglichen* Lebensreichtums«. Mit anderen Worten: Richtungsweiser ist der »höchstmögliche Reichtum an zustimmend gewerteten Lebensvorgängen des Tuns und Erlebens«.
»Das große Leben« läßt sich als Richtungsweiser in diesem Sinne nach unseren bisherigen Überlegungen bereits durch die folgenden beiden Bestimmungen verdeutlichen: Je mehr sich unser Werten nach diesem Maßstab richtet, um so mehr ist es 1. *überdurchschnittlich* in der Stärke der Zustimmung und 2. *übergegenständlich,* das heißt ausgerichtet auf »das große Was«: dies Werten hält sich offen für alle zu größerer Fülle, Mannigfaltigkeit und Höhe von Lebensvorgängen führenden Mittel und Wege, hält Ausschau danach und strebt, sie zu verwirklichen. Das »beziehende Denken« prüft und würdigt dann die jeweiligen Gegebenheiten in ihrer Bedeutung als Bedingungen für Lebensvorgänge oder als Lebensvorgänge selbst — und diese Lebensvorgänge wiederum auch in ihrer Bedeutung als Bedingungen für weitere Lebensvorgänge. Für alle bisherigen Wertungen bedeutet das eine auf die jeweilige Bedingungslage bezogene, immer wieder neue Überprüfung und gegebenenfalls nötige »Umwertung«. Das bedeutet ferner unter den Bedingungen in mir und um mich herum: eine »Auslese«, eine »Auswahl« der Wertungen. Durch die Gebundenheit an die Bedingungslage entfallen auch die Voraussetzungen für jedes »unbedingte Sollen«.

4.4 Welche *Hindernisse* und Gegenkräfte sind es nun, die es bedingen, daß wir die Richtung auf den höchstmöglichen Lebensreichtum nicht einhalten, ja oft nicht einmal versuchsweise einschlagen? Hierüber Klarheit zu gewinnen ist eine schwierige Aufgabe, der man am besten stufenweise mit diesen drei Fragen zu Leibe rückt: 1. Was ist schlecht? Das heißt: Was in mir und um mich herum dient nicht dem höchstmöglichen Lebensreichtum, wirkt ihm also entgegen? 2. Was ist besser? Das heißt: Was in mir und um mich herum würde dem höchstmöglichen Lebensreichtum mehr dienen? 3. Wie läßt sich das Schlechte ändern und das Bessere verwirklichen?

Das Fehlen des Richtungsweisers im Wertungsgefüge eines Menschen läßt diesen Menschen einmal diese, einmal jene Richtung des Wertens einschlagen. Oder er erlebt einen quälenden Wertgegensatz, ein inneres Hin- und Hergerissensein, und zwar immer dann, wenn zwei gleich starke Wertungen, deren Verwirklichungen sich gegenseitig ausschließen, Berücksichtigung fordern. Die klärende Frage nach dem höchstmöglichen Lebensreichtum kommt diesem Menschen dann nicht in den Sinn.

Das Fehlen des Richtungsweisers bedeutet ferner: Im Erkennen und Werten eines Menschen fehlt die Kernfrage nach den Bedingungen des höchstmöglichen Lebensreichtums. Nicht nur bleiben die *Fragen* nach der Lebensbezogenheit und nach dem Höchstmöglichen ungefragt, auch die *Antwort*möglichkeiten bleiben einem Menschen dann verschlossen. Er sieht nicht im höchsterreichbaren Ausmaß, was schlecht ist, was besser ist, welche Mittel und Wege eine Änderung bringen: welche anderen Gegebenheiten die Bedingungslage sinnvoll ändern würden oder welche zusätzlichen Gegebenheiten den Kreis der Bedingungen für einen höheren Lebensreichtum – oft fehlt nämlich wirklich nur der sprichwörtliche »Tropfen Öl«! – schließen würden.

Mögliche Hindernisse sinnvollen Wertens liegen auch im Denken und Erkennen selbst, genauer gesagt: in einer Reihe immer wieder auftretender Denkfehler. Nicht zuletzt finden sich mögliche Hindernisse in der Art der Wertbildung, und zwar desto eher, je mehr die Wertbildung noch dem »Weltbild der Wahrnehmungswelt« verhaftet ist. Haftwerte können das Leben engstirnig machen; und die Gefahr ist immer gegeben, daß sich ursprünglich sinnvolle Mittelwerte zu Haftwerten verfestigen. Zwar nicht mit Einzeldingen, aber mit Einzelmerkmalen wird der Wertton starr verbunden in Sammelwerten, wie »die Blonden«, »die Städter«, »die Amerikaner«. Lebensfeindlich wirken sich auch Scheinbeziehungswerte aus, etwa wenn »das Rechte«

starr verstanden wird als das, »was dieser Mensch oder diese Lehre sagt« oder »was in diesem Gesetzbuch steht«. Es gibt noch mehr Hindernisse, die das Werten eng machen – sie können in übernommenen, verkrusteten oder beschränkten Wertungen liegen. Sinnvolles Werten und Handeln werden unter anderem gehemmt von bestimmten – für mich allein unüberwindlichen – »Sperrungen« in mir oder um mich herum.

4.5 Einen *Rat* zu übermitteln, wie diese Hindernisse zu überwinden, diesen Gegenkräften zu begegnen ist, setzt voraus, daß Rat überhaupt gesucht wird. Und setzt es nicht auch voraus, daß sich jemand – ob mit diesen Worten oder nicht – jedenfalls bereits mehr oder weniger von der obersten, richtungweisenden Wertung leiten läßt, in jeder einzelnen neuen Lebenslage jeweils in der Richtung auf »das große Leben« zu werten und zu handeln? Ein solcher Rat, der das von vielen Forschern und Denkern erarbeitete Wissen über das menschliche Werten und Handeln zu sichten und zu nutzen versucht, muß nichtsdestoweniger »umrißhaft« bleiben; denn die für alle einzelnen Wertungen und Handlungen maßgebende Grundrichtung auf »das große Leben« kann nach den Gesetzen der Begriffs- und Denkzusammenhänge nun einmal nicht anders als nur durch allgemeine Begriffe – nur in den Grundzügen also – bestimmt und deutlich gemacht werden.
Zu raten ist danach, daß ich die Wertungen in meinem Wertungsgefüge grundsätzlich immer wieder von neuem überprüfe: Dient das augenblicklich Gewertete dem höchstmöglichen Lebensreichtum?
Da es auf die Bedingungszusammenhänge der Verwirklichung von Lebensvorgängen und der Bildung von Wertungen ankommt und ferner darauf, ob das dem Werten zugrunde liegende Erkennen wirklichkeitsgetreu und ohne Denkfehler ist, ergeben sich jeweils mehrere allgemeine Fragen, um zu überprüfen, was möglicherweise schlecht ist an meiner augenblicklichen Wertung und an meinem Erkennen und was demgegenüber an beidem möglicherweise besser sein kann.

Doch nicht nur die augenblicklichen Wertungen sind es, sondern darüber hinaus mein Wertungsgefüge als Ganzes ist es, wovon es abhängt, was ich an Lebensreichtum in meinem Leben verwirkliche. Darum ist es ratsam, das eigene Werten daraufhin zu überprüfen, ob es *insgesamt* sinnvoll ist, *wie* ich werte und *was* ich werte. Auch hierfür ergeben sich einige allgemeine Fragen.

Ob das Bessere nun noch unerkannt und ungewertet ist oder ob es zwar schon erkannt, aber zu schwach gewertet ist: Es lassen sich mehrere Wege beschreiben und raten, zu einem sinnvollen Werten zu gelangen. Um Wertungen um- und auszubauen, gibt es insbesondere die folgenden Wege: Wir können 1. Erfahrungen absichtlich aufsuchen, 2. Erfahrungen in Gedanken vorwegnehmen, 3. sinnvolle Wertungen anderer übernehmen, 4. Einzelwertungen unter tiefverankerte Oberwertungen unterordnen, 5. dem Wertungsgefüge Einheitlichkeit und Geschlossenheit geben.

Gerade im Hinblick auf das Wertungsgefüge als Ganzes lassen sich mehrere Wege anraten, alle Möglichkeiten auszuschöpfen, *wie* ich insgesamt sinnvoll werten und handeln kann: Ich erreiche in dieser Hinsicht um so mehr, je mehr ich

1. mit Blick auf mein gesamtes Wertungsgefüge bestimmte Wertungen auf-, aus- und umbaue,
2. das »beziehende Denken« möglichst voll einschalte,
3. mitberücksichtige, daß für den Auf-, Aus- und Umbau von Wertungen andere Gesetzmäßigkeiten gelten als beim Erkenntnisfortschritt,
4. mitberücksichtige, daß beim Werten die zwischenmenschlichen Beziehungen großen Einfluß haben,
5. bei der Frage der Anwendbarkeit des Richtungsweisers mitberücksichtige, daß »Begriffsmöglichkeit« unterschieden werden muß von »Tatsachenmöglichkeit«, und
6. die jeweiligen anderen Möglichkeiten der Lebensverwirklichung als Wertungen in meine Überlegungen einbeziehe.

Mein Werten und Handeln ist aber erst dann auf den »höchstmöglichen Lebensreichtum« ausgerichtet, wenn ich auch alle

Möglichkeiten ausschöpfe, insgesamt in der Richtung auf »das große *Was*« zu werten und zu handeln. Dem dient es, wenn ich eine »Grundausstattung« an Oberwertungen ausbaue beziehungsweise umbaue, um meine Fähigkeiten und die Verwirklichung meiner Lebensvorgänge auf allen Hauptgebieten zu entwickeln und auf der Höhe zu halten: auf denen des Tuns, des Fühlens und all der vielen zusammengesetzten Lebensvorgänge, angefangen von den vielen einzelmenschlich-lebenssichernden oder einzelmenschlich-spielerischen bis etwa zu den geschlechtlichen und anderen zwischenmenschlichen Lebensvorgängen. Nun sind aber sowohl die innere Bedingungslage von Mensch zu Mensch und je nach Lebensalter verschieden, als auch die äußere Bedingungslage keineswegs überall und jederzeit gleich. Danach ist die Auswahl an Oberwertungen und Einzelwertungen aus- und umzubauen. Eine Verallgemeinerung, die sich darüber erheben will, verliert den Wirklichkeitsbezug! Auch die Endlichkeit der Lebenszeit, der Kräfte und Mittel setzt Grenzen. *Zu viele* Vorhaben und Ziele sind ebenso sinnlos wie ein einfallsloses, bequemes, kleinmütiges *Zurückbleiben* hinter den Möglichkeiten. Nicht weniger unsinnig ist es aber, Zeit und Kräfte auf den nach der Bedingungslage falschen Tätigkeitsfeldern zu vertun. Es kommt darauf an, in möglichst vielen sinnvollen »Anwendungsbereichen« »das große Was« zu verwirklichen. Doch das heißt immer wieder auch zu überprüfen, ob es dem Lebensreichtum dient, wenn ich mich wertend und handelnd gerade jetzt diesem »Anwendungsbereich«, jenem »Tätigkeitsfeld« zuwende. Und ob es dem Lebensreichtum dient, wenn ich dabei diese oder jene Lehrer oder Berater, Auskünfte oder Anweisungen, Beispiele oder Vorbilder zu Rate ziehe.

Nur die Übernahme und die eigene Bildung *sinnvoller* Wertungen bewahrt mich vor der Einengung meiner Möglichkeiten vom Werten her. Über je mehr Möglichkeiten der Lebensverwirklichung ich auf diese Weise verfüge, desto mehr Freiheit habe ich. Die Stufe des Freiseins (der Freiheitsgrad) läßt sich erhöhen; denn das unmittelbare Werten wie auch insbesondere das mittelbare Werten lassen sich ausbauen und umbauen.

5.0

»Das große Wer« – auf diesen Begriff läßt sich der gesuchte Richtungsweiser bringen, wenn man ihn von der Seite des Wertenden (des »Wertungssubjektes«) her bestimmt, das heißt wenn man im Hinblick auf das Werten fragt: »Wer wertet?«. Beim »Wer« lassen sich die folgenden

5.1 *Bedingungszusammenhänge* erkennen. Beim unmittelbaren Werten wertet gewissermaßen ein »Augenblicks-Ich«. Das »Wer« des Wertens ist dabei also weder über den Augenblick noch über das Ich hinaus ausgeweitet.
Wenn mein Erkennen und Werten jedoch beispielsweise die Folgen mitberücksichtigen, die mein Verhalten für mich selbst hat, dann beziehe ich auch mehr oder weniger von meinem eigenen zukünftigen Werten mit ein. Ein Beispiel dafür: Ich bejahe eine schwere Arbeit, um einen Vorrat für Notzeiten anzulegen, um also in einer späteren Zeit etwas zur Verfügung zu haben, das ich — später — zustimmend werte. Ich kann aber auch — etwa in der Erinnerung — mehr oder weniger von meinem vergangenen Werten mit einbeziehen. Ein Beispiel: Ich freue mich beim Betrachten eines Lichtbildes aus einer zurückliegenden glücklichen Zeit meines Lebens. In beiden Fällen weite ich das »Wer« meines Wertens der Zeit nach aus, ich werte dann sozusagen »überzeitlich«, das heißt über den mehr oder weniger weitgespannten Zeitraum der Gegenwart hinaus.
Setzen wir aber den Fall, daß mein Erkennen und Werten die Wirkung mitberücksichtigen, die mein Verhalten auf das Werten anderer Menschen hat. Dann weite ich das »Wer« meines Wertens »über mein Ich hinaus« (»überpersönlich«) aus.
Wenn wir nun beispielsweise einem Kind eine besondere Freude bereiten oder es ganz einfach allgemein in seiner Entfaltung fördern, sprechen wir dann bei unserer Mitfreude, unserem Miterleben, unserem Mitwerten, unserem uns befriedigenden »Bewußtsein, etwas für das Kind zu tun«, treffend von »Einfühlungsvermögen«? Von »Mutterliebe« oder »Liebe zum Kind?«

Von »Nächstenliebe«? Von »Verantwortungsbewußtsein«? Sicherlich mag so etwas wie »Gefühlsansteckung« oder »Nachahmung« in einem solchen gefühlsmäßigen »Mitschwingen« wirksam sein. Die Fähigkeit miterlebender »Einfühlung« allein muß aber nicht immer Hand in Hand gehen mit einem Mitwerten mit dem betreffenden anderen Menschen. Man darf nicht vergessen: Die Verführung eines Kindes, eines erwachsenen Menschen, ja eines ganzen Volkes gelingt um so leichter, je besser sich der Verführer in das Erleben und Werten des Kindes, des Erwachsenen, des Volkes hineinversetzen und »einfühlen« kann. Mitfühlenkönnen unterstützt allerdings die Fähigkeit, das »Wer« des Wertens auszuweiten.

Bei jedem »Mitwerten« ist jedoch zu fragen: Kommt die Übereinstimmung meines Wertens mit dem Werten anderer Menschen vielleicht durch »Werttonübertragung« zustande? Das heißt: Habe ich vielleicht gute Erfahrungen mit einem Menschen gemacht, und werte ich aus diesem Grunde so, wie er wertet? Werte ich vielleicht so wie andere, weil ich dadurch Geltung und Anerkennung erlange? Oder weil ich dadurch erreiche, zu einer Gemeinschaft zu gehören? Oder etwa, um im Tausch dafür eine ganz bestimmte Gegenleistung zu erhalten? Oder — umgekehrt — um all das Angestrebte nicht zu gefährden, nicht zu verlieren? Und liegt der Fall nicht ganz entsprechend, wenn ich ablehne, was ein von mir abgelehnter Mensch zustimmend wertet? Hinzu kommen die Fälle, in denen vorgelebte Abkapselung oder Feindseligkeit wiederum Abkapselung oder Feindseligkeit zur Folge hat.

Ein »Mitwerten«, das den allgemeinen Lebensreichtum nicht mindert, sondern steigert, bedarf demgegenüber noch anderer Bedingungen.

5.2 Erst einmal sei noch in die Betrachtung einbezogen, daß im *Wertungsgefüge* eines Menschen in der Regel mehr oder weniger umfassende Ausweitungen beziehungsweise Nicht-Ausweitungen nebeneinander bestehen. In der einzelmenschlichen Entwicklung entsteht mit dem Erwachsenwerden ja auch ein Hineingebundensein in ein vielmaschiges Netz zwischenmenschlicher Beziehungen. Im Bezug auf diese oder jene anderen Menschen gibt es engeres Miteinanderleben, bloßes Nebeneinander, Unter- oder Überordnung, Geltungsvorteile oder -nachteile, mitunter auch feindliche Entgegensetzung.

Die Nicht-Ausweitung oder Ausweitung meines Wertens finden wir nicht zuletzt von »Rollen« mitbestimmt, die ich etwa »als Kind«, »als Freund«, »als Mitarbeiter« oder »als Staatsbürger« aufgrund meiner Zugehörigkeit zu Gruppen zu spielen habe und spiele und die von der gegenseitigen Einwirkung der Gruppenmitglieder aufeinander (von der »Gruppendynamik«) beeinflußt werden. Die Tatsache aber, daß ich für ein rollengemäßes zwischenmenschliches Verhalten »Belohnung« — oder andernfalls »Bestrafung« — zu erwarten habe, sagt allein noch nichts darüber aus, ob dieses zwischenmenschliche Verhalten unter der gegebenen Bedingungslage den allgemeinen Lebensreichtum steigert oder nicht.

Ungeachtet dessen, wie sinnvoll oder sinnlos einzelne Wertungen jeweils sind, ergeben sich begrifflich mehrere Möglichkeiten des Gegensatzes zwischen einem »Wer« des Wertens und einem anderen »Wer«. So findet man etwa einen Widerspruch zwischen einer Wertung für die Gegenwart und einer Wertung für die Zukunft; zwischen der Wertung eines anderen Menschen und meiner eigenen Wertung; zwischen den Wertungen zweier Menschen, denen ich gleichermaßen in Freundschaft verbunden bin; zwischen meiner Wertung für mich allein und meiner Wertung als Mitglied der Gruppe A; zwischen meinen Wertungen als Mitglied der Gruppe A und als Mitglied der Gruppe B; zwischen meiner Wertung als Mitglied der Gruppe A und den Wertungen der Mitglieder einer fremden Gruppe.

5.3 Die Frage nach einem *Richtungsweiser* wird um so dringender, je belastender sich diese Gegensätze auswirken. Bei der Suche nach einem solchen Maßstab und Prüfstein (Kriterium) im Hinblick auf das »Wer« des Wertens sprechen für den Richtungsweiser »höchstmöglicher Reichtum an Lebensvorgängen«

alle jene Gründe, die bereits im Abschnitt »4.3« im einzelnen dargelegt wurden.

Auf der inzwischen erreichten Stufe unserer Erörterung ist also immer auch noch zu fragen: *Wessen* Lebensvorgänge sind jeweils gemeint? Ist das »Wer« meines Wertens nur mein augenblickliches Ich? Oder ist dieses »Wer« ausgeweitet? Habe ich — in zeitlicher Ausweitung, sozusagen »überzeitlich« wertend — mein zukünftiges Ich mit einbezogen? Oder mein vergangenes? Oder habe ich »über mich als Einzelmenschen hinaus« (»überpersönlich«) das Werten anderer Menschen mitberücksichtigt? Auch deren zukünftiges, deren vergangenes Werten? Prüfstein (Kriterium) bleibt bei jeder Ausweitung letztlich allerdings stets der »höchstmögliche Lebensreichtum«, und zwar der des wertenden Menschen selbst in Verbindung mit dem seiner Mitmenschen.

»Das große Leben« läßt sich als Richtungsweiser in diesem Sinne durch die folgenden Bestimmungen ergänzend verdeutlichen. Je mehr sich unser Werten nach diesem Maßstab richtet, desto mehr ist es nicht nur 1. *überdurchschnittlich* in der Stärke der Zustimmung und 2. *übergegenständlich,* das heißt ausgerichtet auf »das große Was«, sondern um so mehr ist es zudem 3. *»überzeitlich«* in der Ausweitung des »Wer« über die Gegenwart hinaus in die Zukunft oder auch in die Vergangenheit sowie 4. auch *»über mein eigenes Ich hinaus« (»überpersönlich«)* ausgeweitet. Und je sinnvoller eine solche Ausweitung auf andere Zeitabschnitte und auf andere Menschen ist, desto mehr wird unser Werten auch von daher noch einmal *überdurchschnittlich* in der Stärke der *Zustimmung* — sei es, daß Vorfreude oder ein Nacherleben aus einer guten Erinnerung heraus hierfür die Bedingungen liefern, sei es, daß das Miterleben mit anderen Menschen unser eigenes Erleben bereichert.

Vor besondere Schwierigkeiten stellt uns im Zusammenhang mit der Ausweitung des Wertens auf andere Menschen immer wieder der Begriff der »Gleichheit«. Der Mensch als einzelner kann in seinem endlichen Leben und im Rahmen seiner Lebensbedingungen zwar nicht alle seine erbmäßig angelegten Lebensvorgänge in gleichem Maße und bis zur gleichen Höhe entfalten, aber ist es denn nicht sinnvoll, daß sich alle Einzelmenschen in gleicher Weise entfalten können? Statt daß sich einige Menschen einen höheren Lebensreichtum verschaffen und sichern — auf Kosten anderer Menschen? Die Bedingungszusammenhänge menschlicher Lebensvorgänge führen uns hierbei zu einer Reihe von Fragen. Und es lohnt sich, darüber nachzudenken, ob diese Fragen zur Gleichheit in der richtigen Weise gestellt sind.

5.4 Was sind die *Hindernisse* für eine Ausweitung des »Wer«, auf das eine Wertung bezogen ist? Was hindert uns, im Werten über dem »Tellerrand« des Heute, des Ich, des Wir hinauszusehen?
»Gute Vorsätze« mögen uns als bloße »Wort-Wertungen« zwar immer wieder bewußt werden, aber ihnen fehlt es leider in vielen Fällen an Stärke und Kraft, so daß sie nicht zu »Tat-Wertungen« werden können.
Unüberschreitbare Grenzen sind dem Werten und damit auch seiner Ausweitung einerseits durch die ererbte Veranlagung gesetzt sowie andererseits durch die »Kulturhöhe der Zeit«.
Wir dürfen auch nicht vergessen, daß alles unmittelbare Werten immer nur das Werten eines »Augenblicks-Ichs« ist. Und ferner: daß in den vielen »Haftwerten« der Wertton sich mit beliebigen Gegenständen verbindet und daß dabei jeder Rückbezug auf Lebensvorgänge oder gar auf ein »Wer« verblaßt, ja verloren geht.
Weitere Hindernisse für die Ausweitung des »Wer« wirken sich aus in der »einfältig-unbefangenen Ich-Haltung« (im »naiven Egoismus«) und in der »krassen Ich-Sucht« (im »krassen Egoismus«); kommt eine beschränkte Ausweitung über das Ich hinaus als »Ich-Wir-Haltung« (als »Gruppenegoismus«) zustande, so können die auf andere Menschen hin angelegten Wertungen (die sozialen Wertungen) auf das begrenzte »Wir« hin zwar in starkem Maße angesprochen werden, andererseits aber kann dabei ein außerordentlich sinnwidriges Verhalten überall dort erwachsen, wo es zu einer »feindlichen Entgegensetzung« gegen die

Menschen außerhalb dieses »Wir« kommt; oft scheint dann sogar »zum Besten der eigenen Sache« jedes sonst verwerfliche Mittel gerechtfertigt.
Eingengt bleibt das »Wer« des Wertens auch bei aller »Selbstgerechtigkeit«. Als »Ich-Gerechtigkeit« oder »Wir-Gerechtigkeit« erhöht sie oberlehrerhaft, rechthaberisch und besitzergreifend den eigenen Maßstab zum alleinigen Maßstab, und dazu gehören auch die eigenen Ausweitungsvorstellungen: was für wen von Nutzen sei. Das alles geschieht jedenfalls ohne Rückfrage bei den Betroffenen. Auch Gruppen, beispielsweise Weltanschauungsgemeinschaften, sind in dieser Gefahr, ihre Wertungen mit einem abschließenden Unbedingtheitsanspruch zu vertreten und für »allgemeingültig« zu erklären.
Sinnwidrig ist allerdings auch die entgegengesetzte Trughaltung der verselbständigten »Opferfreudigkeit«, die den eigenen Lebensreichtum, ja die eigene Leistungsfähigkeit aus den Augen verliert und auch nicht mehr fragt, ob das Opfer sinnvoll ist.
Für die Fehlbildungen des »Wer« im Werten können verschiedene Bedingungen gegeben sein. Etwa der Druck einengender Fremdsteuerung — von der Kindererziehung bis zur Erwachsenenbeeinflussung. Oder ein Mangel an Wissen um Zusammenhänge, an Kenntnis anderer Verhaltensmuster, an Einblick in das Leben anderer Menschen, an Einfühlung, an Rückfrage. Oder ist es eine Scheu vor Auseinandersetzungen? Ist es Verführbarkeit? Auf Notlagen eingeschränkte Hilfsbereitschaft? Rang- und Geltungsstreben? Machtstreben? Die zuletzt genannten Bedingungen führen immer wieder zu Trughaltungen, in denen es im Hinblick auf das »Wer« des Wertens jeweils als Maßstab gilt, einen anderen Menschen — aus einer ständigen Wettbewerbshaltung heraus — zu übertreffen, ihn aus einem Überlegenheits- und Machtwillen heraus zu beherrschen oder im Gegenteil sich aus einer Unterlegenheitshaltung heraus seinen Wünschen anzupassen. Diese drei Fehlhaltungen finden in einer erstaunlich großen Zahl verschiedenster Verhaltensweisen des alltäglichen Lebens ihren Ausdruck.
Sinnvolles Werten und Handeln kann aber auch durch Sper-

rungen gehindert werden, die nicht im einzelnen Menschen begründet sind und von ihm auch nicht allein überwunden werden können. Solche Sperrungen erfolgen zum einen durch einen Mangel an »Arbeitskraft«, »Boden« oder an »Mitteln aus vorgeleisteter Arbeit« (»Kapital«), zum anderen durch »Fehler in der Ordnung wirtschaftlichen Zusammenwirkens« und schließlich durch »Gewalt«.

5.5 Einen *Rat* zu erschließen, wie alle diese Hindernisse einer sinnvollen Ausweitung des »Wer« im Werten zu überwinden sind, wie den Gegenkräften zu begegnen ist, setzt erst einmal voraus, das Werten zu überprüfen. Wie eng, wie weit ist das »Wer« des Wertens? Hinzu kommt: Es ist keineswegs selbstverständlich, daß man eine bereits erreichte Ausweitung des »Wer« ohne weiteres auf der einmal erlangten Höhe hält.
»Heute ist heute«, »ich bin ich«, »wir sind wir« — In vielen Fällen ist zu prüfen, ob ein solches eingeschränktes, eingeengtes »Wer« des Wertens gerechtfertigt ist. Ist das Erkennen, das das »Wer« des Wertens bestimmt, wirklichkeitsgetreu und ohne Denkfehler? Oder habe ich bei dem von mir gewerteten Verhalten spätere Folgen oder Wirkungen auf andere Menschen nur unzureichend erkannt?
Wie lassen sich Wege zu einem sinnvollen, ausweitenden Werten erkennen und beschreiten?
Wenn wir nacherlebend Vergangenes mitwerten oder wenn wir in Richtung Zukunft vorauswerten und dabei Vorfreude oder Hoffnung erleben: Die Ausweitung des Wertens kann auf dem Gebiet des Erlebens unseren Lebensreichtum steigern. Ganz abgesehen davon, daß uns unser Denken sagt: »Das große Leben« erstreckt sich nicht nur auf die Gegenwart.
Meine eigene zwischenmenschliche (soziale) Einstellung läßt sich über das »Ich« und das enge »Wir« hinaus ausweiten durch das Herbeiführen und Einüben von Erfahrungen auf dem Gebiet der Ausweitung des »Wer« oder dadurch, daß wir dem Beispiel anderer folgen und ihre Haltung übernehmen. Auch im Hinblick auf die Ausweitung des »Wer« gibt es die unter »4.5«

bereits besprochenen weiteren Wege: Erfahrungen in Gedanken vorwegzunehmen, Einzelwertungen unter tiefverankerte Oberwertungen unterzuordnen, dem Wertungsgefüge Einheitlichkeit und Geschlossenheit zu geben. Darüber hinaus verweisen Erfahrung und Überlegung, Alltag und Wissenschaft noch auf ein rundes Dutzend andere Wegweiser, die im einzelnen aufgeführt werden.

Welche Mittel und Wege lassen sich erkennen, die zwischenmenschliche (soziale) Einstellung *anderer* Menschen zu beeinflussen? Von den Wegweisern, die Erfahrung und Überlegung, Alltag und Wissenschaft auch auf diesem Gebiet aufstellen konnten, sind mehrere im einzelnen beschrieben.

»Das große Leben« verwirklicht sich im Hinblick auf »das große Wer« in Wechselwirkung zwischen »meiner Freiheit« und »deiner Freiheit«: Je umfassender ich mein Werten und Handeln auf den höchstmöglichen Reichtum an Lebensvorgängen bei mir und anderen ausrichte, desto umfassender mache ich mich zur Bedingung für dein Leben in der gleichen Richtung. Und umgekehrt: Je mehr du dein Werten und Handeln auf den höchstmöglichen Lebensreichtum bei dir und anderen ausrichtest, desto mehr trägst du zu meiner Lebensverwirklichung bei.

6.0

Zum Schluß ist ein Verständnis dafür erarbeitet, daß sich der Zugang zum Begriff des Richtungsweisers »höchstmöglicher Lebensreichtum« nur Schritt für Schritt erschließt. Aus diesem Grunde war es auch geistesgeschichtlich ein langer Weg, bis die Bildung dieses Begriffes gelang. Und bis das Denken und Werten die Sackgassen als solche meiden lernte, in die man immer dann geriet und leider auch noch gerät, wenn Teilbeziehungen sinnwidrig verselbständigt werden. Sieht man das Wortgehäuse des Richtungsweisers und seinen Begriffsaufbau erfüllt mit den Lebensbezügen, auf die hin er als umfassendster Beziehungsbegriff des Wertens angelegt ist, dann entfaltet sich seine Wirksamkeit als die des lebensvollsten, als die des lebendigsten Richtungsweisers überhaupt.

Das »beziehende Denken«, das uns zu diesem Richtungsweiser geführt hat, macht aber zugleich mit der *Richtung* sinnvollen Wertens auch die *Hindernisse* deutlich, die — wenn sie nicht erkannt und überwunden werden — das Leben ein »kleines Leben« bleiben lassen.

Der »höchstmögliche Lebensreichtum« ist ein Richtungsweiser, der die »Offenheit« im Denken und Werten begrifflich geradezu erzwingt. An die Stelle des verfestigten, verkrusteten Wertens tritt ein Streben, ein Sichbemühen, das sich immer wieder neu auf wirklichkeitsgetreues Erkennen der Bedingungen und die jeweils sinnvollste Lebensverwirklichung ausrichtet. So läßt der Richtungsweiser auch an die Stelle falscher Zufriedenheit eine »schöpferische Unzufriedenheit« treten. Und an die Stelle einer erleidenden, hinnehmenden, bloß »antwortenden« Haltung ein weithin tätiges, gestaltendes, ja »schöpferisches« Werten und Handeln.

Ein neues Gefühl der Selbstsicherheit lebendigen Menschseins erwächst daraus ebenso wie das Bewußtsein, daß in der möglichen Änderung des Wertens die entwicklungsfähigsten Kraftquellen sinnvollen menschlichen Lebens überhaupt liegen.

Warum setzt sich dann aber nicht in kürzester Zeit ein sinnvolles Werten und Handeln durch,

ausgerichtet
auf »das große Was«
für »das große Wer«?

Der Grund: Das menschliche Werten, die Verhältnisse — sie sind nicht so. Erkennen und Werten des »Menschen der Wahrnehmungswelt« finden nur schwer den besseren Weg. Aus den Erfahrungen in einer wenig sinnvollen Wirklichkeit beispielsweise ergeben sich allzu leicht schiefe Begriffe, und wenn solche Auffassungen das Werten bestimmen, ändert sich kaum etwas an den Bedingungen in mir und um mich herum, die — zusammengenommen — ja diese wenig lebensfördernden Verhältnisse ausmachen.

Jeder Schritt voran dagegen steigert für den einzelnen Menschen den Gewinn an eigenem Leben – und zugleich: Je größer die Zahl derer, die gleichen guten Willens sind, desto größer auch das Leben für alle.

Veröffentlichungen

»VV« ist die Abkürzung, mit der in den übrigen Teilen des Buches auf dieses Verzeichnis der Veröffentlichungen verwiesen wird.

I. Als Quellen wurden benutzt

A. für die Zusammenstellung von Ausdrücken der Zustimmung und der Ablehnung im Abschnitt »3.1«

1. Franz Dornseiff:
Der deutsche Wortschatz nach Sachgruppen
Berlin: de Gruyter 1970. 922 Seiten
2. Karl Peltzer:
Das treffende Wort.
Wörterbuch sinnverwandter Ausdrücke
Thun: Ott 1974. 695 Seiten

B. grundlegend und umfassend für die Teile »4.0« und »5.0«

3. Margarete Eberhardt:
Das Werten
Hamburg: Meiner 1950. 278 Seiten
4. Margarete Eberhardt:
Das Erkennen
Hamburg: Meiner 1952. 246 Seiten
5. Margarete Eberhardt:
Das Handeln
Hamburg: Meiner 1956. 352 Seiten

C. für die Zusammenstellung von Lebensvorgängen des unmittelbar gewerteten Erlebens (S. 51 ff.) und von Lebensvorgängen, die auf andere Menschen hin angelegt sind (S. 83 ff.)

6. Philipp Lersch:
Aufbau der Person
München: Barth 1970. 664 Seiten

7. Hubert Rohracher:
Einführung in die Psychologie
München: Urban & Schwarzenberg 1971. 583 Seiten
8. Lotte Schenk-Danzinger:
Entwicklungspsychologie
Wien: Österreichischer Bundesverlag für Unterricht, Wissenschaft und Kunst 1973. 372 Seiten

D. für »mögliche Hindernisse im Denken und Erkennen« (S. 133 ff.)
9. Edward de Bono:
Die 4 richtigen und die 5 falschen Denkmethoden
Reinbek: Rowohlt 1972. 205 Seiten

E. für die Frage, wie sich das Werten über das »Ich« und das »Wir« hinaus ausweiten läßt, was die zwischenmenschliche (soziale Einstellung anderer Menschen betrifft (S. 253 ff.)
10. Reinhard Tausch/Anne-Marie Tausch:
a. Erziehungspsychologie
Psychologische Prozesse in Erziehung und Unterrichtung
5. gänzlich neugestaltete Auflage
Göttingen: Hogrefe 1970. 499 Seiten
b. Erziehungspsychologie
Begegnung von Person zu Person
8. gänzlich neugestaltete Auflage
Göttingen: Hogrefe 1977. 427 Seiten

II. Ergänzende und weiterführende Veröffentlichungen — einige wurden zu einzelnen Stellen als Quellen herangezogen —
A. zum Werk Margarete Eberhardts

11. I. Eberhardt (Hrsg.):
Margarete Eberhardt zum 18. August 1961.
Gedenkschrift
Hamburg: Meiner 1961. 94 Seiten
12. I. Eberhardt (Hrsg.):
August und Margarete Eberhardt

zum 85. und 90. Geburtstag am 22. und 18. August 1966.
Gedenkschrift
Hamburg: Selbstverlag 1966. 108 Seiten

13. I. Eberhardt (Hrsg.):
Else Eberhardt-Haas und August Eberhardt
zu ihrem 85. Geburtstag am 10. 11. 1967/zum Gedenken der 15. Wiederkehr seines Todestages 17. 5. 1967.
Gedenkschrift
Hamburg: Selbstverlag 1967. 147 Seiten

14. I. Eberhardt/E. Thiemann (Hrsg.):
Margarete Eberhardt zum 2. Januar 1973.
Gedenkschrift
Hamburg: Eberhardt-Gesellschaft 1973. 168 Seiten
Enthält u. a. die Beiträge
Wolfgang Jakubzik: Pädagogische Therapie, S. 77 — 83 (Buch-Ausgabe ist in Vorbereitung)
Klaus Schilling: Über einige Beiträge zur Auseinandersetzung mit den Gedanken des Eberhardtschen Gesamtwerkes und die Tätigkeit der 1971 gegründeten Eberhardt-Gesellschaft, S. 135 — 148
Wilhelm Witte: Zur Bedeutung von Margarete Eberhardts Werterhellung für die psychologische Forschung, S. 31 — 50
Irmgard Wolff: Gedanken zur Schulerziehung, S. 89 — 99

15. Hans G. Feindt:
Werttonbewegungen
Wertbildungen und Werte.
Eine vergleichende und experimentelle Erkundungsstudie zur Erforschung menschlicher Handlungsregulative — orientiert an Grundgedanken Margarete Eberhardts
Münster: Phil. Fak., Diss. 1975. 173 Seiten

16. Emil Thiemann:
Die affektiven Psychosen.
Neue Ansätze zur Erhellung psychopathologischer Gegebenheiten
Mit einem Geleitwort von Prof. H. Bürger-Prinz
Stuttgart: Enke 1960. 184 Seiten

17. Emil Thiemann:
Gesammelte Schriften 1957 – 1967
Hamburg: Von Freunden herausgegebener unverkäuflicher Sammelband 1967. 202 Seiten
18. Emil Thiemann:
Gewohnheit oder Sucht?
Künstliches Wohlbefinden mit und ohne Drogen
Frankfurt am Main: Umschau 1970. 168 Seiten
19. DISKUSSION
ÜBER PROBLEME DES ERKENNENS, WERTENS UND HANDELNS
Herausgeber: Eberhardt-Gesellschaft, Hamburg
Band 1 (Nr. 1 – 4) 1968/69
Band 2 (Nr. 5 – 8) 1970/71
Band 3 (Nr. 9 – 12) 1972/73
Band 4 (Nr. 13 – 16) 1974-77
Enthält u. a. die Beiträge (in zeitlicher Reihenfolge)
Klaus Schilling: Werte und Wertungen. Vortrag, Bd. 1, S. 3 – 21
Hanspeter Sommerhäuser/Klaus Schilling: Wirklichkeitserkenntnis und Urteilsgültigkeit. Ein Disput in mehreren Thesen und Gegenthesen, Teil I, Bd. 1, S. 27 – 54; Teil II, Bd. 1, S. 61 – 97; Teil III, Bd. 2, S. 133 – 218
Klaus Schilling: Viele Moralen – eine Ethik? Vortrag, Bd. 2, S. 42 – 72
Wilhelm Zeppenfeld/Klaus Schilling: Vorzugsprinzipien des Sollens und der Richtungsweiser »höchstmöglicher funktioneller Lebensreichtum«, Bd. 2, S. 221 – 255
Klaus Schilling: Das psychoanalytische Strukturmodell der Psyche (»Es«, »Ich«, »Über-Ich«) im Lichte der Theorie A. und M. Eberhardts, Bd. 3, S. 3 – 103
Klaus Schilling: Zur Frage der Anwendbarkeit des Richtungsweisers »höchstmöglicher Reichtum an Lebensfunktionen«, Teil I, Bd. 3, S. 207 – 218; Teil II, Bd. 4, S. 14 – 30
Hartmuth Behdau: Psychologische Modelle des Käuferverhaltens. Diplom-Arbeit, Bd. 4, S. 33 – 83

B. zu Fragen der anlagebedingten Lebensvorgänge, der Wertonübertragung und der Selbstverwirklichung

20. Charlotte Bühler:
Psychologie im Leben unserer Zeit
München-Zürich: Knaur 1973. 464 Seiten
Knaur Taschenbuch Nr. 269

21. Charlotte Bühler:
Wenn das Leben gelingen soll.
Psychologische Studien über Lebenserwartungen und Lebensergebnisse
München — Zürich: Knaur 1971. 288 Seiten

22. Charlotte Bühler:
Die Rolle der Werte in der Entwicklung der Persönlichkeit und in der Psychotherapie
Stuttgart: Klett 1975. 206 Seiten

23. Rainer Fabian:
Bessere Lösungen finden.
Kreativität ist unsere einzige Chance
Freiburg im Breisgau: Herder 1977. 224 Seiten
Herderbücherei. Bd. 627

24. Abraham H. Maslow:
Motivation und Persönlichkeit
Freiburg im Breisgau: Walter 1977. 500 Seiten

25. Abraham H. Maslow:
Psychologie des Seins.
Ein Entwurf
München: Kindler 1973. 243 Seiten
Kindler Taschenbücher. Bd. 2195

26. Helmut Swoboda:
Die Qualität des Lebens.
Vom Wohlstand zum Wohlbefinden
Stuttgart: Suhrkamp 1974. 209 Seiten
Suhrkamp Taschenbuch Nr. 188

27. Art Ulene:
Mehr Freude am Leben.

Ein 20-Tage-Programm für Gesundheit und Lebensfreude
München: Mosaik 1978. 255 Seiten

C. Die unter »B« genannten Bücher gehen zudem auf Fragen des Zusammenlebens und damit auch auf das »Wer« des Wertens ein — Fragen, zu denen neben anderen Veröffentlichungen die folgenden Bücher richtungweisende Gedanken vermitteln.

28. Lutz Schwäbisch/Martin Siems:
Anleitung zum sozialen Lernen für Paare, Gruppen und Erzieher. Kommunikations- und Verhaltenstraining.
Reinbek: Rowohlt 1975. 331 Seiten
rororo. Bd. 6846

29. Thomas Gordon:
Familienkonferenz.
Die Lösung von Konflikten zwischen Eltern und Kind.
Hamburg: Hoffmann und Campe 1975. 334 Seiten

30. Thomas Gordon:
Familienkonferenz in der Praxis.
Wie Konflikte mit Kindern gelöst werden
Hamburg: Hoffmann und Campe 1978. 317 Seiten

D. Ein Werten in der Richtung auf »das große Leben« ist ein für die Fülle seiner Möglichkeiten *offenes* Werten. Es ist nicht eingeengt und festgelegt im »Was« auf die Wertungen bestimmter Gegenstände, auf die Wertungen nur dieser oder jener Lebensvorgänge oder im »Wer« auf das Werten nur dieser oder jener Menschen, sondern es bleibt *offen*, um jeweils — ohne daß »von vornherein« beziehungsweise »ein für allemal« gewertet wird — das zu verwirklichen, was dem allgemeinen höchstmöglichen Lebensreichtum dient. Bei einigen wertvollen Beiträgen macht schon die Begriffswahl der Überschrift ihre Wertung der »Offenheit« und des »Offenbleibens« schlagwortartig deutlich:

31. Karl Popper:
Die offene Gesellschaft und ihre Feinde. Bd. 1, 2
(The Open Society and Its Enemies, 1945)

München: Francke 1977. 436, 483 Seiten
UTB. Bd. 472, 473
32. Nena O'Neill/George O'Neill:
Die offene Ehe
(Open Marriage)
Konzept für einen neuen Typus der Monogamie
Reinbek: Rowohlt 1977. 156 Seiten
rororo. Bd. 6891
33. Jerry Berlin:
Das offene Gespräch.
Paare lernen Kommunikation.
Ein programmierter Kurs.
Mit einem Nachwort von Klaus und Simone Grawe.
München: Pfeiffer 1977. 172 Seiten, Beilage 16 Seiten

E. Veröffentlichungen, die zu weiteren Einzelfragen zusätzliche Gesichtspunkte beitragen:
34. Ruth Benedict:
Urformen der Kultur
Reinbek: Rowohlt 1960
rororo. Bd. 7. 232 Seiten
35. Fritz Bohnsack:
Erziehung zur Demokratie.
John Deweys Pädagogik und ihre Bedeutung für die Reform unserer Schule
Ravensburg: Maier 1976. 555 Seiten
36. Ernest Dichter:
Der nackte Manager.
Erfolgreiches Management ohne Systemzwang
Frankfurt am Main: Lorch 1975. 213 Seiten
37. Albert Ellis:
Die rational-emotive Therapie
Das innere Selbstgespräch bei seelischen Problemen und seine Veränderung
München: Pfeiffer 1977. 295 Seiten
Leben lernen. Bd. 26

38. Jürgen Friedrichs:
Werte und soziales Handeln.
Ein Beitrag zur soziologischen Theorie
Tübingen: Mohr 1968. 137 Seiten
Veröffentlichungen der Akademie für Wirtschaft und Politik, Hamburg
39. Erich Fromm:
Haben oder Sein.
Die seelischen Grundlagen einer neuen Gesellschaft
Stuttgart: Deutsche Verlags-Anstalt 1977. 212 Seiten
40. Nicolai Hartmann:
Möglichkeit oder Wirklichkeit
Meisenheim am Glan: Hain 1949. 484 Seiten
41. Heinz Heckhausen:
Die verschiedenen Gesichter der Chancengleichheit
Deutschlandfunk
Radio-Kolleg »Die Zukunft der Leistung«,
5. Folge, 24. März 1978
42. Peter R. Hofstätter:
Einführung in die Sozialpsychologie
Stuttgart: Kröner 1966. 511 Seiten
43. Wilfried Krüger:
Konfliktsteuerung als Führungsaufgabe.
Positive und negative Aspekte von Konfliktsituationen
München: Moderne Industrie 1973. 216 Seiten
44. Rupert Lay:
Führen durch das Wort
München: Wirtschaftsverlag Langen-Müller/Herbig 1978. 302 Seiten
45. Günther Patzig:
Ethik ohne Metaphysik
Göttingen: Vandenhoeck & Ruprecht 1971. 144 Seiten
46. Frederick S. Perls:
Gestalt-Therapie in Aktion
Stuttgart: Klett 1974. 292 Seiten

47. Wolf Schneider:
Glück – was ist das?
Traum und Wirklichkeit
München — Zürich: Piper 1978. 368 Seiten
48. Reinhard Tausch:
Gesprächspsychotherapie
Göttingen: Hogrefe 1970. 307 Seiten

Anmerkungen

Abkürzungen

EE = Magarete Eberhardt, Das Erkennen, s. VV 4
EH = Magarete Eberhardt, Das Handeln, s. VV 5
EW = Magarete Eberhardt, Das Werten, s. VV 3
TE5 = Reinhard Tausch / Anne-Marie Tausch, Erziehungspsychologie, 5. Auflage, s. VV 10a
TE8 = Reinhard Tausch / Anne-Marie Tausch, Erziehungspsychologie, 8. Auflage, s. VV 10b
VV = Verzeichnis der Veröffentlichungen, Seite 299 ff.; die darauffolgende Ziffer gibt die Nummer an, die die Veröffentlichung in diesem Verzeichnis hat. Folgt nach einem Komma eine weitere Ziffer, so ist dies die Seitenangabe.

1 VV 19, Bd. 4, Nr. 16 bringt eine umfangreichere Zusammenstellung von Ausdrücken des Fragens, der Zustimmung und der Ablehnung. Quellen: VV 1; VV 2.
2 Vgl. VV 42, 57 ff., insbesondere 62 f.
3 Vgl. EW, 10: »Alles ›unmittelbare‹ Werten des Menschen erweist sich als untrennbar mit dem Vollzuge von Funktionen, bzw. Funktionskomplexen verknüpft, die ihrerseits gesetzmäßig von ganz bestimmten Bewußtseinsgegebenheiten — seien es Wahrnehmungen, Vorstellungen, abstrakte Denkgebilde oder Gefühle — begleitet werden.«
4 Vgl. EW, 15; EH, 1
5 Vgl. EW, 10
6 Vgl. EW, 1
7 Vgl. EW, 14 f., 16 ff.
8 Vgl. EW, 14 f.
9 Vgl. EH, 5
10 Vgl. VV 7, 250
11 Zum »Bewegungsentwurf« und zur »Vorwegnahme der Bewegung« vgl. VV 6, 462 f.
12 Vgl. VV 6, 489 f.
13 Vgl. EH, 3
14 Vgl. EW, 16 ff.
15 Vgl. VV 7, 461 ff.
16 Vgl. EW, 15
17 Vgl. VV6, 215 ff., 301 ff.; VV 7, 449 ff.
18 Vgl. VV 7, 458 ff.
19 Vgl. VV 6, 218
20 Vgl. EW, 11
21 Vgl. zu diesem Absatz EW, 11
22 Vgl. zu diesem Absatz EW, 11
23 Vgl. EW, 10 ff.
24 Vgl. EW, 11 f.
25 Vgl. EW, 12
26 Vgl. EW, 12
27 Vgl. EW, 12
28 Vgl. EW, 12

29 Vgl. EW, 13
30 Vgl. EW, 13
31 Der Abschnitt über die Werttonübertragung auf den Seiten 60 bis 63 folgt nahezu im Wortlaut — mit einigen Erläuterungen und Ergänzungen — der Darstellung Margarete Eberhardts, EW, 3 ff.
32 Vgl. Goethe, Chinesisch-deutsche Jahres- und Tageszeiten: »Der Pfau schreit häßlich, aber sein Geschrei erinnert mich ans himmlische Gefieder, so ist mir auch sein Schreien nicht zuwider.«
33 Zum »Weltbild der Wahrnehmungswelt« vgl. EE, 72 ff.
34 Vgl. EE, 77
35 Vgl. EE, 79 ff.
36 Vgl. EW, 30 ff.
37 Vgl. EW, 31
38 Vgl. EW, 48
39 Vgl. EH, 7 ff., 17 ff.
40 Vgl. VV 42
41 Vgl. EW, 19 ff.
42 Vgl. EW, 23 ff.
43 Vgl. EW, 39 f.
44 Vgl. EW, 54
45 Vgl. VV 8
46 Vgl. VV 6, 253 ff.
47 Vgl. VV 6, 257 ff.
48 Vgl. VV 6, 240 ff.
49 Vgl. EW, 26
50 Vgl. EW, 192 ff.
51 Vgl. EW, 171 ff.
52 Vgl. EW, 55 ff.; EH, 133 ff.
53 Vgl. EW, 59 f.
54 Vgl. EW, 60 f.
55 Vgl. EW, 68
56 Vgl. EW, 63 f.
57 Vgl. EW 64 f.
58 Vgl. EW, 65 ff.
59 Vgl. EW, 68 ff.
60 Wer zweifelt, ob wir diesen Grundzug vom Naturgeschehen *ablesen* oder ihn, womöglich gar einer wertenden Vorentscheidung folgend, *hineinsehen*, der mögen den Grundzug zweifelsfreier bestimmen! Ist es nicht gerade dies, was Verstand/Vernunft vor allem auszeichnet: *das Erkennen von Beziehungen* und *die Einsicht in unser Gliedsein im Gesamtbedingungszusammenhang des Welt-, insbesondere des Lebensgeschehens*? Ein auf diese Weise wirklichkeitsbezogenes, »von Verstand/Vernunft bestimmtes (rationales)« Denken und Werten kann das ungeeignetste nicht sein, wenn wir eine Antwort auf die Frage nach einem Richtungsweiser suchen. Und wenn es tatsächlich stimmte, daß einer solchen Einstellung stets auch wieder eine Wertentscheidung vorausgehen muß: Nun gut, entscheiden wir uns für die Vernunft!
61 Vgl. EW, 70 ff.
62 Vgl. EW, 75 ff.
63 Vgl. EW, 83 ff.
64 Eine entsprechende »Umwertung« finden wir auch in dem Bibelwort Markus 2, 27: »Der Sabbat ist um des Menschen willen gemacht, und nicht der Mensch um des Sabbats willen.«
65 Vgl. EW 159 ff.
66 Vgl. EH, 163 f. — Obwohl die Forderung einer »ausnahmslosen (absoluten) Verpflichtung« zum »Guten«, d. h. zum sinnvollen Werten und Verhalten, nicht aufrechtzuerhalten ist, hat alles, was zur Verwirklichung des höchstmöglichen allgemeinen Lebensreichtums beiträgt, jedoch einen Wert, der »durch kein menschliches Dafürhalten und Werten beeinflußt« wird (in diesem Sinne also einen »absoluten Wert«): EW, 155.

67 Vgl. VV 27
68 Vgl. VV 27, 24
69 VV 9, 84
70 VV 9, 90 ff.
71 VV 9, 94 ff.
72 VV 9, 127 ff.
73 VV 9, 121 ff.
74 VV 9, 113 ff.
75 Vgl. EW, 22 f., 26, 32 f., 37 f., 213 f.
76 Vgl. EW, 38 f., 239
77 Vgl. EW, 39, 53, 237 f.
78 Vgl. EW, 54, 237 f.
79 Vgl. EW, 26 f., 34
80 Vgl. EH, 171—275: Teil D »Subjektive Sperrungen sinnvollen Handelns«, 276—320: Teil E »Objektive Sperrungen sinnvollen Handelns«
81 Vgl. EH, 213 ff.; VV 16
82 Vgl. EH, 72 ff.
83 Vgl. EH, 12, 16, 70; EW, 228 ff.
84 Vgl. EH, 75
85 Vgl. EH, 76
86 Vgl. EH, 77
87 Vgl. EH, 78
88 Vgl. EW, 224 ff.
89 Vgl. EH 9, 15, 91 f.
90 Vgl. auch VV 37
91 Vgl. EH, 79
92 Vgl. EH, 81
93 VV 40
94 Dies ist auch eine Grundüberzeugung John Deweys. Vgl. Fritz Bohnsack, VV 35, 25 ff.: »Philosophische Voraussetzungen für Deweys Erziehungskonzept«, darin insbesondere S. 56 ff.: »Die Funktion allgemeiner Zielsetzungen«.
95 Vgl. VV 23
96 Vgl. VV 36, 176
97 Dazu gehört im Werten auch die Fähigkeit zur Ausweitung des »Wer«, vgl. EW, 44 f.
98 VV 16; VV 37; VV 44, 114: Haben sich Weg- und Zielerwartungen verfestigt, ja verselbständigt: Dann kommt es zu »Aggressivität, Angst oder Niedergeschlagenheit«.
99 Vgl. EW, 49
100 Vgl. EH, 159
101 Vgl. EW, 43
102 Vgl. VV 34
103 Vgl. EW, 43
104 Vgl. VV 8, 142 f.
105 Vgl. EW, 92
106 Vgl. EW, 41
107 Vgl. EW, 41
108 Vgl. EH, 103 ff., auch EW, 92
109 Vgl. EH, 102 f.
110 Vgl. EH, 105
111 Vgl. EH, 117 ff.
112 Vgl. EH, 105 ff., auch EW, 54
113 Vgl. EH, 107 ff.
114 Vgl. EW, 255 ff. — Dieser Abschnitt kann — ebenso wie die beiden folgenden über »Die Machtwertungen des Herrn« und »Die Anpassungswertungen des Unterlegenen« — nur einen zusammenfassenden Überblick geben über die treffsicheren und eindrucksvollen Ausführungen, mit denen Margarete Eberhardt diese Trughaltungen und Trugwertungen deutlich macht.
115 Vgl. EW, 249 ff.
116 Vgl. EW, 259 ff.
117 Vgl. EH, 281 ff.
118 Vgl. EW, 43
119 TE 8, 214 ff.
120 TE 8, 31 ff.
121 TE 8, 32
122 Vgl. VV 29; VV 30
123 TE 5, 115
124 TE 5, 117
125 TE 5, 74
126 TE 8, 118 ff.
127 Vgl. VV 48
128 TE 5, 74 ff.
129 Über die Bedeutung von Gemeinsamkeiten auf der »wert-

mäßig-kulturellen Ebene« für die »Konfliktsteuerung« vgl. VV 43, 190
130 TE 5, 133 f.
131 TE 5, 107 ff.
132 TE 5, 125 ff.
133 TE 5, 109 f.
134 VV 29; VV 30 – Gordon schildert ausführlich die »Niederlage-lose Methode«
135 TE 5, 109 f.
136 TE 5, 131 f.
137 TE 5, 112 f.
138 TE 5, 132 f.
139 TE 5, 133
140 Vgl. VV 36, 164; VV 39
141 Zur Aktualität dieser Denkansätze vgl. z. B. »Psychologie heute«, 5. Jg., Heft 12, Dezember 1978, S. 12 f., und 6. Jg., Heft 3, März 1979, S. 80–86.